新型工业化·新计算·计算机应用与技术类系列

U0783957

COMPUTER APPLICATION

HarmonyOS
移动应用开发

方　欣　谢文武/主　编

朱　鹏　肖宇春/副主编

 新形态·立体化
精品系列

 扫一扫书中二维码
观看配套视频资源

电子工业出版社

Publishing House of Electronics Industry

北京·BEIJING

内 容 简 介

本书系统阐述了 HarmonyOS 移动应用开发的核心技术与实践方法，内容涵盖开发环境搭建、应用架构设计、关键组件实现及工程化开发流程。全书以理论与实践相结合的形式，通过丰富的示例代码，帮助读者掌握 HarmonyOS 移动应用开发的全流程。

本书主要介绍 HarmonyOS 概述、HarmonyOS 项目、ArkTS 编程基础、ArkUI 设计、页面路由与组件导航、公共事件与通知、窗口管理与元服务、数据存储技术、网络通信技术、多媒体开发与动画设计等内容，并结合综合实例——教学系统设计，完整展示从需求分析、系统设计到项目部署与测试的全流程。本书由编者结合一线教学经验编写，每章均提供相关示例代码。

本书适合 HarmonyOS 项目开发初学者和进阶者自学使用，也适合作为培训机构的培训用书，还适合作为大、中专院校相关专业的教材和教学参考书。

未经许可，不得以任何方式复制或抄袭本书之部分或全部内容。
版权所有，侵权必究。

图书在版编目（CIP）数据

HarmonyOS 移动应用开发 / 方欣, 谢文武主编.

北京：电子工业出版社，2025. 9. -- ISBN 978-7-121

-51123-3

Ⅰ. TN929.53

中国国家版本馆 CIP 数据核字第 2025ER9077 号

责任编辑：戴晨辰

印　　刷：北京雁林吉兆印刷有限公司
装　　订：北京雁林吉兆印刷有限公司
出版发行：电子工业出版社
　　　　　北京市海淀区万寿路 173 信箱　　　邮编：100036
开　　本：787×1092　　1/16　　印张：19　　字数：487 千字
版　　次：2025 年 9 月第 1 版
印　　次：2025 年 9 月第 1 次印刷
定　　价：69.80 元

凡所购买电子工业出版社图书有缺损问题，请向购买书店调换。若书店售缺，请与本社发行部联系，联系及邮购电话：（010）88254888，88258888。

质量投诉请发邮件至 zlts@phei.com.cn，盗版侵权举报请发邮件至 dbqq@phei.com.cn。

本书咨询联系方式：dcc@phei.com.cn。

前　言

HarmonyOS 是华为自主研发的一款适用于手机、车机、智能电视等设备的操作系统，也是全球继苹果研发的 iOS 和谷歌研发的 Android 之后的第三大移动操作系统。2024 年 6 月，华为开发者大会在松山湖举办，会议推出了 HarmonyOS NEXT，该系统的突出特点就是去掉了 Android 代码，完全采用了 HarmonyOS 内核和代码，不再兼容 Android 应用，App 要在华为手机上运行，需要开发者重新开发，因此 HarmonyOS 项目开发人员的需求会急剧上升。

本书采用 HarmonyOS NEXT 作为基础，详细介绍如何基于 HarmonyOS NEXT 来开发 HarmonyOS 项目。本书内容包括 HarmonyOS 概述、HarmonyOS 项目、ArkTS 编程基础、ArkUI 设计、页面路由与组件导航、公共事件与通知、窗口管理与元服务、数据存储技术、网络通信技术、多媒体开发与动画设计等，全书以 HarmonyOS 项目的开发贯穿，前 10 章首先介绍基础知识，然后介绍基本使用方法，最后介绍如何在 HarmonyOS 项目中使用，最后 1 章介绍完整的 HarmonyOS 项目开发流程。本书辅以大量的实战案例，图文并茂，让读者易于理解与掌握。同时，选择的实战案例侧重解决实际问题，具有很强的前瞻性。

本书于 2024 年 8 月份开始筹备，至 2025 年 4 月份完成编写，在此期间编者不断与一些企业沟通，了解它们的需求。本书的编写充分结合企业的用人需求。本书内容经过了充分的调研和论证，具有系统性、实用性等特点。编者编写本书的目的是让尽量多的读者少走弯路，从而尽快掌握基础知识，创建出更多、更好的 HarmonyOS 项目，满足用人单位的需要。

本书是编者多年来教学和软件开发经验的总结，编者对本书内容进行了精心设计和安排，力求达到内容丰富、结构清晰。书中给出的示例简单实用，易于教学使用和自学。通过阅读本书，并结合上机实验，读者将能够在较短的时间内掌握 HarmonyOS 项目开发的基本技能。本书除纸质内容外，还配备了教学 PPT，附带书中给出的示例代码及视频讲解等丰富的教学资源，读者可以通过华信教育资源网（http://www.hxedu.com.cn）注册后免费下载。所有代码都经过反复调试，在 HarmonyOS 或 OpenHarmony 中能直接导入并运行。

本书适合 HarmonyOS 项目开发初学者和进阶者自学使用，也适合作为培训机构的培训用书，还适合作为大、中专院校相关专业的教材和教学参考书。

本书由方欣、谢文武担任主编，由朱鹏、肖宇春担任副主编，方欣负责统领本书的编写思路和章节安排。其中，第 1、2、3、4、11 章由方欣编写，第 5、6、7 章由谢文武编写，第

8、9、10 章由朱鹏编写。本书中一些图表的绘制、校对和纠错等，以及代码的调试由肖宇春完成。

本书的编者都来自教学一线。由于编者水平有限，为了使本书尽快和广大读者见面，本书的编写过程难免略显仓促，虽然经过审校，但依然可能存在一些不足之处，敬请广大读者和同行专家批评指正。

编　者

目　录

第 1 章

HarmonyOS 概述

学习目标

- 了解智能手机的基本知识及常见的智能手机操作系统。
- 了解 HarmonyOS 的发展及特点。
- 能够搭建 HarmonyOS 开发环境。
- 能够开发第一个 HarmonyOS 项目。
- 能够运行 HarmonyOS 项目。

随着人们生活水平的提高，手机已经逐渐从奢侈品发展成为十分普及的电子产品。经过多次技术变革，手机不再仅仅是一个语音通信工具，它已经成为具有独立的操作系统的智能设备。

1.1　智能手机概述

1. 智能手机的定义

智能手机（Smartphone）是指像 PC（Personal Computer，个人计算机）一样，具有独立的操作系统，可以由用户自行安装软件的第三方服务商提供的程序，对手机的功能进行扩充，并可以通过移动通信网络实现无线网络接入的手机的总称。

2. 智能手机的发展

1973 年 4 月 3 日，马丁·库珀在纽约曼哈顿的实验网络上测试了他的一部手机，他用手机打给了贝尔实验室的一名科学家，这是世界上公认的第一部手机，马丁·库珀也被称为"现代手机之父"。

随着时间的推移，手机的功能也在不断扩充，除可以通信外，还具备 PC 的功能，如玩游戏、收发电子邮件及浏览网页等，这就是智能手机。

全球首款智能手机是 IBM 在 1992 年投放到市场中的 IBM Simon，这部手机配备了使用手写笔的触摸屏，除可以通信外，还具备 PDA（Personal Digital Assistant，掌上电脑）及玩游戏的功能，其操作系统采用的是夏普的 Zaurus OS。

1996 年，诺基亚推出了名为 Nokia 9000 Communicator 的折叠式智能手机。Nokia 9000

Communicator 受到广大商务人士的青睐。

1997 年，爱立信推出了与 Nokia 9000 Communicator 相似的 GS88，该手机的说明书中首次出现了"智能手机"一词。

1998 年，诺基亚 9110 和诺基亚 9110i 两款手机上市，之后诺基亚推出了采用 Symbian 的手机。

进入 2000 年，市场上出现了很多采用面向 PDA 及嵌入设备的通用操作系统的智能手机。这些手机使用 Symbian、Palm OS 或 Windows CE 等操作系统。

首次采用 Symbian 的智能手机是爱立信推出的 Ericsson R380 Smartphone。之后，诺基亚于 2000 年投放了采用 Symbian 的智能手机（后来诺基亚的智能手机便一直使用 Symbian），Symbian 一度成为占据市场主导地位的智能手机操作系统。

2001 年 2 月，配备 Palm OS 的 Kyocera QCP6035 上市。

微软于 2002 年发布了 Microsoft Windows Powered Smartphone 2002，该手机配备的是 Windows CE，后来更名为 Windows Mobile，三星及夏普等公司向市场投放了多款采用这种操作系统的智能手机。

RIM（Research In Motion）于 2003 年推出了首款"黑莓"（BlackBerry）手机。该手机融合了电子邮件及 Web 浏览等功能。

以上这些手机均以企业用户为目标，以嵌入商务软件的形式提供，基本未向普通消费者推广。掀起让普通消费者购买并使用智能手机潮流的是苹果于 2007 年 6 月投放到市场中的 iPhone。该手机配备了以触摸屏完成的 UI（用户界面）、基本与 PC 同等的 Web 浏览器和电子邮件功能，以及与 iTunes 联动的音乐播放软件等，从而将智能手机提高到了任何人都能使用的水平。苹果发布的 iPhone 搭载了第一个应用商店——App Store，并开启了智能手机历史的全新篇章，掀起了全球智能手机革命。

2007 年 11 月，谷歌推出了 Android，这为 Android 手机的诞生奠定了基础。

2008 年，T-Mobile USA 推出了首款配备 Android 的智能手机——T-Mobile G1。此后，摩托罗拉、三星及爱立信等公司相继推出了配备 Android 的智能手机。

微软在 iPhone 与 Android 成功之后也转变了市场方针，于 2009 年 2 月宣布开发面向普通消费者的 Windows Mobile 6.5 及 Windows Phone 7.0。采用 Windows Mobile 6.5 的智能手机于 2009 年 10 月投放市场，而采用 Windows Phone 7.0 的智能手机则于 2010 年 10 月问世。

2010 年，三星发布了 Galaxy 系列，至此，三星成为全球热销的智能手机品牌之一，与苹果一同称霸全球市场。

2011 年，"双核"智能手机推出。摩托罗拉、LG 及三星发布了采用双核处理器的智能手机，至此，智能手机的硬件发展进入了一个新的阶段。

2013 年，小米推出了"价格极低、性能顶尖"的小米 1。至此，小米成为智能手机市场的"颠覆者"，在当时被誉为"中国智能手机第一品牌"。

2010 年，华为发布了自行研发的首款智能手机——荣耀。2011 年，华为推出了首款 4G 手机，成为全球第一家推出 4G 手机的公司。2012 年，华为的智能手机业务迅速发展，销量在全球范围内排名前三。现在，华为已成为全球最大的电信设备制造商，同时是全球第二大手机制造商。2019 年第二季度，华为发布的智能手机在全球占据的市场份额达到了 18.8%，华为成为全球第二大智能手机制造商。华为除在硬件设计与制造方面有优势外，在软件和技术创新方面也进行了大量的投入和探索，自行研发了 HarmonyOS，现在 HarmonyOS 已成为继 iOS 和 Android 之后的第三大移动操作系统。

随着移动互联网的快速发展，智能手机成为人们日常生活中必不可少的设备，它的界面、功能和性能得到不断改进和提高。目前，智能手机市场上各大品牌的竞争越来越激烈，各大品牌纷纷加强创新，推出更多、更好的产品。未来，随着技术的发展和需求的变化，智能手机还将朝着更加智能化、个性化、人性化的方向发展。未来的智能手机将偏重安全和数据通信，一方面加强个人隐私的保护，另一方面加强数据业务的研发，各多媒体功能将被引入，智能手机将会具有更加强劲的运算能力，成为个人的信息终端。

3. 5G

5G（5th Generation Mobile Communication Technology，第五代移动通信技术）是具有高速率、低时延和大连接特点的新一代宽带移动通信技术，5G 通信设施是实现"人、机、物"互联的网络基础设施。

相对于 1G、2G、3G（支持高速数据传输的蜂窝移动通信技术），4G 集 3G 与 WLAN 于一体，并能够传输高质量的视频图像，它的图像传输质量与高清晰度电视不相上下。4G 能够以 10Mb/s 的速度下载，比拨号上网快 200 倍，上传速度能够达到 5Mb/s，并能够满足几乎所有用户对无线服务的要求。5G 是 4G 的延伸，在网络速度方面相对于 4G 有大幅度的提升。2023 年 5 月 17 日，中国电信、中国移动、中国联通、中国广电宣布正式启动全球首个 5G 异网漫游试商用。

1.2 智能手机操作系统

智能手机就是安装了某个操作系统的手机，能够安装在智能手机上的操作系统有 Android、HarmonyOS、iOS、Windows Phone 7、Symbian、BlackBerry、Palm OS、Bada 等。

1. Android

Android 是由谷歌推出的基于 Linux 的开源手机操作系统，其因开源及使用 Java 作为开发语言的特点，受到越来越多的青睐，支持的硬件厂商也越来越多。目前，在市面上的智能手机操作系统中，Android 的市场占有率最高。

2. HarmonyOS

HarmonyOS 是华为于 2019 年发布的操作系统。HarmonyOS 是全新的面向全场景的分布式操作系统，旨在创造一个超级虚拟终端互联的世界，实现极速发现、极速连接、硬件互助、资源共享，从而根据不同的场景需求，自动匹配合适的设备，提供精准服务。HarmonyOS 不是 Android 的分支或由 Android 修改而来的，HarmonyOS 与 Android、iOS 是不一样的，在性能上 HarmonyOS 更是不弱于 Android。早期的 HarmonyOS 是与 Android 兼容的，而最新的 HarmonyOS NEXT 计划完全脱离 Android。

3. iOS

iOS 是由苹果开发的操作系统，以 Objective-C 为主要开发语言，主要用于 iPhone、iPod

Touch 及 iPad 等终端设备上。iOS 支持多点触控，能给用户提供全新的体验，目前只能被应用于苹果开发的设备上。

4. Windows Phone 7

Windows Phone 7（前身为 Windows Mobile）是由微软为移动设备开发的操作系统，有很多先天优势。该系统有庞大的用户群。但因硬件要求极高，导致安装该系统的终端设备的价格也较高，这在一定程度上限制了该系统的发展。

5. Symbian

Symbian 是一个实时、多任务的 32 位操作系统，具有功耗低、内存占用少等特点，非常适合智能手机等移动设备使用。Symbian 曾是市场占有率最高的智能手机操作系统，随着越来越多智能手机操作系统的出现，尤其是 Android 的出现，Symbian 的发展遇到了瓶颈，被迫于 2010 年 2 月进行开源。

6. BlackBerry

BlackBerry 是由 RIM 开发的智能手机操作系统，曾显赫一时。目前因面临 Android 和 iOS 两大阵营的冲击，BlackBerry 的用户群在逐渐减少。

7. Palm OS

Palm OS 是由 Palm 推出的 32 位嵌入式操作系统，早期主要被应用于 PDA 上，Palm 于 2010 年被惠普收购，惠普在 Palm OS 的基础上推出了 Web OS。

8. Bada

Bada 是三星自主研发的智能手机操作系统，支持 Flash 界面，对 SNS（Social Networking Services，社会网络服务）应用有着很好的支持，于 2009 年 11 月 10 日发布。

1.3 HarmonyOS 简介

传说在盘古昆仑山开天辟地之前，世界是一团混沌的元气，这种自然的元气叫作鸿蒙，后来"鸿蒙"一词常被用来泛指远古时代。

HarmonyOS 的中文名为鸿蒙，是华为开发的一款基于微内核、面向 5G 物联网、面向全场景的分布式操作系统。该系统将打通手机、计算机、电视、工业自动化控制设备、无人驾驶设备、车机设备、智能穿戴设备等，且该系统是面向下一代技术而设计的，能兼容全部 Android 应用的所有 Web 应用。若将 Android 应用重新编译在 HarmonyOS 中，则其运行性能将提升超过 60%。HarmonyOS 创造了一个超级虚拟终端互联的世界，将人、设备、场景有机联系在一起。同时，由于 HarmonyOS 微内核的代码量只有 Linux 宏内核的千分之一，因此其受攻击的概率大幅度降低。

1.3.1 HarmonyOS 的发展

2012 年，华为开始规划 HarmonyOS。2019 年 5 月 17 日，由任正非领导的华为操作系统团队开发了自主知识产权操作系统——HarmonyOS。

2019 年 8 月 9 日，华为正式发布 HarmonyOS，同时宣布 HarmonyOS 实行开源。

2020 年 9 月 10 日，在华为开发者大会上发布 HarmonyOS 2.0。

2021 年 6 月 2 日，华为正式发布 HarmonyOS 2 及多款搭载 HarmonyOS 2 的新产品。这意味着搭载 HarmonyOS 2 的手机已经变成面向市场的产品。

2021 年 12 月，HarmonyOS 用户已超过 1.5 亿。HarmonyOS 成为继 Android、iOS 之后的全球第三大手机系统。

2022 年 7 月 27 日，华为发布 HarmonyOS 3。截至 2022 年 7 月，搭载 HarmonyOS 2 的华为终端设备已突破 3 亿。

2023 年 8 月 4 日，华为正式发布 HarmonyOS 4。

2024 年 1 月 18 日，华为发布 HarmonyOS NEXT，并宣布 HarmonyOS NEXT 面向开发者开放申请。

2024 年 6 月 13 日，HarmonyOS 在中国市场上的用户首次超越 iOS。这意味着 HarmonyOS 成为中国第二大操作系统。

2024 年秋天，HarmonyOS NEXT 正式和消费者见面。HarmonyOS NEXT 只能使用 HAP（应用安装和运行的基本单元），这意味着 HarmonyOS 不再适配 Android 应用。

2024 年，淘宝、闲鱼、1688、飞猪、饿了么、盒马、菜鸟、大麦、京东、12306 等应用纷纷宣布启动 HarmonyOS 原生应用开发。

截至 2024 年 12 月，搭载 HarmonyOS 的设备已超过 10 亿。

1.3.2　HarmonyOS 的特点

HarmonyOS 是华为自主研发的面向全场景的分布式操作系统。HarmonyOS 的特点主要体现在以下几方面。

1.　分布式能力

HarmonyOS 具备分布式软总线、分布式数据管理和分布式安全三大核心分布式能力。

1）分布式软总线

HarmonyOS 的分布式软总线支持设备之间的高效通信和协同。它通过虚拟化技术将不同设备的资源整合在一起，形成一个统一的虚拟资源池，实现了设备之间的资源互助，带来了设备内和设备之间高吞吐量、低时延的流畅连接体验。分布式软总线还支持灵活的网络拓扑结构，这使得设备之间的通信更加高效、可靠。

2）分布式数据管理

分布式数据管理让跨设备数据访问如同访问本地，大大提升了跨设备数据远程读写和检索等性能。

3）分布式安全

分布式安全确保了正确的人、用正确的设备、正确使用数据。当用户进行解锁、付款、登录等操作时，系统会主动拉出认证请求，并通过分布式技术的可信互联能力，协同身份认证确保正确的人。HarmonyOS 通过定义数据和设备的安全级别，对数据和设备进行分类分级保护，确保数据流通安全、可信。

2. 组件化开发

HarmonyOS 采用组件化开发，通过编译链关系自动生成组件化的依赖关系，形成组件树依赖图。这种模式使 HarmonyOS 项目的开发者可以专注于业务逻辑的实现，降低开发难度和减少成本。同时，组件化开发使 HarmonyOS 具备了更好的可维护性和升级性。

3. 微内核设计

HarmonyOS 采用微内核设计，将操作系统内核瘦身为核心功能模块。这种设计既保证了操作系统的安全性和稳定性，又实现了高效的资源利用。微内核设计使 HarmonyOS 具备了更强的应对硬件和软件复杂性的能力。

4. 面向全场景

HarmonyOS 面向全场景进行设计，可以覆盖各种设备和应用场景。无论是智能手机、平板计算机、智能穿戴设备，还是家庭娱乐设备、智能家居、工业控制设备，HarmonyOS 都能提供合适的解决方案。面向全场景使 HarmonyOS 具备了广泛的应用前景。

5. 开放性

HarmonyOS 致力于打造一个开放、协同的生态系统。华为提供了丰富的开发工具、平台和服务，支持开发者快速构建和部署应用。同时，HarmonyOS 还与众多合作伙伴共同推进生态系统建设，为开发者提供了更多的资源和机会。

6. 持续创新

HarmonyOS 是持续创新的操作系统，随着技术的不断发展，HarmonyOS 将更好地满足未来应用的需求，为用户带来更好的体验。

总之，HarmonyOS 凭借分布式能力、组件化开发、微内核设计、面向全场景、开放性、持续创新等特点，成为分布式操作系统的代表。随着我国科技实力的不断提高，HarmonyOS 将在全球操作系统领域发挥越来越重要的作用。

1.3.3 HarmonyOS、Android 与 iOS 的对比

目前，HarmonyOS、Android、iOS 形成了三足鼎立之势，三者各有优点与缺点。以下是它们的对比。

1. 开发背景

HarmonyOS 由华为开发，主打跨设备协同，被广泛应用于手机、平板计算机、智能家居等设备上。Android 由谷歌开发，被广泛应用于手机、平板计算机等设备上。iOS 由苹果开发，专为 iPhone、iPad 等设备设计，生态系统封闭。

2. 系统架构

HarmonyOS 基于微内核设计，强调分布式能力，支持多台设备无缝协同。Android 基于

Linux 宏内核设计，强调模块化设计，开放性强。iOS 基于 UNIX 混合内核设计，高度优化，虽生态系统封闭但高效。

3. 生态系统

HarmonyOS 支持多台设备协同，HarmonyOS 的生态系统逐步扩展，兼容部分 Android 应用。Android 的生态系统丰富，谷歌的 Play 商店应用数量庞大。iOS 的生态系统成熟，App Store 应用的质量高，但审核严格。

4. 用户体验

HarmonyOS 的界面简洁，分布式体验流畅，跨设备操作便捷。Android 高度可定制，适用于喜欢个性化的用户。iOS 的界面统一，操作流畅，生态系统内设备无缝衔接。

5. 安全性

HarmonyOS 的安全性高，支持分布式数据保护。Android 的开放性强，但碎片化带来了安全隐患。iOS 的生态系统封闭，安全性高，隐私保护严格。

6. 设备兼容性

HarmonyOS 支持多种设备，跨平台协同能力强。Android 主要支持手机、平板计算机等设备，跨设备协同能力较弱。iOS 仅支持由苹果开发的设备，生态系统内的协同能力优秀。

Android、iOS、HarmonyOS 都有自己的开发工具套件，用于开发应用。不过，HarmonyOS 的开发工具套件具有更高的效率和更好的用户体验。同时，HarmonyOS 的开发工具支持多台设备开发，这使得开发更加方便。

尤为重要的是，HarmonyOS 是国产软件，这个意义重大。

相比于 Android、iOS，HarmonyOS 的突出缺点是，尽管 HarmonyOS 已经吸引了众多开发者进行应用的开发，但与 Android 和 iOS 相比，HarmonyOS 的生态系统仍然不够完善。目前，HarmonyOS 自带的应用较少，大多数应用仍然是基于 Android 的生态系统的。这种依赖性可能会受到限制，进一步影响 HarmonyOS 的生态系统的发展。因此，HarmonyOS 需要长时间的沉淀和积累，只有这样才能形成稳定且丰富的生态系统。

总体来说，Android、iOS、HarmonyOS 都有自己的优点和缺点，具体选择哪种操作系统，取决于用户需求和使用场景。如果用户需要在多个设备之间共享数据，且需要很高的安全性和效率，那么 HarmonyOS 可能是更好的选择。如果用户需要更多的应用和更成熟的生态系统，那么 Android 可能是更好的选择。

1.3.4 HarmonyOS 与 OpenHarmony 的对比

HarmonyOS 和 OpenHarmony 是华为推出的两个虽密切相关但定位不同的操作系统，二者既有联系又有区别。

1. 定位与背景

HarmonyOS 是闭源项目，面向消费者终端设备（手机、平板计算机、智能手表、电视等），强调跨设备协同和分布式能力。其目的是构建华为自有生态系统，替代 Android 在设备上的角色，同时兼容 Android 应用（通过兼容层）。HarmonyOS 被预装在智能手机、智能家居等设备上，提供完整的商业支持和服务。

OpenHarmony 是开源项目，由华为捐赠给开放原子开源基金会，由社区共同维护，定位为"面向全场景的下一代开源操作系统"。其目的是面向全场景、全连接、全智能时代，基于开源的方式，搭建一个智能终端设备操作系统的框架和平台，打造开放、中立的开源底座，供任何厂商或开发者自由使用和定制，避免碎片化。OpenHarmony 主要面向物联网、工业设备等非消费领域，或作为其他厂商的底层系统基础。

2. 技术架构与关系

HarmonyOS 与 OpenHarmony 共享分布式架构设计（分布式软总线等核心分布式能力），均支持"一次开发，多端部署"的理念。OpenHarmony 是 HarmonyOS 的"基础版"，提供核心的框架和能力。HarmonyOS 在 OpenHarmony 的基础上增加了华为自主研发的闭源组件（安全模块、Android 兼容层等），并针对消费端优化了 UI（ArkUI 等）和开发工具（DevEco Studio 等）。OpenHarmony 的代码更"纯净"，不含 Android 兼容代码或华为私有服务代码，适用于需要高度定制的场景；而 HarmonyOS 强调"开箱即用"的用户体验。

3. 开源协议

OpenHarmony 采用 Apache 2.0 等宽松的开源协议，允许厂商自由修改和分发，无须回馈社区（但部分核心模块可能要求贡献）。HarmonyOS 虽是闭源项目，但部分组件开源，整体受华为控制。

4. 开发工具及运行形式

HarmonyOS 与 OpenHarmony 虽然都采用 ArkTS，学习成本相近。但二者在开发工具、调试与部署及兼容性上还存在一定的区别。

（1）开发工具：HarmonyOS 采用华为定制版 DevEco Studio，OpenHarmony 采用开源社区版 DevEco Studio。

（2）调试与部署：HarmonyOS 支持真机运行（需开发者账号签名）或模拟器运行，提供完善的云测试和性能分析工具。而 OpenHarmony 的部署和调试依赖社区或厂商提供的开发板，如 Hi3861、RK3568 等。

（3）兼容性：HarmonyOS 可以运行 Android APK，降低了迁移成本。OpenHarmony 仅支持原生应用，需要彻底重写代码。

5. 发展现状

HarmonyOS 已迭代至 4.x 版本，覆盖大量设备，生态系统快速扩张。

OpenHarmony 由开放原子开源基金会管理，版本独立发展，如 OpenHarmony 4.0，吸引了多家厂商接入，但主要聚焦于行业市场。

1.4　搭建 HarmonyOS 开发环境

HarmonyOS 编程工具是 DevEco Studio。DevEco Studio 是面向华为终端全场景多台设备

的一站式集成开发环境（IDE），支持 HarmonyOS 和 OpenHarmony 应用及服务开发，可以为开发者工程模板的创建、开发、编译、调试、发布提供全方位的质量与安全保障。

本书使用的是 DevEco Studio-HarmonyOS NEXT Developer Beta1 版本。注意，下载前要先注册成为华为用户。为了保证 DevEco Studio 顺利运行，建议计算机配置满足如下要求：操作系统为 Windows11、64 位，内存为 16GB 及以上，硬盘存储空间为 100GB 及以上。

1.4.1　安装 DevEco Studio

（1）双击"devecostudio-windows-5.0.3.403.exe"文件，弹出"DevEco Studio 安装"对话框的"欢迎使用 DevEco Studio 安装程序"界面，如图 1.1 所示。

（2）点击"下一步"按钮，弹出如图 1.2 所示的"选择安装位置"界面，默认安装在"C:\Program Files\Huawei\DevEco Studio"目录下，用户可以根据需要自行修改安装目录。

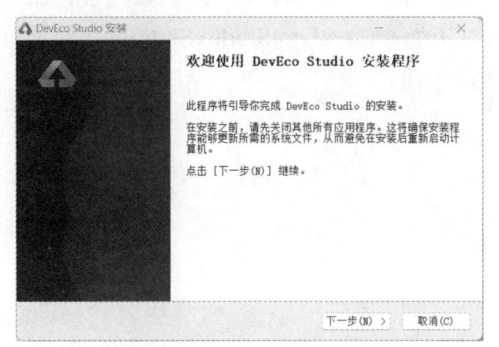

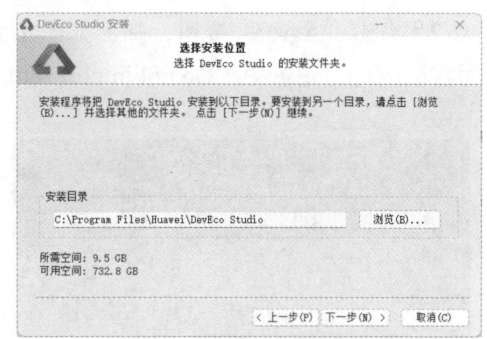

图 1.1　"欢迎使用 DevEco Studio 安装程序"界面　　　图 1.2　"选择安装位置"界面

（3）点击"下一步"按钮，弹出如图 1.3 所示的"安装选项"界面，默认勾选"DevEco Studio"复选框和"添加'bin'文件夹到 PATH"复选框，用户可以根据需要自行勾选所需的复选框。

（4）点击"下一步"按钮，弹出如图 1.4 所示的"选择开始菜单目录"界面，用户可以根据需要自行输入自定义名称。

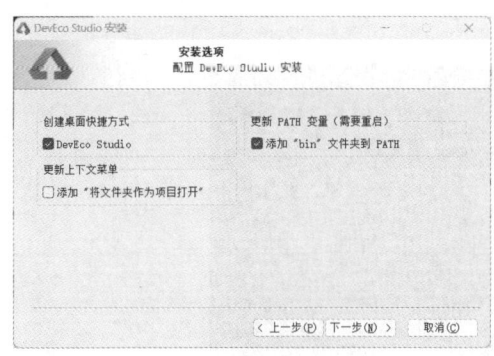

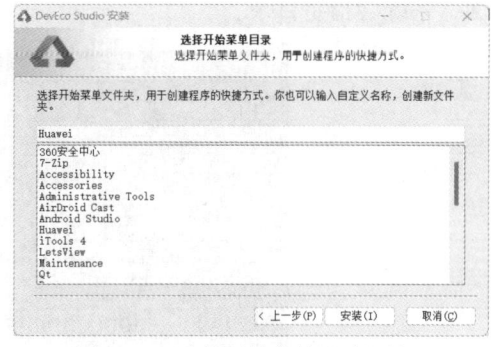

图 1.3　"安装选项"界面　　　　　　　　图 1.4　"选择开始菜单目录"界面

（5）点击"安装"按钮，弹出"安装中"界面，如图 1.5 所示。

（6）等待几分钟，点击"下一步"按钮，弹出如图 1.6 所示的"DevEco Studio 安装程序结束"界面，点击"完成"按钮，完成 DevEco Studio 的安装。

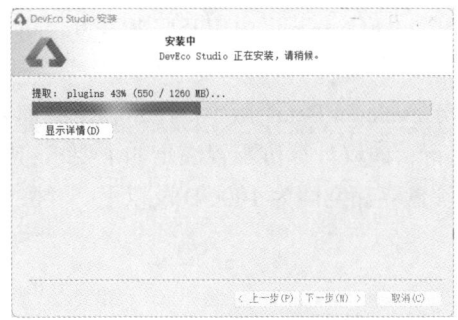

图 1.5 "安装中"界面

图 1.6 "DevEco Studio 安装程序结束"界面

1.4.2 DevEco Studio 的基本配置

（1）启动 DevEco Studio，首次启动 DevEco Studio 时会弹出如图 1.7 所示的声明界面。

（2）点击"Agree"按钮，弹出如图 1.8 所示的"Import DevEco Studio Settings"对话框，若为首次运行，则选中"Do not import settings"单选按钮。

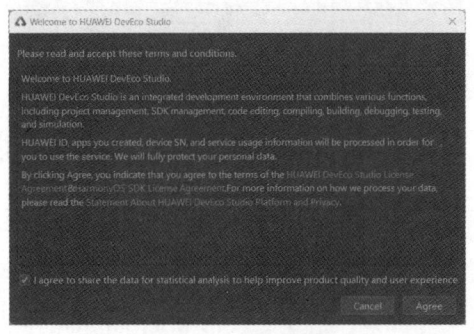

图 1.7 声明界面

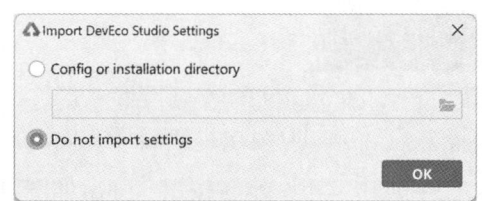

图 1.8 "Import DevEco Studio Settings"对话框

（3）点击"OK"按钮，弹出 DevEco Studio 配置界面，进行基础配置。

（4）点击"Next"按钮，弹出如图 1.9 所示的"Settings"对话框，设置合适的目录；也可以点击"Edit"按钮，弹出如图 1.10 所示的"SDK Setup"对话框的"SDK Components Setup"界面，系统会指定目录。

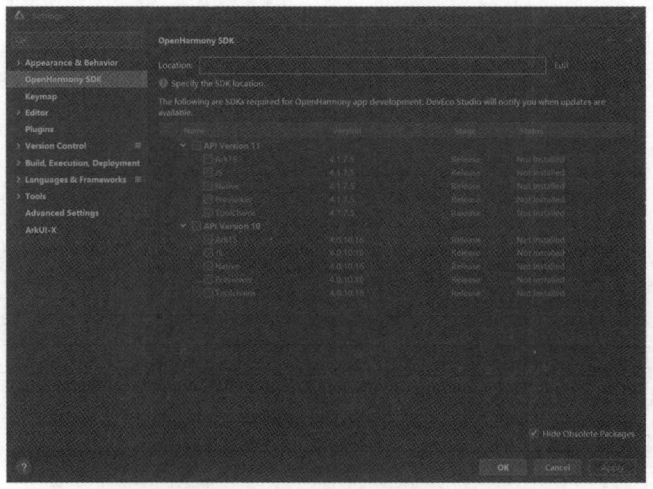

图 1.9 "Settings"对话框 1

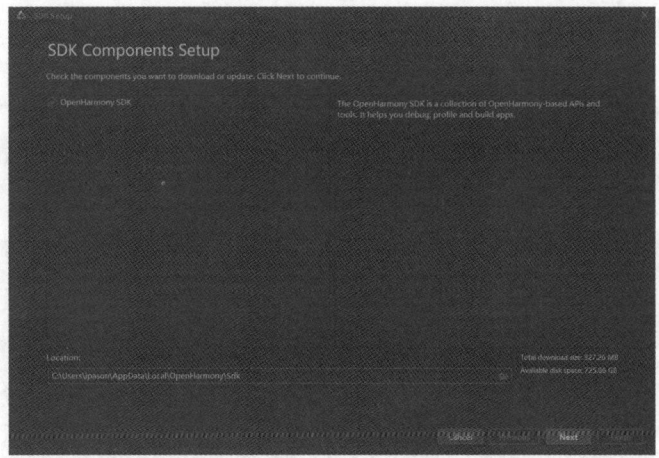

图 1.10　"SDK Components Setup" 界面

（5）点击 "Next" 按钮，弹出如图 1.11 所示的 "License Agreement" 界面，阅读相关协议后，选中 "Accept" 单选按钮。

（6）点击 "Next" 按钮，弹出 "Downloading Components" 界面，如图 1.12 所示。

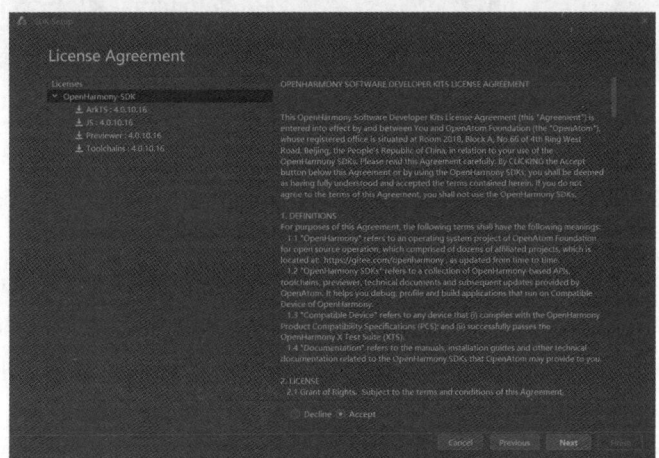

图 1.11　"License Agreement" 界面

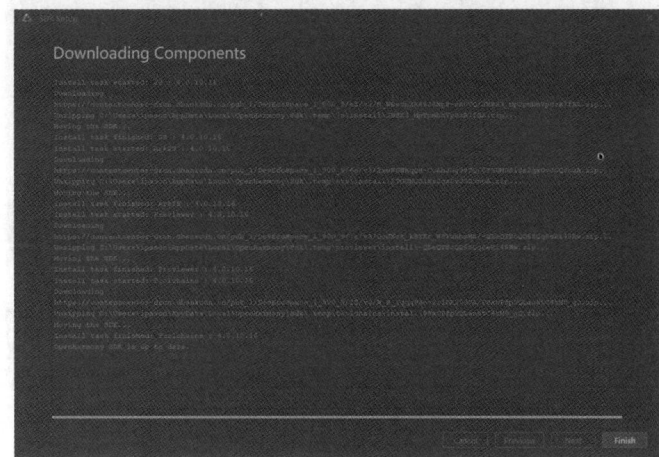

图 1.12　"Downloading Components" 界面

（7）等待配置自动下载完成，下载完成后，点击"Finish"按钮，完成 DevEco Studio 基本配置。

（8）如果看不懂英文界面，那么可以配置中文插件。选择菜单栏中的"File"→"Settings"命令，打开"Settings"对话框，选择左侧的"Plugins"选项，在"Installed"选项卡的搜索框中输入"Chinese"，勾选搜索到的插件对应的复选框，点击"OK"按钮，如图 1.13 所示。

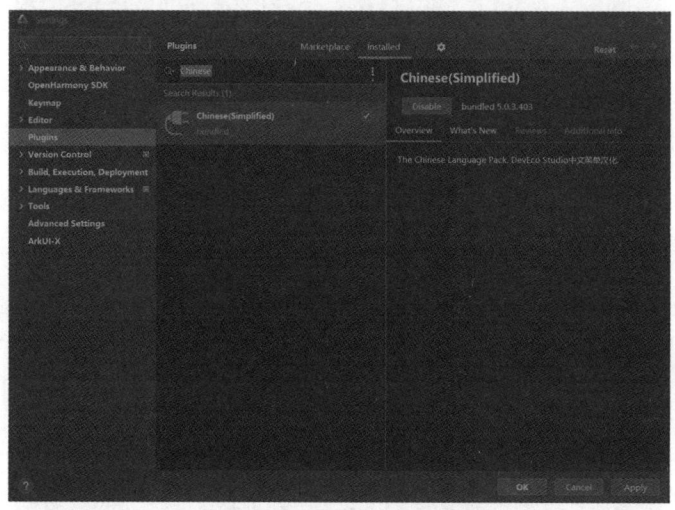

图 1.13　"Settings"对话框 2

1.5　开发第一个 HarmonyOS 项目

下面使用 DevEco Studio 开发第一个 HarmonyOS 项目，大致流程如下。

（1）选择菜单栏中的"File"→"New"→"Create Project"命令，弹出如图 1.14 所示的"Create Project"对话框的"Choose Your Ability Template"界面，选择左侧的"Application"选项，并选择右侧的"Empty Ability"选项。

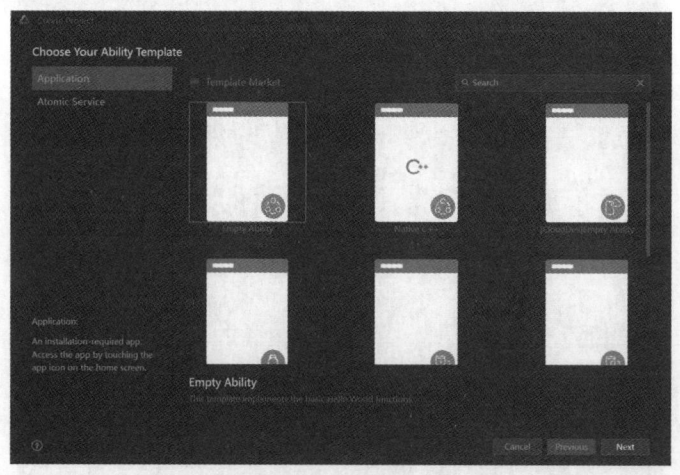

图 1.14　"Choose Your Ability Template"界面

（2）点击"Next"按钮，弹出如图 1.15 所示的"Configure Your Project"界面，设置项目

名为"FirstDemo"、公司域名为"org.hnist.cn.FirstDemo"，包名会根据项目名和公司域名自动生成，指定应用存放的目录为"C:\Users\ipason\DevEcoStudioProjects\FirstDemo"，点击"Finish"按钮，弹出如图 1.16 所示的项目开发完成界面。

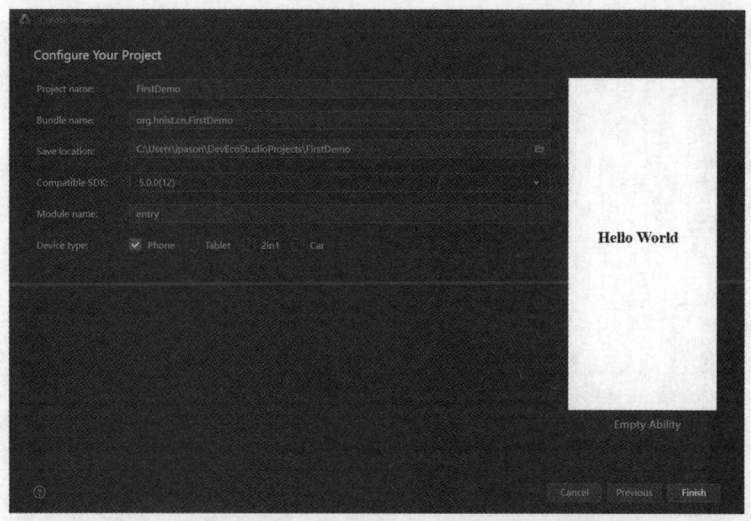

图 1.15　"Configure Your Project"界面

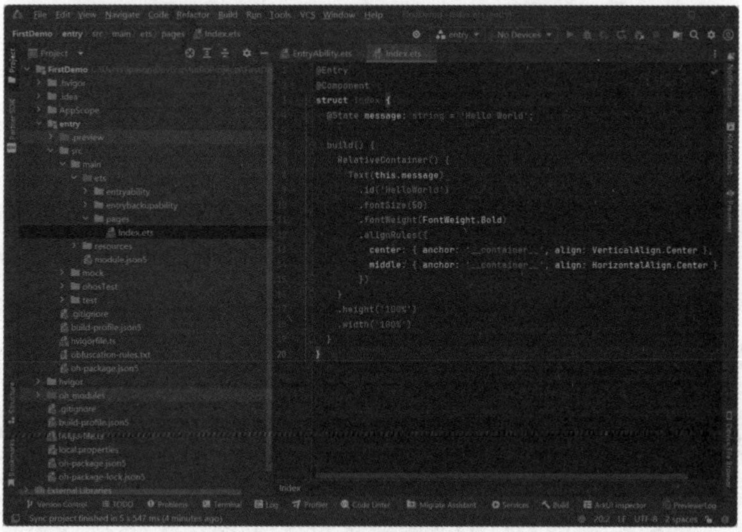

图 1.16　项目开发完成界面

1.6　运行 HarmonyOS 项目

开发完成第一个 HarmonyOS 项目后，就可以运行该项目了。常见的运行 HarmonyOS 项目的方式有两种：模拟器运行和真机运行。

1.6.1　模拟器运行

模拟器运行的大致流程如下。

1. 创建模拟器

（1）选择菜单栏中的"Tools"→"Device Manager"命令，弹出"Device Manager"窗口的"Your Devices"界面，如图1.17所示。

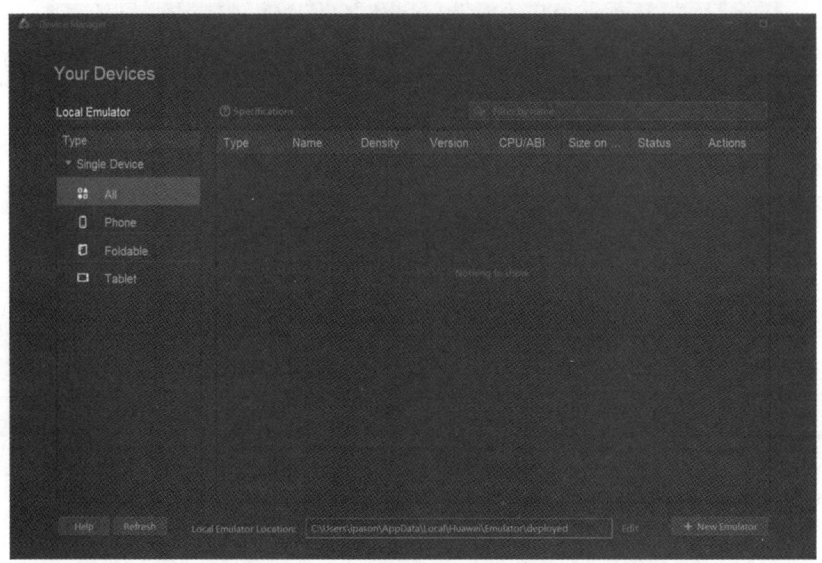

图1.17　"Your Devices"界面1

（2）点击右下角的"New Emulator"按钮，创建一个本地模拟器。如果没有下载本地模拟器的相应文件，那么点击如图1.18所示的"Select Virtual Device"界面中的"下载"图标进行下载。

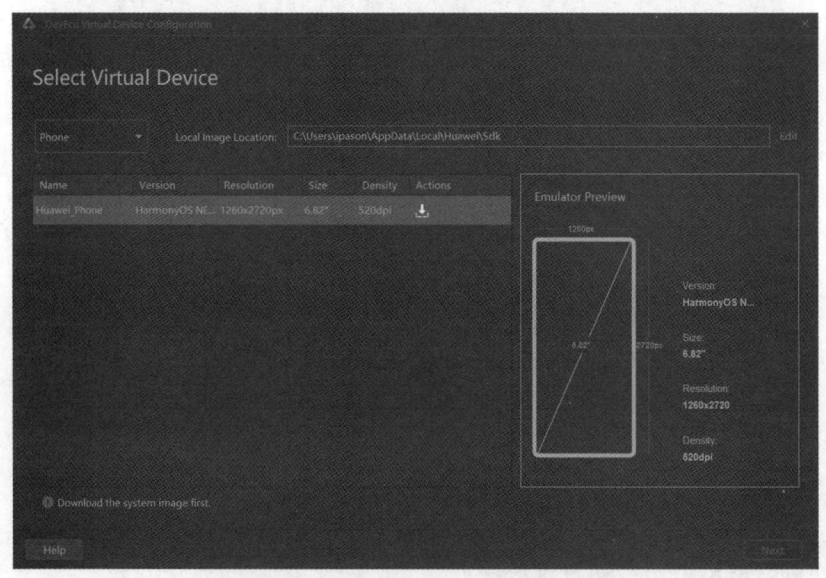

图1.18　"Select Virtual Device"界面

（3）下载完成后，双击该模拟器，弹出如图1.19所示的"Virtual Device Configure"界面，进行模拟器的基本配置，配置完成后，点击"Finish"按钮。

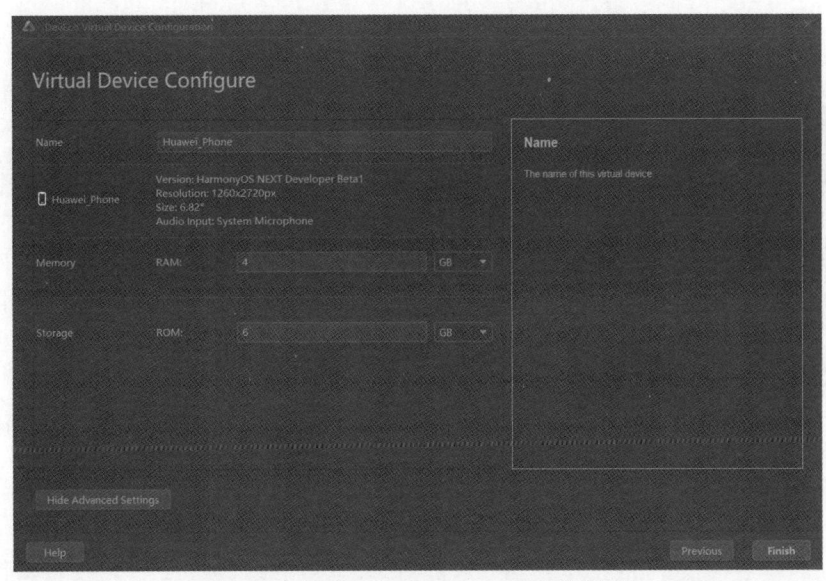

图 1.19　"Virtual Device Configure"界面

2. 运行模拟器

（1）选择菜单栏中的"Tools"→"Device Manager"命令，弹出如图 1.20 所示"Device Manager"窗口的"Your Devices"界面，这里创建了两个模拟器。

（2）选择一个模拟器选项，点击其后面的三角形图标，弹出如图 1.21 所示的模拟器运行成功界面，表示模拟器运行成功。

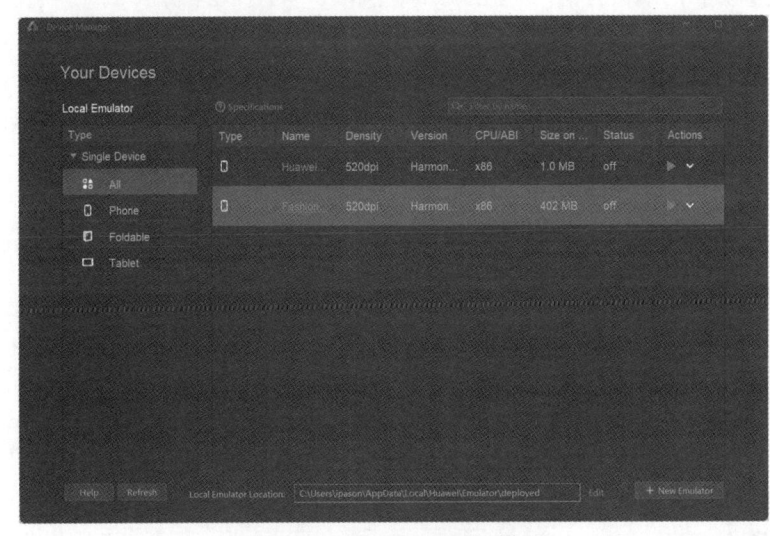

图 1.20　"Your Devices"界面 2

图 1.21　模拟器运行成功界面

3. 在模拟器上运行 HarmonyOS 项目

（1）点击工具栏中的"Device Manager"按钮，会出现刚才运行成功的模拟器选项，如图 1.22 所示。

（2）点击该选项后面的三角形图标，弹出如图 1.23 所示的 HarmonyOS 项目运行成功界面，表示 HarmonyOS 项目运行成功。

图 1.22　刚才运行成功的模拟器选项

图 1.23　HarmonyOS 项目运行成功界面

1.6.2　真机运行

1. 准备工作

（1）注册华为开发者账号。

（2）在华为开发者联盟的控制台中创建 HarmonyOS 项目。

2. 调试真机

（1）在 Phone 或 Tablet 中，打开开发者模式，在"设置"→"关于手机"或"关于平板"栏中，连续多次选择"版本号"选项，直到提示"您正处于开发者模式"即可。在"设置"→"系统和更新"→"开发人员选项"栏中，开启"USB 调试"选项，如图 1.24 所示。

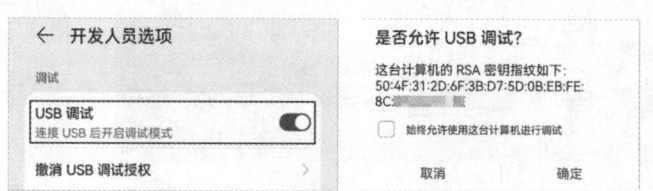

图 1.24　USB 调试模式设置

（2）用数据线将 Phone 或 Tablet 与 PC 端连接，选择 USB 连接方式为"传输文件"，在 Phone 或 Tablet 中会弹出如图 1.24 所示的"是否允许 USB 调试"界面，点击"确定"按钮即可。

（3）点击工具栏中的"Device Manager"按钮，会出现刚才连接成功的真机名选项。点击该选项后面的三角形图标，运行 HarmonyOS 项目，DevEco Studio 启动 HAP（HarmonyOS Ability Package）的编译将 HarmonyOS 项目安装在手机上。

需要注意的是，在创建 HarmonyOS 项目时要选择正确的 HarmonyOS 版本。

查看 HarmonyOS 版本的命令有 hdc shell、getprop hw_sc.build.os.apiversion、getprop hw_sc.build.os.releasetype。使用 hdc shell 命令查看 HarmonyOS 版本，如图 1.25 所示。

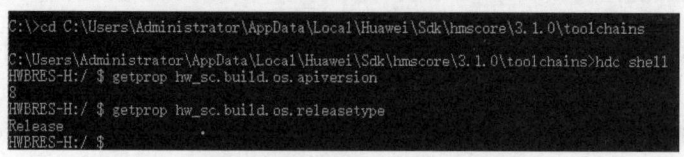

图 1.25　使用 hdc shell 命令查看 HarmonyOS 版本

习 题

1. 选择题

（1）在 DevEco Studio 中创建 HarmonyOS 项目的方法是（　　　）（多选）。

    A. 在计算机上创建一个文件，并将其命名为"new HarmonyOS 项目"。

    B. 如果已打开 HarmonyOS 项目，那么在 DevEco Studio 的菜单栏中选择"File"→
"new"→"Create Project"命令

    C. 如果是首次启动 DevEco Studio，那么在欢迎界面中选择"Create new Project"选项

（2）在 DevEco Studio 中配置签名信息时，需要上传的文件有（　　　）（多选）。

    A. "密钥库文件.p12"文件　　　　　　　B. "签名文件.cer"文件

    C. 配置文件　　　　　　　　　　　　　　D. "密钥证书.pem"文件

（3）下列说法中正确的是（　　　）（多选）。

    A. DevEco Studio 提供了模拟设备的能力，解决了 HarmonyOS 元服务开发过程中遇
到的真机不足、无分布式应用调试环境等问题，为开发者提供了低成本、易获取
的调测验证环境

    B. 为了降低性能调优技术难度，DevEco Studio 推出了场景化调优工具 DevEco Profiler

    C. DevEco Studio 提供了一系列命令行工具，用于辅助开发者高效地管理 SDK 设备，
提升调优效率

    D. DevEco Studio 是面向 HarmonyOS 的生态系统的集成开发环境，提供了一站式的
HarmonyOS 项目开发能力。

（4）当用户希望能够在多个设备之间来回切换、完成多个任务时，开发者可以使用（　　　）
能力，以便应用不间断地给用户提供服务。

    A. 统一生态系统　　　B. 可分可合　　　C. 自由流转　　　D. 原生智能

2. 判断题

（1）"一次开发，多端部署"指的是一个工程，一次开发上架，多端按需部署。为了实现
这一目的，HarmonyOS 提供了多端开发环境、多端开发能力，以及多端分发机制。（　　　）

（2）如果代码中涉及一些网络、数据库、传感器等功能的开发，那么可以使用预览器进行
预览。（　　　）

（3）DevEco Studio 支持代码自动补全、自动导包等功能。（　　　）

3. 简答题

（1）简要描述 HarmonyOS 的优点和缺点。

（2）在 Windows 11 中搭建 HarmonyOS 开发环境。

（3）开发一个 HarmonyOS 项目，将其命名为 HelloDemo，设置包名为 org.hnist.hello，并
创建一个模拟器，让该项目在模拟器上顺利运行。

第2章

HarmonyOS 项目

学习目标

- 了解 HarmonyOS 项目的结构。
- 了解 HarmonyOS 项目中的文件夹及文件。
- 掌握 HarmonyOS 项目中的几个重要文件。
- 掌握开发 HarmonyOS 项目的大致流程。

第1章中在没有编写代码的情况下就建立了 HarmonyOS 项目,并能够在屏幕上显示"Hello World"。那么建立 HarmonyOS 项目后,在 DevEco Studio 中出现了很多文件和文件夹,它们都是用来做什么的,能否将显示的"Hello World"换成其他字符呢? 本章将对此进行详细的介绍。

2.1 HarmonyOS 项目的组成

随着系统的演进,HarmonyOS 先后提供了两种项目模型: FA 模型(Feature Ability)和 Stage 模型。

- FA 模型: 从 HarmonyOS API 7 开始支持的模型,已经不再作为主推模型。
- Stage 模型: 从 HarmonyOS API 9 开始新增的模型,是目前主推且会长期演进的模型。该模型因提供了 AbilityStage、WindowStage 等类作为应用组件和 Window 窗口的"舞台"而得名。

1. HarmonyOS 项目的结构

在 DevEco Studio 中创建的项目提供了多种结构,如图 2.1 所示。其中,比较常用的是 Project 结构和 Ohos 结构,如图 2.2 和图 2.3 所示。

2. HarmonyOS 项目的 Project 结构中的主要文件夹及文件

创建一个 HarmonyOS 项目就是创建一个特殊的目录,在该目录下包含了特定的模板文件及固定的文件夹,开发者可以在固定的文件夹下填充源代码文件、资源文件等,并完善配置文件中的内容。HarmonyOS 项目的 Project 结构中的主要文件夹及文件如图 2.4 所示。

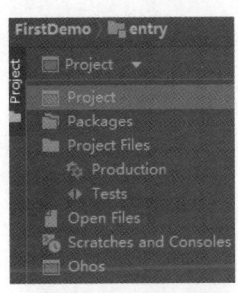

图 2.1　项目结构

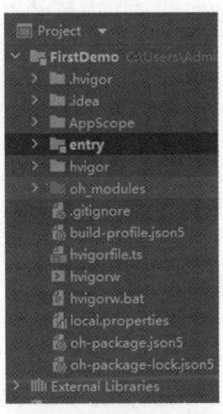

图 2.2　Project 结构

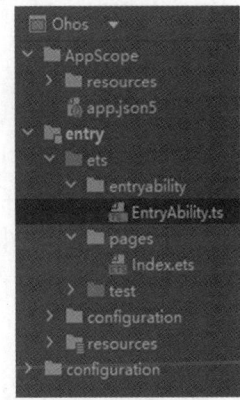

图 2.3　Ohos 结构

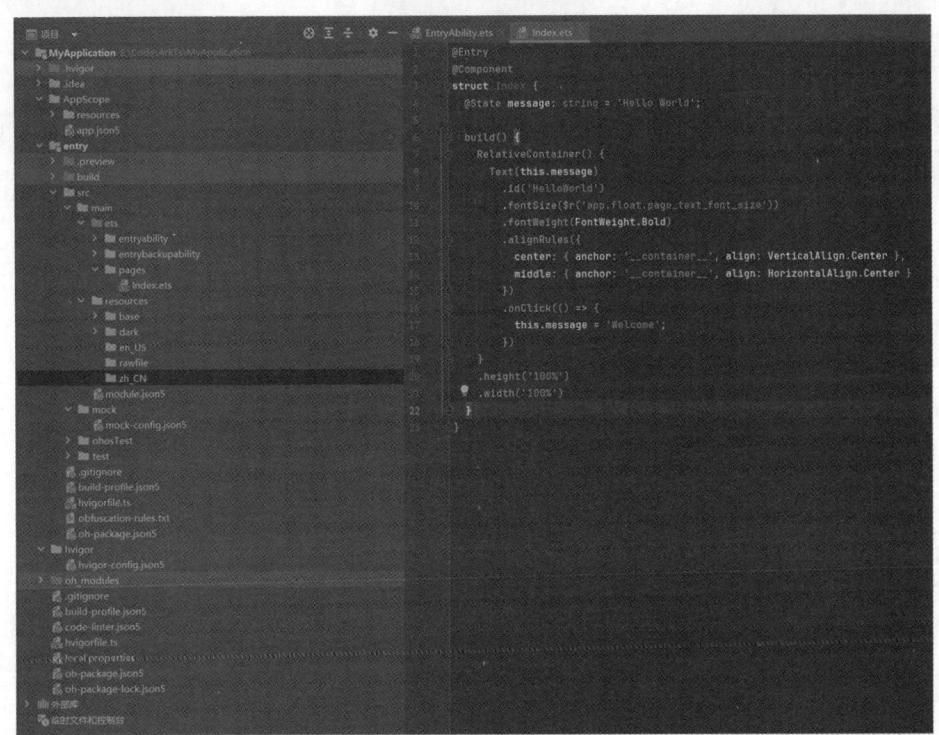

图 2.4　HarmonyOS 项目的 Project 结构中的主要文件夹及文件

对于初学者，通常需要重点关注以下内容，这些内容是理解 HarmonyOS 项目运作机制和开发流程的关键。通过熟悉这些内容，读者可以快速上手 HarmonyOS 项目的开发。

1）entry 模块

作用：项目的入口模块，包含主页和核心逻辑。

src/main/js/default：存放 JavaScript/ArkTS 代码，包括页面逻辑和业务逻辑。

src/main/resources：存放资源文件，如图片、字体、字符串等。

media：存放图片、图标等资源。

element：存放字符串、颜色值等资源。

rawfile：其他静态文件，如 JSON 配置文件。

src/main/config.json：核心配置文件，定义项目的基本信息、权限、设备兼容性等。

2）pages 文件夹

作用：存放项目包含的页面布局和逻辑代码。

每个页面通常都包含以下文件。

.ets：ArkTS 文件，存放逻辑代码。

.css：页面的样式文件。

.json：页面的配置文件。

3）app.css 文件

作用：定义项目的全局逻辑和样式，供所有 UI 共享。

2.2 HarmonyOS 项目中的几个重要文件

在开发 HarmonyOS 项目时，了解以下几个重要文件是快速上手的关键。这些文件内容涵盖了项目的基本配置、页面开发、资源管理和全局逻辑等方面。

1. config.json 文件

config.json 文件是核心配置文件，定义了项目的基本信息、权限、设备兼容性等。

app：版本号、厂商信息。

deviceConfig：支持的设备类型及其配置。

module：模块信息，包括入口页面、能力声明、页面路由等。

简单示例：

```json
{
 "app": {
  "bundleName": "com.example.myapplication",
  "vendor": "example",
  "version": {
   "code": 1000000,
   "name": "1.0.0"
  } },
 "deviceConfig": {},
 "module": {
  "package": "com.example.myapplication",
  "name": ".entry",
  "mainAbility": ".MainAbility",
  "deviceType": [
   "phone"
  ],
  … }}
```

2. app.ets 文件

app.ets 文件是项目的入口文件，定义项目的生命周期和全局逻辑。定义项目的生命周期的函数有 onCreate、onDestroy 等。

简单示例：

```
import hilog from '@ohos.hilog';
export default {
  onCreate() {
    hilog.info(0x0000, 'testTag', '%{public}s', 'Application onCreate');
  },
  onDestroy() {
    hilog.info(0x0000, 'testTag', '%{public}s', 'Application onDestroy');
  },}
```

3. Index.ets 文件

Index.ets 文件是 HarmonyOS NEXT 项目开发的核心文件之一，主要用于定义项目的基本结构和页面布局。Index.ets 文件使用 ArkTS 编写，通过声明式 UI 和状态管理支持，使得开发者可以更高效地开发分布式项目。

简单示例：

```
@Entry
@Component
struct Index {
  @State message: string = 'Hello World'
  build() {
    Row() {
      Column() {
        Text(this.message)
          .fontSize(50)
          .fontWeight(FontWeight.Bold)        }
        .width('100%')     }
      .height('100%')  }}
```

其中各语句的作用在第 4 章会有详细的介绍，这里简要介绍关于文本描述的语句。

```
        //设置文本
      Text(this.message)
        .fontSize(50) //设置文本大小
        .fontWeight(FontWeight.Bold) //设置文本加粗
      }
      .width('100%') //设置宽度
      }
      .height('100%') //设置高度
```

打开 Index.ets 文件，选择右侧的"Previewer"选项卡，即可进入预览界面，如图 2.5 所示。在预览界面中可以实时查看布局效果，这大大提高了开发效率。

4. string.json 文件

string.json 文件是 HarmonyOS 项目中用于管理字符串的配置文件。它的主要作用是将使用的字符串集中管理，以便实现多语言支持和统一维护。

base 文件夹中的 string.json 文件是默认的字符串资源文件，en_US、zh_CN 等文件夹中的 string.json 文件是对应语言的字符串资源文件。

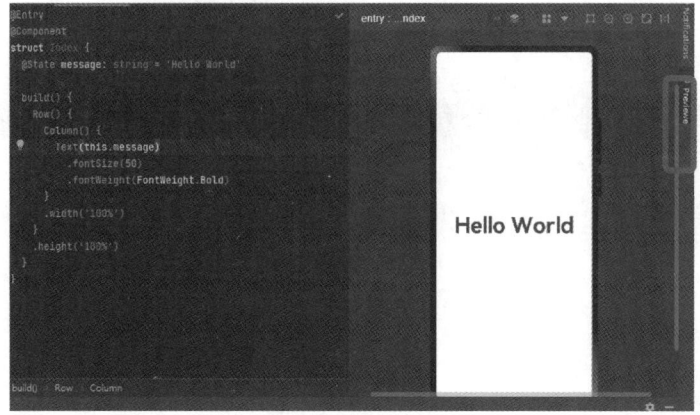

图 2.5　预览界面

简单示例：

```
{
  "app_name": "MyApp",
  "welcome_message": "Welcome to Hnist!"}
```

在 .ets 文件中引用 string.json 文件的代码如下。

```
@Entry@Component
struct Index {
  build() {
    Column() {
      Text($r('app.string.app_name')) // 引用 app_name
        .fontSize(30)
      Text($r('app.string.welcome_message')) // 引用 welcome_message
        .fontSize(20)
    }
  …
```

在 resources 文件夹中为每种语言创建一个文件夹（en_US、zh_CN 等），在各文件夹中创建 string.json 文件，并定义对应语言的字符串，系统会根据用户的语言设置自动加载对应的 string.json 文件，从而实现多语言支持。

5. oh-package.json5 文件

oh-package.json5 文件是管理项目依赖的说明文件。
简单示例：

```
{
  "name": "myapp",
  "version": "1.0.0",
  "dependencies": {
    "@ohos/router": "^1.0.0"   //添加依赖
  }}
```

2.3　扩充 FirstDemo 项目

下面对 FirstDemo 项目进行扩充，在现有项目基础上增加一个按钮，通过示例来说明不同文件之间的关系。

简单示例：在 FirstDemo 项目的基础上，增加一个按钮，按钮上的文字为"提交"，点击该按钮会输出"Hello World"。修改 Index.ets 文件，代码如下。

```
@Entry
@Component
struct Index {
  @State message: string = 'Hello World'
  @State submit: string = '提交'
  build() {
    Row() {
      Column() {
        Text(this.message)
          .fontSize(20)
          .fontWeight(FontWeight.Bold)
        //增加按钮
        Button(this.submit, { type: ButtonType.Normal, stateEffect: true })
          .borderRadius(8)
          .backgroundColor(0x317aff)
          .width(90)
          .height(40)
          .onClick(() => {  //为按钮添加点击事件
            console.log(this.message); //输出"Hello World"
          })
      }.width('100%')
    }.height('100%')  }}
```

先选择"Previewer"选项，再点击屏幕上的按钮，最后点击底部的"Log"按钮。底部的"Log"按钮如图 2.6 所示。输出结果如图 2.7 所示。

图 2.6 底部的"Log"按钮

03-05 20:49:00 10480 D A0c0d0/JSApp: app Log: Hello World

图 2.7 输出结果

要修改 FirstDemo 项目发布后的图标及名称，可以打开 config.json 文件，按照如下步骤操作。

（1）准备图标文件。建议提供多种分辨率的图标以适应不同的设备。另外，建议使用有意义的名称，如 replaceIcon.png 等。

（2）替换图标文件。打开 media 文件夹，将准备好的图标文件复制到该文件夹中，如图 2.8 所示。如果有多种分辨率的需求，那么可以在 resources 文件夹中创建不同的资源文件夹（base、en、zh 等），并分别放置对应分辨率的图标文件到其中。

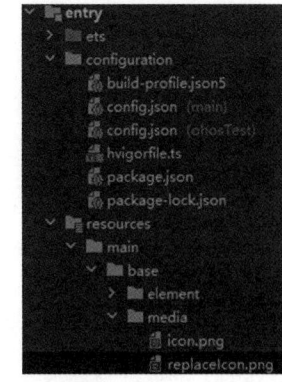

图 2.8 复制图标文件到 media 文件夹中

（3）配置图标文件的路径。打开 config.json 文件，找到 app 字段中的 icon 属性,将其值修改为图标文件的路径。

简单示例：

```
{…
"orientation": "unspecified",
 "formsEnabled": false,
 "name": ".MainAbility",
 "srcLanguage": "ets",
 "srcPath": "MainAbility",
 "icon": "$media:replaceIcon",
 "description": "$string:MainAbility_desc",
 "label": "$string:app_name"
 "type": "page",
 "visible": true,
 "launchType": "standard"
}…
```

（4）修改项目名。项目名是显示在桌面和应用市场中的名称，可以修改"label": "$string:app_name"。当然这里也可以直接为项目命名，如"label": "学生管理系统"。其中，$string:app_name表示项目名的资源 ID 为 app_name。下面在 string.json 文件中定义 app_name 的值。

简单示例：

```
"string": [    {
    "name": "app_name",
    "value": "MyApp"
  } ]}
```

（5）验证修改内容，重新编译项目。选择 DevEco Studio 的菜单栏中的"Build"→"Rebuild Project"命令，将项目安装到设备或模拟器上，可以发现项目名已经更新。

需要注意的是，应确保图标尺寸符合规范，以免图标模糊或变形。修改项目名后，需要重新签名并打包应用。

2.4 调试 HarmonyOS 项目

调试 HarmonyOS 项目主要依赖 DevEco Studio 提供的工具。调试 HarmonyOS 项目的方法有日志调试（包括 console.log 调试）、断点调试等。开发者需要熟练掌握这些工具和方法，结合日志调试和断点调试逐步排查问题，确保项目功能正常及性能得以优化。

2.4.1 console.log 调试

在 HarmonyOS 项目开发过程中，console.log 调试是一种简单且常用的调试方法。使用 console.log 调试，开发者可以快速输出变量值、函数调用信息或程序运行流程，从而定位问题。

1. console.log 的基本使用

console.log 用于在控制台中输出信息，支持输出字符串、变量、对象等。
简单示例：

```
console.log("Hello, HarmonyOS!");
let name = "Alice";let age = 25;
console.log("Name:", name, "Age:", age);
```

```
let user = { name: "Bob", age: 30 };
console.log("User:", user);
```

2. 调试方法

1）输出不同级别的日志

使用以下方法可以输出不同级别的日志。

console.debug 方法：调试信息。

console.info 方法：普通信息。

console.warn 方法：警告信息。

console.error 方法：错误信息。

2）分组

使用 console.group 方法和 console.groupEnd 方法可以对日志进行分组，以便查看复杂逻辑。
简单示例：

```
console.group("User Details");
console.log("Name: Alice");
console.log("Age: 25");
console.groupEnd();
```

3）计时

使用 console.time 方法和 console.timeEnd 方法可以统计代码执行时间。
简单示例：

```
console.time("Process Time");// 模拟耗时操作
for (let i = 0; i < 1000000; i++) {}
console.timeEnd("Process Time");
```

4）条件输出

使用 console.assert 方法可以在条件不满足时输出日志。
简单示例：

```
let value = 10;
console.assert(value > 20, "Value is too small!");
```

3. 使用 console.log 调试的具体步骤

（1）在关键位置添加 console.log。

在关键位置（函数的入口、条件判断等）添加 console.log，记录程序运行流程和变量值。

（2）查看控制台中的输出结果。

运行程序，点击底部的"Log"按钮，查看输出结果。
简单示例：

```
function calculateSum(a, b) {
    console.log("Entering calculateSum function.");
    console.log("Input values:", a, b);
    if (typeof a !== "number" || typeof b !== "number") {
        console.error("Invalid input: both arguments must be numbers.");
        return;    }
    let sum = a + b;
```

```
    console.log("Sum:", sum);
    console.log("Exiting calculateSum function.");
    return sum;}
let result = calculateSum(5, 10);
console.log("Final result:", result);
```

在 HarmonyOS 项目开发过程中，还有一种与 console.log 调试类似的 HiLog 调试，在使用时要先导入 HiLog 类，感兴趣的读者可以查找资料自行学习。

2.4.2 断点调试

断点调试是 HarmonyOS 项目开发过程中常用的调试方法之一。通过在代码中设置断点，可以暂停程序的运行，查看变量值、调用栈信息，从而快速定位问题。

1. 设置断点

打开需要调试的文件，在代码行的左侧点击，设置断点。断点处会显示一个红色圆点，支持设置条件断点。右击断点，在弹出的快捷菜单中选择 "More" → "Edit Breakpoint" 命令，设置触发条件。

2. 启动调试

点击工具栏中的 "Debug" 按钮，或按快捷键 Shift + F9，选择目标设备（模拟器或真机），程序运行到断点处时会自动暂停，底部会显示调试工具栏。

3. 使用调试工具

启动程序，当程序暂停在断点处时，可以使用以下工具进行调试。

1）查看变量值

选择菜单栏中的 "View" → "Tool Windows" → "Debug" → "Variables" 命令，打开 "Variables" 窗口，即可查看当前作用域内的变量值。类似地，也可以打开 "Watches" 窗口查看要监控的变量值。

2）查看调用栈信息

选择菜单栏中的 "View" → "Tool Windows" → "Debug" → "Call Stack" 命令，打开 "Call Stack" 窗口，即可查看当前程序的调用栈信息，具体如下。

（1）方法调用顺序：从当前方法追溯到最外层调用方法。

（2）方法参数：显示各方法的参数。

（3）跳转到源代码所在位置：双击调用栈中的方法，可以跳转到对应的源代码所在位置。

3）单步运行

Step Over (F8)：运行当前行，并跳到下一行。

Step Into (F7)：进入当前行的方法内部。

Step Out (Shift + F8)：跳出当前方法，返回到调用处。

4）继续运行

Resume Program (F9)：继续运行，直到下一个程序结束。

5）终止调试

Stop (Ctrl + F2)：终止调试。

简单示例：

```
struct Index {
 @State message: string = 'Hello, HarmonyOS!';
 build() {
  Column() {
   Text(this.message)
    .fontSize(30)
    .onClick(() => {
     this.updateNews();        });    }
   .width('100%')
   .height('100%')
   .justifyContent(FlexAlign.Center);  }
 updateNews() {
  let newMessage = 'News updated!';
  this.message = newMessage;
  console.log('Message updated to:', this.message);  }}
```

调试过程如下。

（1）在 updateNews 方法的第 1 行设置断点。

（2）开始调试，点击模拟器或真机中的文本，触发 onClick 事件。

（3）程序在断点处暂停，打开"Call Stack"窗口。

（4）查看调用栈信息。

（5）使用 updateNews 方法设置当前运行位置。

（6）使用 onClick 方法调用 updateNews 方法。

（7）双击调用栈中的方法，跳转到对应的源代码所在位置。

2.5　开发 HarmonyOS 项目的大致流程

在开发 HarmonyOS 项目前，要先对该项目进行一些基本的分析，规划好开发该项目的大致流程，以确保该项目被顺利开发。开发 HarmonyOS 项目的大致流程如下。

1. 环境准备

安装 DevEco Studio，配置 SDK，注册开发者账号，获取开发者权限和证书。

2. 创建项目

（1）选择模板：在 DevEco Studio 中，选择合适的模板，如手机、平板计算机、智能手表等。

（2）配置项目：设置项目名、包名等基本信息，选择开发语言为 ArkTS。

3. 开发项目

（1）ArkUI 设计：进行 ArkUI 设计，支持响应式布局和多种 UI 组件。

（2）编写业务逻辑代码：根据需要使用 ArkTS 编写业务逻辑代码。

（3）实现跨设备协同：利用 HarmonyOS 的分布式特性，实现跨设备协同，如多屏互动、数据共享等。

4. 调试与测试

（1）本地调试：使用 DevEco Studio 的模拟器或真机进行调试。

（2）分布式调试：测试项目在分布式场景下的表现，确保跨设备功能正常。

（3）自动化测试：使用 DevEco Studio 的测试工具进行单元测试和 UI 测试。

5. 打包与发布

（1）签名：使用华为提供的证书对项目进行签名，确保项目安全。

（2）打包：将项目打包为 HAP 文件。

（3）发布：将项目发布到应用市场中，等待审核和发布。

6. 维护与更新

（1）用户反馈：根据用户反馈修复问题或优化功能。

（2）版本更新：定期发布新版本，修复漏洞并添加新功能。

当然，这里只进行简单介绍，要真正开发一个较大的 HarmonyOS 项目，还应考虑更多内容。例如，可行性分析、用户需求分析、项目进度设计、项目总体设计、详细设计等，读者可以参考软件工程的相关书籍进行了解。

习　题

1. 选择题

（1）module.json5 文件中包含的信息有（　　　）（多选）。

    A. Ability 的相关配置信息　　　　　　　　B. 模块名

    C. 应用的版本号　　　　　　　　　　　　D. 模块类型

（2）以下关于 HarmonyOS 项目中的 Project 结构的说法中错误的是（　　　）。

    A. build-profile.json5 文件用于存放应用级配置信息，包括签名、产品配置等

    B. oh-package.json5 文件用于配置三方包声明文件的入口及包名

    C. module.json5 文件中包含 HAP 的配置信息、应用在具体设备上的配置信息，以及应用的全局配置信息

    D. app.json5 文件用于编写应用级编译构建任务脚本

2. 判断题

（1）只有在 module.json5 文件的 deviceType 字段中配置了 Phone、Tablet 等设备，才能进行多台设备的预览。　　　　　　　　　　　　　　　　　　　　　　　　　　　　　　（　　　）

（2）module.json5 文件的 requestPermissions 标签用于标识当前程序运行时需要向系统申请的权限集合。　　　　　　　　　　　　　　　　　　　　　　　　　　　　　　　　　（　　　）

（3）在 module.json5 文件中，skills 标签表示组件支持的能力。　　　　　　（　　）

3. 简答题

（1）简要描述开发 HarmonyOS 项目的大致流程。

（2）在网络上下载 HarmonyOS API 文档，了解其用途。

（3）新建一个项目，将其命名为 HelloDemo，设置包名为 org.hnist.hello，运行该项目，在屏幕上显示一行文字"信息提交!"，并显示两个按钮，一个为"确定"按钮，另一个为"取消"按钮。

（4）要将项目名修改为"成绩管理系统"，应该怎么操作？

（5）设置断点，对程序进行调试，观察变量值。

第 3 章

ArkTS 编程基础

学习目标

- 了解 ArkTS 的基本概念。
- 掌握 ArkTS 中常见的数据类型。
- 掌握 ArkTS 中的声明。
- 掌握 ArkTS 中的运算符。
- 掌握 ArkTS 中的语句。
- 掌握 ArkTS 中的函数。
- 掌握 ArkTS 中的类。
- 掌握 ArkTS 中的接口。
- 掌握 ArkTS 中的空安全。
- 掌握 ArkTS 中的模块。
- 掌握 ArkTS 中的泛型。

ArkTS是开发 HarmonyOS 项目的主要语言，在保持 TS（TypeScript）基本语法风格的基础上，可以对 TS 的动态类型特性施加更严格的约束，引入静态类型。ArkTS 扩展了声明式 UI、状态管理等能力，开发者可以用更简洁、自然的方式开发高性能的项目。

未来，ArkTS 会结合 HarmonyOS 项目开发和运行的需求持续演进，逐步提供更多能力。

3.1　ArkTS 中常见的数据类型

ArkTS 是 TS 的超集，其中的数据类型也是基于 TS 而来的。ArkTS 中的数据类型有多种。ArkTS 中常见的数据类型如表 3.1 所示。

表 3.1　ArkTS 中常见的数据类型

数据类型	描述
number	数值类型
string	字符串类型

数据类型	描述
boolean	布尔类型
array	数组类型
enum	枚举类型
union	联合类型
null	空
void	没有任何返回值的类型

1. 数值类型

所有数字都是浮点数，长整数、小数、负数等都属于数值类型。数值类型支持二进制、八进制、十六进制等形式。

简单示例：

```
let age: number = 30
let num1: number = 0b101010 //0b 表示二进制形式
let num2: number = 0o201710 //0o 表示八进制形式
let num3: number = 0x191ab1 //0x 表示十六进制形式
```

注意，在赋值时，当值属于数值类型时也可以不写，这是因为 ArkTS 具有类型推断功能。

2. 字符串类型

字符串代表字符序列，可以使用由双引号或单引号引起来的任意字符组成。字符串还有一种特殊形式，即用反引号引起来，允许在字符串中嵌入表达式或变量。

简单示例：

```
let name: string = 'fashion'
let s3=`my name is ${name}`
```

3. 布尔类型

布尔类型数据由 true 和 false 两个逻辑值组成。

4. 数组类型

数组是一个容器，可以存储多个相同类型的数据。在某个元素类型后面接上中括号，表示由该类型元素组成的一个数组。

定义数组的语法如下。

```
let 数组名: 类型[] = [数据1, 数据2,…]
```

简单示例：

```
let students: string[] = ['李小红', '张小明', '王小强']
let scores: number[] = [87,90,85]
console.log('取出 2 号姓名: ', names[1])
console.log('取出 2 号成绩: ', scores[1])
```

定义数组的另一种方式是使用数组泛型。其语法如下。

```
Array<元素类型>
let scores: Array<number> =[87,90,85]
```

5. 枚举类型

枚举类型是对 JavaScript 标准数据类型的一个补充。使用枚举类型可以为一组数据赋予友好的名称。

简单示例：

```
enum Color {Red,Green,Blue,Black,Yellow};
let cloth: Color = Color.Red;
```

6. 元组

元组可以用一个已知元素和类型的数组表示。用户可以定义一对值分别为字符串类型和数值类型的元组。

简单示例：

```
let student: [string,number]
student=['Fashion',180]
```

7. 联合类型

联合类型表示取值可以为多种类型中的一种，如果当下还不确定使用哪个类型，那么可以定义多种类型。

简单示例：

```
let test: string|number|boolean
test=true
test='Fashion'
test=180
```

8. null

null 表示对象为空。

null 与 undefined 的不同之处是，null 表示对象为空，而 undefined 表示缺少值。若虽声明变量但未为其赋值，则变量值为 undefined。当需要表示对象为空时，可以使用 null。在比较时，null 和 undefined 的值相等，但数据类型不同。

9. void

当一个函数没有返回值时，通常其返回类型为 void。

3.2 ArkTS 中的声明

ArkTS 通过声明引入常量、变量、函数和类型。下面介绍常量声明和变量声明。

1. 常量声明

以关键字 const 声明的常量，一般用来存储程序中不变的数据。常量只能被赋一次值，对常量重新赋值会造成编译时错误。

声明常量的语法如下。

```
const 常量名：类型 = 值；
```

简单示例：

```
const YourName:string='Fashion'
const PI: number = 3.14
console.log('圆周率：', PI)
console.log('您的姓名：', YourName)
```

2. 变量声明

存储程序中可以改变的数据用来存储数据，以关键字 let 声明的变量在程序运行期间可以有不同的值。

声明变量的语法如下。

```
let  变量名：类型 = 值；
```

简单示例：

```
let name: string = 'fashion'
let age: number = 30
let isMale: boolean = true
console.log(name)
console.log(age.toString())
console.log('我的名字是${name},我今年${age}岁')
```

由于 ArkTS 是一种静态语言，所有数据类型都必须在编译时确定。如果一个变量或常量的声明中包含了初始值，那么开发者不需要显式指定其类型。ArkTS 规范中列举了所有允许自动推断类型的场景。在以下示例中，两条声明语句都是有效的，两个变量都属于字符串类型。

```
let name1: string = 'Fashion'
let name2 = 'Fashion'
```

变量的命名规则如下。

- 只能包含数字、字母、下划线、$，不能以数字开头。
- 不能使用内置关键字或保留字，如 let、const 等。
- 应严格区分大小写。

3.3 ArkTS 中的运算符

1. 赋值运算符

赋值运算符为 = 。

复合赋值运算符为+=、-=、*=、/=、%=、<<=、>>=、>>>=、&=、|=、^=。

简单示例：

```
let name: string = 'Fashion'
let num=10
num+=20
```

2. 比较运算符

ArkTS 中常见的比较运算符如表 3.2 所示。

表 3.2 ArkTS 中常见的比较运算符

表 3.2 ArkTS 中常见的比较运算符

运算符	描述
=	若两个操作数相等，则返回 true
!=	若两个操作数不相等，则返回 true
>	若左操作数大于右操作数，则返回 true
>=	若左操作数大于或等于右操作数，则返回 true
<	若左操作数小于右操作数，则返回 true
<=	若左操作数小于或等于右操作数，则返回 true

3. 一元运算符和二元运算符

一元运算符为+（正号）、-（负号）、++、--。

ArkTS 中常见的二元运算符如表 3.3 所示。

表 3.3 ArkTS 中常见的二元运算符

运算符	描述
+	加法运算
-	减法运算
*	乘法运算
/	除法运算
%	除法运算后取余

Example 3_1：新建一个 HarmonyOS 项目，为文本添加一个点击事件。修改 Index.ets 文件，代码如下。

```
@Entry
@Component
struct Index {
 @State message: string = 'Hello World'
 build() {
  Row() {
   Column() {
    Text(this.message)
     .fontSize(50)
     .fontWeight(FontWeight.Bold)
     .onClick(()=>{                    //为文本添加一个点击事件
      let a1: number = 2;
      let a2: number = 3;
      let a3: number = 4;
      console.log(a3.toString());
      a3+=a2;
      console.log(a3.toString());
      a3*=a1;
      console.log(a3.toString());
      if(a3>10){
        console.log('a3>10');
      }else{
        console.log('a3<10');}
    })      }
```

```
        .width('100%')    }
      .height('100%')  }}
```

先选择“Previewer”选项，再点击屏幕上的“Hello World”，最后点击底部的“Log”按钮，如图 3.1 所示。输出结果如图 3.2 所示。

Version Control
Run
TODO
Log
Problems

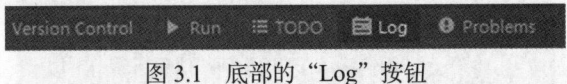

图 3.1　底部的“Log”按钮

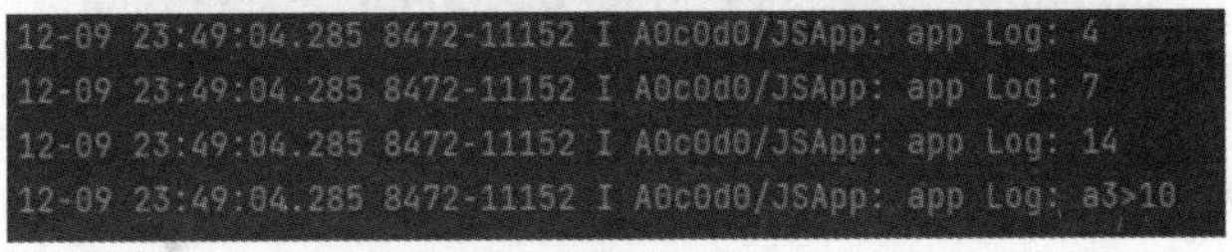

12-09 23:49:04.285 8472-11152 I A0c0d0/JSApp: app Log: 4
12-09 23:49:04.285 8472-11152 I A0c0d0/JSApp: app Log: 7
12-09 23:49:04.285 8472-11152 I A0c0d0/JSApp: app Log: 14
12-09 23:49:04.285 8472-11152 I A0c0d0/JSApp: app Log: a3>10

图 3.2　输出结果 1

4. 位运算符

ArkTS 中常见的位运算符如表 3.4 所示。

表 3.4　ArkTS 中常见的位运算符

<table>
<tr><th>运算符</th><th>描述</th></tr>
<tr><td>&</td><td>按位与。若两个操作数的对应位都为 1，则将该位设置为 1，否则设置为 0</td></tr>
<tr><td>|</td><td>按位或。若两个操作数的对应位中至少有一个为 1，则将该位设置为 1，否则设置为 0</td></tr>
<tr><td>^</td><td>按位异或。若两个操作数的对应位不同，则将该位设置为 1，否则设置为 0</td></tr>
<tr><td>~</td><td>按位非。反转操作数的位</td></tr>
<tr><td><<</td><td>左移。如 a<<b，表示将 a 的二进制形式向左移 b 位</td></tr>
<tr><td>>></td><td>算术右移。如 a>>b 表示将 a 的二进制形式向右移 b 位，带符号扩展</td></tr>
<tr><td>>>></td><td>逻辑右移。如 a>>>b 表示将 a 的二进制形式向右移 b 位，左边补 0</td></tr>
</table>

5. 逻辑运算符

ArkTS 中常见的逻辑运算符如表 3.5 所示。

表 3.5　ArkTS 中常见的逻辑运算符

<table>
<tr><th>运算符</th><th>描述</th></tr>
<tr><td>&&</td><td>逻辑与</td></tr>
<tr><td>||</td><td>逻辑或</td></tr>
<tr><td>!</td><td>逻辑非</td></tr>
</table>

简单示例：

```
let a1 = 5; // 二进制形式为 0101
let a2 = 3; // 二进制形式为 0011
console.log((a1 & a2).toString()); // 输出 1，因为 0101 & 0011 = 0001
console.log((a1 | a2).toString()); // 输出 7，因为 0101 | 0011 = 0111
console.log((a1 ^ a2).toString()); // 输出 6，因为 0101 ^ 0011 = 0110
console.log((~a1).toString()); // 输出 -6，~0101（补码形式）= 1010（原码为 -6）
let a3 = 1; // 二进制形式为 0001
console.log((a3 << 2).toString()); // 输出 4，因为 0001 << 2 = 0100
let a4 = -8; // 二进制为 11111000（补码形式）
```

```
console.log((a4 >> 2).toString()); // 输出 -2，因为 11111000 >> 2 = 11111110（补码形式，原码为 -2）
console.log((a4 >>> 2).toString()); // 输出 1073741822，因为 11111000 >>> 2 = 00111110（无符号数）
```

输出结果如图 3.3 所示。

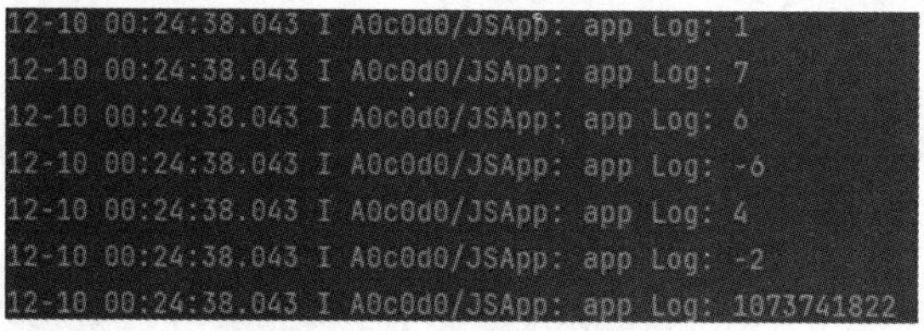

```
12-10 00:24:38.043 I A0c0d0/JSApp: app Log: 1
12-10 00:24:38.043 I A0c0d0/JSApp: app Log: 7
12-10 00:24:38.043 I A0c0d0/JSApp: app Log: 6
12-10 00:24:38.043 I A0c0d0/JSApp: app Log: -6
12-10 00:24:38.043 I A0c0d0/JSApp: app Log: 4
12-10 00:24:38.043 I A0c0d0/JSApp: app Log: -2
12-10 00:24:38.043 I A0c0d0/JSApp: app Log: 1073741822
```

图 3.3　输出结果 2

3.4　ArkTS 中的语句

1. 输出语句

输出语句的语法如下。

```
console.log('消息说明', '输出的内容')
```

注意，小括号中的参数属于字符串类型，如果属于数值类型，那么可以使用 toString 函数先转换再输出。

2. 注释

注释在编程中非常重要，它可以帮助开发者理解代码的意图和功能，特别是在复杂逻辑中。高质量的注释可以提高代码的可读性和维护性。在 ArkTS 中，注释不会影响代码的执行。

ArkTS 中的注释有两种类型：单行注释和多行注释。

单行注释使用//标记，后面跟注释内容。其快捷键为 Ctrl+/。

多行注释使用 /* */ 标记，适用于需要注释多行的场景。其快捷键为 Ctrl+Shift+/。

简单示例：

```
/*
程序的功能描述：该程序可以统计所有学生成绩
变量说明：…
程序开发者：Fashion
开发时间：2024-12-09
*/
```

3. 分支语句

ArkTS 中的分支语句是进行逻辑控制的重要工具，允许根据一个或多个条件的真假来选择执行不同的代码。分支语句包括单分支语句、双分支语句和多分支语句 3 种常见情形。

1）单分支语句

单分支语句的语法如下。

```
if (条件) {
    条件成立执行的代码 }
```

若小括号中的条件为真，则执行大括号中的代码；若小括号中条件的值不属于布尔类型，则会发生类型转换，将输出结果转换为布尔类型。若大括号中只有一条语句，则可以省略大括号。

简单示例：

```
let score: number = 95
// 如果成绩大于或等于90分，那么提示"恭喜您，您的成绩是优秀！"
if (score > =90) {
  console.log('恭喜您，您的成绩是优秀！')}
```

2）双分支语句

双分支语句的语法如下。

```
if (条件) {
  条件成立执行的代码}
else {
  条件不成立执行的代码}
```

若小括号中的条件为真，则执行 else 前面大括号中的代码，否则执行 else 后面大括号中的代码。

简单示例：

```
let score: number = 95
// 如果成绩大于或等于90分，那么提示"恭喜您，您的成绩是优秀！"，否则，提示"您要加油哦！"
if (score > =90) {
  console.log('恭喜您，您的成绩是优秀！')}
else {
  console.log('您要加油哦！')}
```

Example 3_2：定义货物件数为3，若货物件数大于0，则点击"货物减少1件"文本，否则提示"货物已经没有啦，不能再减少了！"；点击"货物增加1件"文本，货物件数增加1；当货物件数大于5时，提示"货物太多了，存放不下了！"。

```
@Entry
@Component
struct Index {
  @State  count: number = 3
  build() {
    Column() {
      Row() {
        Text('货物减少1件')
          .width(100)
          .height(20)
          .textAlign(TextAlign.Center)
          .onClick(() => {
            if (this.count > 0) {
              this.count -= 1
            } else {
              AlertDialog.show({message: '货物已经没有啦，不能再减少了！'}) }  })
        Text(this.count.toString())
          .width(30)
          .height(20)
          .textAlign(TextAlign.Center)
          .fontSize(14)
        Text('货物增加1')
```

```
      .width(100)
      .height(20)
      .textAlign(TextAlign.Center)
      .onClick(() => {
        this.count ++
        if (this.count > 5) {
          AlertDialog.show({message: '货物太多了，存放不下了！'})    }
      })         }     }
  .padding(50)  }}
```

3）多分支语句

多分支语句的语法如下。

```
if (条件) {
  条件成立执行的代码}
  else if(条件) {
  条件不成立执行的代码}
    else {条件不成立执行的代码}
```

简单示例：给定一个成绩，根据给定的成绩判断其是优秀、良好、及格、不及格中的哪个等级。

```
let score: number = 85
if (score >= 90) {
  console.log('优秀')
} else if (score >= 70) {
  console.log('良好')
} else if (score >= 60) {
  console.log('及格')
} else {
  console.log('不及格')}
```

当有多个条件需要判断时，使用 if 语句会比较麻烦，使用 switch 语句会更加清晰。

4）switch 语句

switch 语句允许将变量值与多种情况进行匹配，每种情况均对应一段要执行的代码。
switch 语句的语法如下。

```
switch (表达式) {
  case 值1：
    与值1匹配执行的代码
    break
  case 值2：
    与值2匹配执行的代码
    break
  default：
    以上都未匹配执行的代码    }
```

注意，表达式的类型必须为数值类型、枚举类型或字符串类型；case 后面的值必须是常量表达式或枚举常量；如果没有 break 语句，那么执行 switch 语句中的下一个 label 对应的代码。

前面介绍的多分支语句的简单示例用 switch 语句来实现更清晰，代码如下。

```
let score: number = 65
//将分数除以10，向下取整，作为表达式
  switch (Math.floor((score/10))){
    case 9:
      console.log('优秀')
      break
    case 8:
      console.log('良好')
      break
    case 7:
      console.log('中等')
      break
    case 6:
      console.log('及格')
      break
    default:
      console.log('不及格')   }
```

5）条件表达式

条件表达式又叫三元表达式。

条件表达式的语法如下。

```
条件 ？ 表达式 1：表达式 2
```

若条件为真，则使用表达式 1 作为该条件表达式的输出结果，否则，使用表达式 2 作为该条件表达式的输出结果。

简单示例：给定两个值，将较大的值输出显示。

```
let num1: number = 3
let num2: number = 5
// 返回较大的值
let max: number = num1 > num2 ? num1 : num2
console.log('较大的值是', max)
```

4. 循环语句

ArkTS 中的循环语句是进行逻辑控制的重要工具，允许根据特定条件重复执行某段代码。常见的循环语句有 for 语句、for-of 语句、while 语句、do-while 语句。

1）for 语句

for 语句的语法如下。

```
for ([init]; [condition]; [update]) {
 statements}
```

for 语句的执行流程如下。

（1）若有 init 表达式，则执行 init 表达式，该表达式通常初始化一个或多个循环计数器。

（2）计算 condition，若 condition 为真，则执行循环主体语句，即大括号中的语句；若 condition 为假，则终止循环。

（3）逐条执行大括号中的语句，一般会有更改条件的语句，如上面的 update 表达式，否则可能陷入死循环。

（4）返回步骤（2）。

简单示例：计算 1 ~ 100 中整数的和是多少。

```
let i = 1; // 赋初始值
let sum=0; // 为和赋值
for(i;i<=100;i++){ //循环1~100
sum=sum+i      //求和
console.log((this.sum).toString()) }
console.log(sum.toString())
```

2）for-of 语句

for-of 语句专门用于遍历可迭代对象（数组、字符串等）的元素。

for-of 语句的语法如下。

```
for (let item of 数组名) { }
```

其中，item 是声明的一个变量，用于在循环时接收各数组中的元素。

Example 3_3：将一个数组中的元素遍历并取出显示，将字符串逐个显示，遍历 Map 集合中的元素。

```
//将一个数组中的元素遍历并取出显示
let i=1
let names: string[] = ['张三', '李四', '王五']
for (const item of names) {
    console.log('第'+i.toString()+'个的名字是', item)
    i++   }
//将字符串逐个显示
let str:string='MyNoteBook'
for (let char of str) {
    console.log(char)}
//遍历 Map 集合中的元素
let map1:Map<string,number>=new Map()
map1.set('张三',20)
map1.set('李四',21)
map1.set('王五',19)
for (let mapquery of map1) {
  console.log('name:${mapquery[0]} age ${mapquery[1]}')}
```

3）while 语句

while 语句的语法如下。

```
while (条件) {
  条件成立重复执行的代码}
```

只要条件为真，while 语句就会执行大括号中的语句，先判断，再执行。注意，循环初始值（变量）、循环条件、变量（变量计数，自增或自减）需要在代码中有所体现，否则很有可能陷入死循环。

简单示例：计算 1 ~ 100 中整数的和是多少。

```
let i=1
let sum=0
while (i<=100){ //循环1~100
sum=sum+i         //求和
```

```
  i++  }             //改变循环条件
console.log(sum.toString())
```

与 for 语句相比，while 语句一般用于不知道循环次数的循环，知道循环次数的循环一般用 for 语句来实现。一般 for 语句都可以用 while 语句来实现，反之，则不一定。

简单示例：S=1+2+3+…，加到多少和会大于 1000，这个值最小是多少。这时用 while 语句相对来说更易实现。

```
let i=1
let sum=0
 while (sum<=1000){  //当 sum 的值小于 1000 时执行循环
   sum=sum+i        //求和
   console.log(i.toString(),sum.toString())
   i++  }             //改变循环条件
 console.log((i-1).toString())})
```

4）do-while 语句

do-while 语句的语法如下。

```
do {条件成立重复执行的代码
  } while (条件)
```

先执行一次条件成立重复执行的代码，在进行条件的判断时，若条件为真，则条件成立，条件成立重复执行的代码会重复执行。

简单示例：计算 1～100 中整数的和是多少。

```
let i=1
let sum=0
do {                //执行
   sum=sum+i        //求和
   i++              //改变循环条件
} while(i<=100)     //判断循环条件
console.log(sum.toString())
```

3.5　ArkTS 中的函数

函数是可以被重复使用的代码。使用函数可以把具有相同或相似逻辑的代码"包裹"起来，有利于代码复用。在 ArkTS 中，函数声明引入一个函数，包含其函数名、参数列表、返回类型和函数体。每个参数都必须标记类型。如果某参数为可选参数，那么在调用函数时可以省略该参数。

1. 函数的定义与基本用法

函数必须先定义后调用。定义函数的语法如下。

```
function 函数名():类型 {
 函数体
}
```

调用函数的语法如下。

```
函数名()
```

简单示例：

```
function add(): number{
  let x: number=3;
  let y: number= 5;
  let z: number= x+y;
  return z; }
  add()
```

很显然，上述函数不够灵活，为了提高函数的灵活性和通用性，让函数能够接收和处理外部数据，可以在定义函数时携带参数（形参），在调用函数时直接将参数（实参）写入即可。

简单示例：

```
function add(x:number,y:number): number{
  let z: number= x+y;
  return z; }
```

> 注意，函数中定义的变量和其他实例仅可以在函数内部访问，不可以在函数外部访问。如果函数中定义的变量与外部作用域中已有实例同名，那么函数内部定义的局部变量将覆盖函数外部定义的局部变量。

ArkTS 支持可选参数，其语法如下。

```
name?: Type
```

如果在调用函数时省略了参数，那么会使用 undefined 作为实参。

简单示例：

```
function hello(name?: string) {
  if (name == undefined) {
    console.log('Hello!'); }
  else {
    console.log('Hello, ${name}!'); } }
```

ArkTS 支持参数 rest，允许函数接收任意数量的实参。

简单示例：

```
function sum(…numbers: number[]): number {
  let res = 0;
  for (let n of numbers)
    res += n;
  return res;}
```

若在调用函数时输入 "sum( );"，则输出 0；若在调用函数时输入 "sum(1,2,3);" 则输出 6。

ArkTS 也支持默认参数，若在调用函数时省略了某参数，则会使用默认值。

简单示例：

```
function total(price: number, weight: number = 2): number {
  return n * weight;
}
```

若在调用函数时输入 "total(2);"，则输出 4；若在调用函数时输入 "total(2,3);"，则输出 6。

2. 函数的返回类型

函数的返回值可以将函数的执行结果传递给其他部分（函数外部）使用。在默认情况下，函数外部无法直接使用函数内部的执行结果。要想在函数外部使用函数内部的执行结果，需要将该结果设置为函数的返回值。

若可以推断出函数的返回类型，则可以在函数声明中省略标注函数的返回类型。不需要返回值的函数的返回类型可以被显式指定为 void 或省略标注。

简单示例：

```
//设置返回类型
function add(x:number,y:number): number{
  let z: number= x+y;
  return z; }
//推断出返回类型为字符串，可以省略指定的返回类型
function answer() { return 'right! '; }
//没有返回值的函数的返回类型可以被显式指定为 void 或省略标注
function hello() { console.log('Hello!'); }
function hello(): void { console.log('Hello!'); }
```

3. 异常处理函数

ArkTS 中的异常处理函数可以用于异常处理。

异常处理函数的语法如下。

```
try {
  // 可能发生异常的语句
} catch (e) {
  // 异常处理
} finally {
  // 最终处理，有无异常都要执行}
```

try 块用于捕获和处理异常。它与 catch 块配合使用，try 块用于放置可能发生异常的语句，catch 块用于处理捕获的异常。如果 try 块中的代码没有抛出异常，那么 catch 块中的代码不会执行。如果 try 块中的代码抛出异常，那么控制流会立即转到 catch 块，并执行异常处理代码。finally 块中的代码无论是否发生异常都会执行，常用于释放资源等操作。

简单示例：

```
try {
    // 尝试执行可能抛出异常的函数
    let result = myOperation();
    console.log("结果:", result);
    } catch (e) {
    // 处理异常
    console.error("发生异常:", e);
    } finally {
    // 清理代码，无论是否发生异常都会执行
    cleanUp();}
```

在上述代码中，myOperation 函数是可能抛出异常的函数。如果函数执行成功，那么会输出结果。如果函数抛出异常，那么会输出异常信息，并调用 cleanUp 函数进行清理操作。

注意，catch 块中的参数 e 可以是任何名称，它代表了捕获的异常对象。finally 块是可选的，当有一些无论是否发生异常都需要执行的代码时，可以使用 finally 块。

4．Math 库

Math 库是内置的数学函数库，提供了许多常用的数学函数。下面是一些 Math 库中常见的数学函数。

（1）Math.abs(x)：返回 x 的绝对值。

（2）Math.ceil(x)：返回大于或等于 x 的最小整数。

（3）Math.floor(x)：返回小于或等于 x 的最大整数。

（4）Math.round(x)：返回 x 四舍五入后的值。

（5）Math.max(x1, x2, ..., xn)：返回一组数据中的最大值。

（6）Math.min(x1, x2, ..., xn)：返回一组数据中的最小值。

（7）Math.random()：返回一个 0~1 范围内的随机数。

（8）Math.sqrt(x)：返回 x 的平方根。

5．字符串处理函数

ArkTS 继承了 JavaScript 的核心字符串处理能力。下面是一些常见的字符串处理函数及其在 ArkTS 中的使用示例。

（1）charAt(index)：返回指定位置的字符。

```
let str = "Hello,World!";
console.log(str.charAt(7)); // 输出 W
```

（2）concat(string1, ..., stringN)：连接字符串。

```
let str1 = "Hello,";
let str2 = "World!";
console.log(str1.concat(str2)); // 输出 Hello, World!
```

（3）indexOf(searchValue[, fromIndex])：返回字符串中首次出现的指定值的索引，若没有找到，则返回-1。

```
let str = "Hello, World!";
console.log(str.indexOf("World")); // 输出 7
```

（4）substring(start[, end])：返回 start~end（不包括 end）范围内的字符。

```
let str = "Hello, World!";
console.log(str.substring(0, 5)); // 输出 Hello
```

（5）split(separator[, limit])：把字符串分割成数组。

```
let str = "Hello, World!";
console.log(str.split(", ")); // 输出 ["Hello", "World!"]
```

（6）toLowerCase()：将字符串转换为小写字母。

```
let str = "Hello, World!";
console.log(str.toLowerCase()); // 输出 hello, world!
```

（7）toUpperCase()：将字符串转换为大写字母。

```
let str = "Hello, World!";
console.log(str.toUpperCase()); // 输出 HELLO, WORLD!
```

（8）replace(regexp|substr, newSubstr)：替换与正则表达式匹配的字符串或子字符串。

```
let str = "Hello, World!";
```

```
console.log(str.replace("World", "Harmony")); // 输出 Hello, Harmony!
```

（9）Number()：将字符串转换为数字，若转换失败则返回 NaN（字符串中包含非数字）。

```
let str1: string = '1.1'
let str2: string = '1.9'
let str3: string = '1.1a'
console.log('数字是', Number(str1))  // 输出 1.1
console.log('数字是', Number(str2))  // 输出 1.9
console.log('数字是', Number(str3))  // 输出 NaN
```

（10）parseInt()：去掉小数部分，将字符串转换为数字，若转换失败则返回 NaN。

```
console.log('数字是', parseInt(str1))  // 输出 1
console.log('数字是', parseInt(str2))  // 输出 1
console.log('数字是', parseInt(str3))  // 输出 1
```

（11）parseFloat()：保留小数部分，将字符串转换为数字，若转换失败则返回 NaN。

```
console.log('数字是', parseFloat(str1))  // 输出 1.1
console.log('数字是', parseFloat(str2))  // 输出 1.9
console.log('数字是', parseFloat(str3))  // 输出 1.1
```

（12）toString()：将数字转换为字符串。

```
let num1: number = 1.1
let num2: number = 1.9
console.log('字符串是', num1.toString())// 输出 1.1
console.log('字符串是', num2.toString())// 输出 1.9
```

（13）toFixed()：将数字四舍五入，并转换为字符串。

```
console.log('字符串是', num1.toFixed())  // 输出 1
console.log('字符串是', num2.toFixed())  // 输出 2
```

（14）字符串拼接：+。

```
let name: string = '小明
'console.log('学生信息: ', '名字是' + name)// 输出"学生信息: 名字是小明"
```

（15）模板字符串：`字符串${ 变量 }`（反引号）。

```
let name: string = '小明'
let age:number = 18
console.log(`我的名字是${name}，我今年${age}岁了`) // 输出"我的名字是小明，我今年18岁了"
```

6. 箭头函数

箭头函数是比普通函数更简洁的一种函数，存在一些特性，如继承外部作用域的 this 的值。箭头函数的语法如下。

```
let 函数名 = (形参1: 类型, 形参2: 类型) => {
  // 函数体
  return 计算的结果 }
函数名(实参1, 实参2)
```

简单示例：

```
let buy = (price: number, weight: number) => {
  let result: number = price * weight
  return result }
let myfruit: number = buy(3, 5)
```

```
console.log('水果花费', myfruit)
let beer: number = buy(4, 3)
console.log('啤酒花费', beer)
```

要测试，可以将上述代码放到.ets 文件中的最前面，代码如下。

```
let buy = (price: number, weight: number) => {
  let result: number = price * weight
  return result }
let myfruit: number = buy(3, 5)
console.log('水果花费', myfruit)
let beer: number = buy(4, 3)
console.log('啤酒花费', beer)
@Entry
@Component
…  }}
```

先选择"Previewer"选项，再点击底部的"Log"按钮，最后查看输出结果。

3.6 ArkTS 中的类

ArkTS 中的类是 HarmonyOS 项目开发语言的核心概念之一。

1. 类的定义和基本用法

在 ArkTS 中，类的声明引入一个新类型，定义类的关键字为 class，后面紧跟类名，并定义其属性、构造函数、方法。定义类后，可以使用关键字 new 创建实例。

定义类的语法如下。

```
[关键字] class 类名 extend [父类]  [implements 接口列表]
```

Example 3_4：定义 User 类，该类中有 3 个成员：一个是属性（包含 name 属性和 gender 属性），一个是构造函数，一个是 userInfo( )方法，用于获取用户信息。

```
class User{
  name: string = ''
  gender: string = ''
  constructor (name: string, sex: string) {//构造函数
    this.name = name;
    this.gender= sex;  }
  userInfo(): string {  //方法
    return this.name + ' ' + this.gender; }}
```

定义类后，使用关键字 new 创建实例，调用已定义的方法。

```
let user1 = new User('Fashion', 'male');
console.log(user1.userInfo());
```

下面给属性定义 get 方法和 set 方法。

```
class User{
  name: string = ''
  gender: string = ''
  constructor (name: string, sex: string) {
    this.name = name;
    this.gender= sex;  }
```

```
  userInfo(): string {
    return this.name + ' ' + this.gender;  }}
//定义 name 属性的 get 方法和 set 方法
  getName(): string {
    return this.name;  }
  setName(name:string): void {
    this.name=name;  }
//定义对象
let user1 = new User('Fashion', 'male');
user1.setName('zhaoyun');        //利用 setName 方法更改姓名值
//user1.name='zhaoyun'          //也可以利用这种形式更改姓名值
console.log(user1.getName()); //利用 getName 方法获取姓名值
console.log(user1.name);         //也可以利用这种形式获取姓名值
console.log(user1.userInfo());
```

定义构造函数的语法如下。

```
constructor ([parameters]) { }
```

如果未定义构造函数，那么会自动创建具有空参数列表的默认构造函数。注意，不能同时存在多个构造函数。

在定义类时，其前面的关键字可以为 public、private 或 protected，默认为 public。

public 修饰的成员（属性、方法、构造函数）能够在程序的任何可访问该类的位置访问，private 修饰的成员不能在声明该成员的类之外访问，protected 的作用与 private 的作用非常相似，不同的是 protected 修饰的成员允许在派生类中访问。

如果在上述代码中将 name 属性的值设置为 private，那么会发现 user1.name="zhaoyun"这条语句不会生效，这是因为这个访问是受限的，这时可以使用 set 方法和 get 方法赋值或取值。读者可以自行测试。

2. 类的继承

继承就是指子类继承父类的特征和行为，使子类具有父类相同的行为。ArkTS 允许使用继承扩展现有类，对应的关键字为 extends。继承类可以继承基类的属性和方法，但不可以继承构造函数。继承类可以新增属性和方法，也可以覆盖其基类定义的方法。

Example 3_5：新建一个 Student 类，继承 User 类。相对于 User 类，Student 类新增一些属性和方法。

```
class Student extends User{
  private department:string
  constructor(name: string, gender: string,department:string){
    super(name,gender); // 父类构造函数的调用
    this.department=department;}
  public studentInfo():string{
    return this.userInfo()+' study in ${this.department}';}}
let student1=new Student('Tom','male','hnist');
console.log(student1.getName());        //输出 Tom
console.log(student1.studentInfo());//输出 Tom male study in hnist
```

通过上面的 Student 类，可以定义一个学生 Tom，输出其姓名及其他基本信息。

使用关键字 super 可以访问父类实例的属性、方法和构造函数。在实现子类功能时，可以

通过该关键字从父类中获取所需接口。

子类可以重写其父类中定义的方法。重写的方法必须具有与原始方法相同的参数类型和相同或派生的返回类型。

3. 静态属性与静态方法

1）静态属性

使用关键字 static 可以将属性声明为静态属性。静态属性属于类本身。要访问静态属性，需要使用类名。

简单示例：

```
class User{
  name: string = ''
  gender: string = ''
  static age:number=20   //增加一个属性，将其设置为 static
  getName(): string {
    return this.name;  }
  setName(name:string): void {
    this.name=name;  }
  getAge(): number {
    return User.age ;  }  //只有带上类名才可以使用，否则报错
  setAge(num:number): void {
    User.age=num;  }     //只有带上类名才可以使用，否则报错
    …
console.log(user1.getAge().toString()); }} //输出年龄
```

在使用方法时，在前面要带上类名。例如，要输出 User.age，不能使用 user1.age，因为设置了 age 为 static，这时要使用 user1.getAge 方法获取年龄，否则会报错。

2）静态方法

使用关键字 static 可以将方法声明为静态方法。

简单示例：

```
static setAge(num:number): void {
    User.age=num;  }
```

静态方法属于类本身，只能访问静态属性。如果按照下面的形式定义，那么会报错，这是因为 name 属性没有被设置为静态属性。

```
static  setName(name:string): void {
    this.name=name;  }//错误的示例
```

静态属性可以被类的所有实例化对象共享。对于静态属性的访问，可以直接以"类名.属性名"的形式实现，不需要实例化，这是因为静态属性属于类，并不属于某个实例，是共用的；对于静态属性名的重新赋值，也可以直接以"类名.属性名"的形式实现，这样做简单、高效。

4. 属性的初始化

为了减少运行时出现错误的次数和获得更好的执行性能，ArkTS 要求所有属性在声明时或构造函数中显式初始化。以下示例显示的是在 ArkTS 中不合规的代码。

```
class Person {
  name: string    //注意，没有初始化
```

```
  setName(n:string): void {
    this.name = n;  }
  getName(): string {
    return this.name; }}
let jack = new Person();// 假设没有对 name 属性赋值
jack.getName().length; // 运行时异常: name is undefined
```

在上述代码中，使用字符串类型作为返回类型，这隐藏了 name 属性的值可能为 undefined 的事实，更合适的做法是将返回类型标注为 string | undefined，以告诉开发者这个 API 所有可能的返回值。当然，也可以在定义时直接定义 name: string = ''，以免发生异常。

5. 对象字面量

对象字面量是一个表达式，用于创建类实例并提供一些初始值。它在某些情况下可以代替 new 表达式。

对象字面量的表示方式是，封闭在大括号中的 '属性名：值' 的列表。

简单示例：

```
class User{
  name: string = ''
  gender: string = ''
let user1: User= {name: 'Fashion', gender:'male'};//通过对象字面量赋值
console.log(user1.gender);
```

3.7 ArkTS 中的接口

在声明接口时可以引入新类型，接口是定义代码协定的一种常见方式。任何一个类实例只要实现了特定接口，就可以通过该接口实现多态。接口的声明通常包含属性的声明和方法的声明。

声明接口的语法如下。

```
interface 接口名 { 属性列表  方法列表}
```

1. 基于接口，定义对象

简单示例：

```
interface Person {
  name: string
  age: number
  weight: number}
let ym: Person = {
  name: '张山',
  age: 18,
  weight: 90}
console.log('名字', ym.name)
console.log('年龄', ym.age)
```

2. 基于接口，定义方法

方法的作用是描述对象的具体行为。

1）约定方法类型

约定方法类型的语法如下。

```
interface 接口名 {方法名：(参数:类型) => 返回类型}
```

简单示例：

```
interface Person{
  dance: () => void
  sing: (song: string) => void}
```

2）添加方法（箭头函数）

简单示例：

```
let ym: Person = {
  dance: () => {
    console.log('老师说', '我来跳个舞')  },
  sing: (song: string) => {
    console.log('老师说', '我来唱首歌', song)  }}
// 对象名.方法名（参数）
ym.dance()
ym.sing('一路顺风')
```

3. 接口的继承

和类一样，ArkTS 中的接口也可以使用关键字 extends 继承。

简单示例：

```
interface Person{
  name : string
  id: number
  // 在接口中定义方法
  dance: (danName:string)=>void}
```

ChaoRen 类派生于 Person 类。

简单示例：

```
interface ChaoRen extends Person{
  chibang:number}
```

下面测试 ChaoRen 类。简单示例：

```
let cr : ChaoRen = {
  name:'超人',
  id: 1999,
  chibang:2,
  dance: (danName:string)=>{
    console.log(`超人会飞，舞蹈名:${danName}`)  }}
console.log('cr name = ${cr.name}')
```

4. 接口的实现

ArkTS 中的接口使用 implements 来实现，注意在使用 implements 时，类必须要有某些属性和方法。

下面定义动物接口。简单示例：

```
interface IAnimal{
  name:string
  feature:string
  id:number
```

```
sayHello:()=>void}
```

下面定义 Cat 类，并实现动物接口。简单示例：

```
class Cat implements IAnimal{
  name:string = '小猫'
  feature: string = '我可以上树'
  id: number = 12345
  sayHello(){
   console.log('这是小猫, 会抓老鼠')  }
  fun1(){
    console.log('Cat 类自己的方法')  }}
```

下面测试 Cat 类。简单示例：

```
let cat:IAnimal = new Cat()
cat.sayHello()
//cat.fun1()   // 无法调用父类没有的方法
let cat2:Cat = new Cat()
cat2.fun1()   // 可以调用父类没有的方法
```

3.8 ArkTS 中的空安全

在默认情况下，ArkTS 中的所有类型都是不可为空的。要将其设置为空，需要进行特殊处理。此外，在获取可能为空的值时，也需要进行特殊处理。

1. 将联合类型设置为空

简单示例：

```
let x: number = null;        // 编译时错误
let y: string = null;        // 编译时错误
let z: number[] = null;      // 编译时错误
```

将联合类型设置为空，在使用时可能需要判断是否为空。简单示例：

```
// 将联合类型设置为空
let x: number | null = null;
x = 1;           // 编译时正常
x = null;        // 编译时正常
// 取值时，根据需求可能需要考虑屏蔽空值的情况
if (x != null) { /* do something */ }
```

2. 非空断言运算符

! 可用于断言操作数非空。在应用于空值时，运算符将抛出错误。否则，值的类型将从 T | null 更改为 T。

简单示例：

```
let x: number | null = 1;
let y: number
y = x + 1;  // 编译时错误：无法对可空值实施加法
y = x! + 1; // 通过非空断言运算符，告诉编译器 x 不为 null
```

3. 空值合并运算符

?? 用于检查左侧表达式的值是否为 null。若是，则表达式的值为右侧表达式；否则，表达

式的值为左侧表达式。换句话来说，a ?? b 等价于 a != null ? a:b。

在以下示例中，如果 getName 方法设置了昵称，那么返回昵称；否则，返回空字符串。

```
class Person {
  name: string | null = null
getName(): string {
    // return this.name === null ? '' : this.name
    // 等同于 如果 name 不为空 那么返回 name；否则，返回 ''
    return this.name ?? ''  }}
```

3.9 ArkTS 中的模块

模块是一个包含相关代码的文件。每个模块中都可以包含变量、函数、类等。通过模块化，用户可以将代码分割成多个文件，每个文件都负责特定的功能，这使代码更易于维护和重用。模块可以相互加载，使用关键字 export 和 import 可以导入与导出模块，从一个模块中调用另一个模块的函数。

两个模块中的变量、函数和类等在模块外部是不可见的，除非明确地使用关键字 export 导出它们。使用关键字 import 可以导入其他模块导出的变量、函数、类等。

1. 模块的导出

在模块中可以使用关键字 export 导出变量、函数、类等，以便其他模块使用它们。

模块的导出方式如下。

（1）命名导出：可以导出多个变量、函数或类，导入时需要指定名称。

（2）默认导出：每个模块都只能有一个默认导出名称，导入时可以自定义名称。

2. 模块的导入

在模块中可以使用关键字 import 导入其他模块中导出的内容。

模块的导入方式如下。

（1）命名导入：导入命名导出的内容。

（2）默认导入：导入默认导出的内容。

Example 3_6：假设有两个文件，即 mathUtils.ts 文件和 main.ts 文件，其中，mathUtils.ts 文件的代码如下。

```
// 命名导出
export function add(a: number, b: number): number {
    return a + b;}
export function subtract(a: number, b: number): number {
    return a - b;}
// 默认导出
export default function multiply(a: number, b: number): number {
    return a * b;}
```

可以看出，mathUtils.ts 文件使用关键字 export 命名导出了 add 函数和 subtract 函数，使用 export default 默认导出了 multiply 函数。

main.ts 文件的代码如下。

```
// 导入命名导出的函数
import { add, subtract } from './mathUtils';
// 导入默认导出的函数
import multiply from './mathUtils';
// 使用导入的函数
console.log(add(5, 3)); // 输出 8
console.log(subtract(5, 3)); // 输出 2
console.log(multiply(5, 3)); // 输出 15
```

可以看出，main.ts 文件使用 import {add, subtract}from'./mathUtils'; 导入了命名导出的 add 函数和 subtract 函数，使用 import multiply from './mathUtils'; 导入了默认导出的 multiply 函数。

3.10 ArkTS 中的泛型

在 ArkTS 中，泛型（Generics）是一种强大的工具，允许编写可重用的代码，同时保持类型安全。泛型可以被应用于类型、函数、接口、类中，使这些结构能够处理多种类型而不失去类型信息。

1. 泛型类型

泛型类型允许定义一个可以处理多种类型的类型。例如，定义一个泛型数组类型，使用它可以存储任何类型的元素。

```
type GenericArray<T> = Array<T>;
const numberArray: GenericArray<number> = [1, 2, 3];const stringArray: GenericArray<string>
= ["a", "b", "c"];
```

这里的 GenericArray<T> 是一个泛型类型，T 是一个类型参数，可以用任何类型替换 T。

2. 泛型函数

泛型函数允许编写可以处理多种类型的函数。例如，编写一个泛型函数，用于返回数组的第一个元素。

```
function getFirstElement<T>(arr: T[]): T | undefined {
    return arr.length > 0 ? arr[0] : undefined;}
// firstNumber 的类型是 number | undefined
const firstNumber = getFirstElement([1, 2, 3]);
// firstString 的类型是 string | undefined
const firstString = getFirstElement(["a", "b", "c"]);
```

这里的 getFirstElement 是一个泛型函数，T 是一个类型参数，可以用任何类型替换 T。

3. 泛型接口

泛型接口允许定义一个可以处理多种类型的接口。例如，定义一个泛型接口，用于表示一个键值对。

```
interface KeyValuePair<K, V> {
    key: K;
    value: V;}
const numberKeyValue:KeyValuePair<number, string> ={key: 1, value: "one" };
const stringKeyValue:KeyValuePair<string, boolean> ={key:"isTrue",value: true};
```

这里的 KeyValuePair<K, V> 是一个泛型接口，K 和 V 均是类型参数，可以用任何类型替换 K 和 V。

4．泛型类

泛型类允许定义一个可以处理多种类型的类。例如，定义一个泛型类，用于表示一个简单的容器。

```
class Container<T> {
    private value: T;
    constructor(value: T) {
        this.value = value;    }
    getValue(): T {
        return this.value;    }}
const numberContainer = new Container<number>(42);
const stringContainer = new Container<string>("hello");
console.log(numberContainer.getValue());// 输出 42
console.log(stringContainer.getValue()); // 输出 hello
```

这里的 Container<T> 是一个泛型类，T 是一个类型参数，可以用任何类型替换 T。

习　题

1．选择题

（1）下面的语句属于 ArkTS 中声明变量的是（　　　）。

    A．int a = 10;　　　　　　　　　　　　B．var a = 10;

    C．let a: number = 10;　　　　　　　　D．number a = 10;

（2）下面的语句属于 ArkTS 中声明函数的是（　　　）。

    A．func printInfo(){};　　　　　　　　B．def printInfo(){};

    C．void printInfo(){};　　　　　　　　D．function printInfo(){};

（3）下面属于 ArkTS 中数据类型的是（　　　）（多选）。

    A．string　　　　　　B．boolean　　　　　　C．number　　　　　　D．object

（4）下面的语句会导致编译报错的是（　　　）（多选）。

    A．let x: number = null;　　　　　　　B．let x: number | null = null;

    C．let y: string = null;　　　　　　　　D．let y: string = 100;

2．判断题

（1）在 ArkTS 中使用关键字 const 声明常量。　　　　　　　　　　　　　（　　　）

（2）ArkTS 支持联合类型，如 let value: string | number。　　　　　　　　（　　　）

（3）ArkTS 支持类的多继承。　　　　　　　　　　　　　　　　　　　　（　　　）

（4）在 ArkTS 中，定义一个字符串类型的数组的方式为 let arr: string[]=[]。　（　　　）

（5）在 ArkTS 中调用函数时，传入的实参类型可以与形参类型不一样。　　（　　　）

（6）在 ArkTS 中函数名区分大小写且函数体如果没有关键字 return，那么默认返回 undefined。　　　　　　　　　　　　　　　　　　　　　　　　　　　　　（　　　）

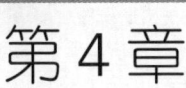

第 4 章

ArkUI 设计

学习目标

- 了解 ArkUI 的基本概念。
- 掌握 ArkUI 中的布局。
- 掌握 ArkUI 中常见的 UI 组件。
- 掌握 ArkUI 中的状态管理。

4.1 ArkUI 概述

ArkUI（方舟开发框架）为 HarmonyOS 项目的 UI 开发提供了完整的基础设施，包括简洁的 UI 语法、丰富的 UI 功能（组件、布局、动画及交互事件），以及实时预览工具等。ArkUI 支持开发者进行可视化 UI 的开发。

1. ArkUI 的基本概念

开发者可以将应用的 ArkUI 设计为多个功能页面，每个页面均进行单独的文件管理，并通过页面路由 API 完成页面之间的调度管理，如跳转、回退等操作，以实现应用中功能的解耦。

组件是构建与显示 UI 的最小单位，如列表、网格、按钮、进度条等。开发者通过多种组件的组合，可以构建出满足自身应用诉求的完整 UI。

2. ArkUI 的语法结构

下面初步介绍 ArkUI 的语法结构，如图 4.1 所示。

下面对图 4.1 中的各元素逐一进行介绍。

- @Entry：由@Entry 装饰器装饰的自定义组件将作为 UI 的入口。
- @Component：@Component 装饰器仅能装饰以关键字 struct 声明的数据结构。以关键字 struct 声明的数据结构被@Component 装饰器装饰后具备组件化的能力，需要实现 build 函数。
- struct："struct 组件的名称{...}"的形式用于构成自定义组件，自定义组件不能被继承。
- @State：@State 装饰器用于装饰自定义组件中的状态变量，状态变量发生变化会触发

UI 刷新。
- build 函数：build 函数用于自定义组件的声明式 UI 描述，自定义组件必须定义 build 函数。

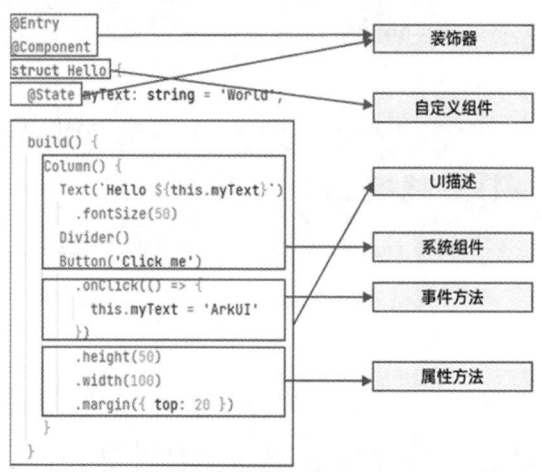

图 4.1 ArkUI 的语法结构

事件方法：自定义组件可以通过链式调用来设置多个事件的响应逻辑。

属性方法：在 ArkTS 中，自定义组件可以通过链式调用来设置多个属性。例如，可以设置文本大小、宽度、高度、背景颜色等。

4.2 ArkUI 中的布局

组件按照布局要求依次排列，构成页面。布局是指用特定的组件或属性管理页面中所放置组件的大小和位置。

ArkUI 中的布局如图 4.2 所示。

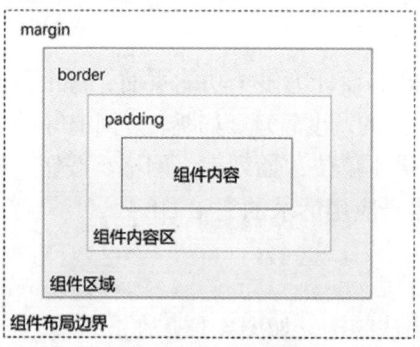

图 4.2 ArkUI 中的布局

ArkUI 中使用各种属性调整布局。常见的通用属性如表 4.1 所示。

表 4.1 常见的通用属性

属性	描述
width/height	设置组件区域的大小
padding	设置组件内容与边框之间的距离

属性	描述
border	给组件添加边框，并设置边框的宽度、颜色和样式
margin	设置组件之间的间距
layoutWeight	设置容器中的子组件占用空间的比例
borderRadius	设置组件的圆角效果，可以调整不同的圆角
backgroundColor	设置背景颜色

ArkUI 提供了多个事件，这些事件提供了不同的信息，用于处理程序交互逻辑。常见的通用事件如表 4.2 所示。

表 4.2　常见的通用事件

事件	描述
onClick	点击动作时触发该事件
onTouch	手指触摸动作时触发该事件
onAttach	组件挂载至组件树时触发该事件
onDetach	组件从组件树卸载时触发该事件

4.2.1　线性布局

线性布局是 HarmonyOS 项目开发中常用的布局，通过 Row 容器和 Column 容器来构建。线性布局是其他布局的基础，其子组件在线性方向（水平方向和垂直方向）上依次排列。线性布局的排列方向由所选容器决定，Column 容器中的子组件按照垂直方向排列，Row 容器中的子组件按照水平方向排列。线性布局中常见的属性如表 4.3 所示。

表 4.3　线性布局中常见的属性

属性	描述
space	设置子组件在线性方向上的间距
alignItems	设置子组件在垂直方向上的对齐方式
justifyContent	设置子组件在水平方向上的排列方式

简单示例：Row 容器和 Column 容器的使用。要求 Column 容器中的 Row 容器按照垂直方向排列，二者各占 50%的高度。

```
@Entry
@Component
export struct RowColumnExample{
  build() {
    Column() {
      Row().width("100%").height("50%").backgroundColor(Color.Blue)
      Row().width("100%").height("50%").backgroundColor(Color.Red)}}}
```

输出结果如图 4.3 所示。

Example 4_1：使用线性布局实现教学系统用户登录界面。要求新建一个 login.ets 文件。如果该文件不是教学系统用户登录界面的入口，那么需要使用@Preview 装饰器装饰，只有这样预览器才会生效。

图 4.3　输出结果 1

```
@Preview
@Component
export struct Index{
  build() {
    Column({space:16}){
      Image($r("app.media.icon_login_close")).width(22).height(22)
      Image($r("app.media.icon_login_index")).width("40%")
        .alignSelf(ItemAlign.Center)
      Text("登录").width("100%").fontSize(16).fontColor(Color.Black)
        .textAlign(TextAlign.Center)
        .fontWeight(FontWeight.Bold)
      Column({space:16}){
        TextInput({placeholder:"账号"}).borderRadius(5)
        TextInput({placeholder:"密码"})
          .borderRadius(5).type(InputType.Password)
        Button("登录")
          .type(ButtonType.Normal).width("100%").borderRadius(5)
          .backgroundColor("#1296db").fontSize(12)
        Row(){
          Checkbox()
            .selectedColor("#1296db").size({ width:"10vp",height:"10vp" })
          Text(){
            Span("阅读并同意")
              .fontColor(Color.Black)
            Span("《教学系统 App 用户服务协议》,")
            Span("《教学系统隐私政策》")
          }.fontColor("#1296db").fontSize(12)}
      }.padding(10)
    }.width("100%")
    .height("100%")
    .backgroundColor(Color.White)
    .alignItems(HorizontalAlign.Start)
    .padding({left:10,right:10})}}
```

输出结果如图 4.4 所示。

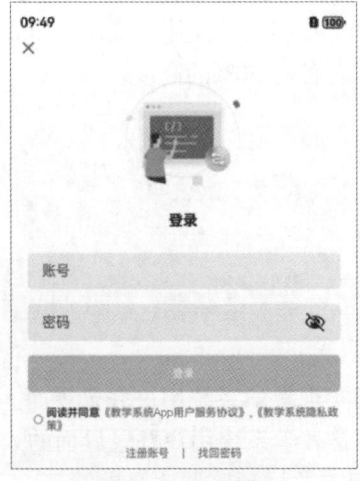

图 4.4　输出结果 2

4.2.2　层叠布局

层叠布局用于在屏幕上预留一个区域来展示 Stack 容器中的子组件，提供子组件可以重叠的布局。层叠布局通过 Stack 容器来实现位置的固定定位与层叠，容器中的子组件依次入栈，后一个子组件覆盖前一个子组件，子组件可以叠加，也可以设置位置。Stack 容器可以通过 alignContent 属性设置子组件的位置。alignContent 属性的设置效果如图 4.5 所示。

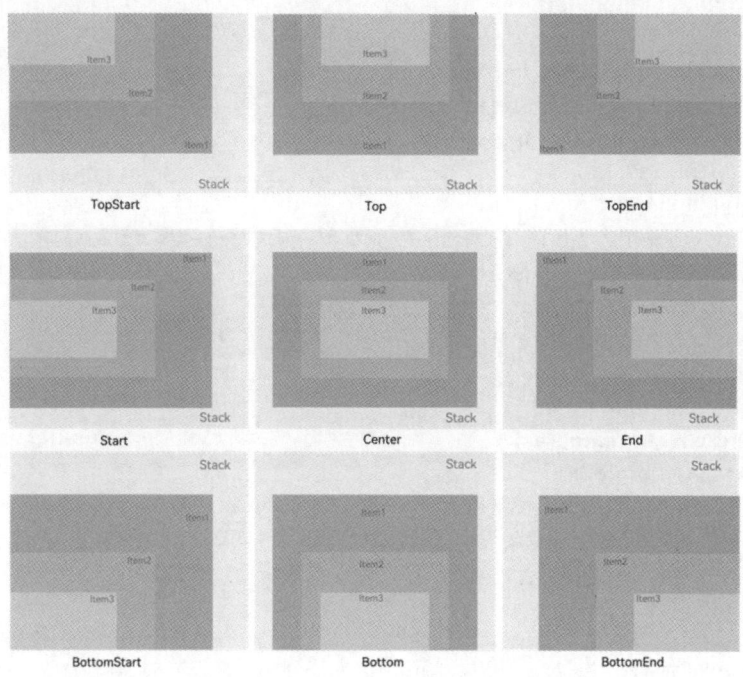

图 4.5　alignContent 属性的设置效果

简单示例：使用 Stack 容器时要求最后入栈的是按钮。

```
@Entry
@Component
struct StackExample {
  build() {
    Column(){
      Stack({ }) {
        Column(){}.width('90%').height('100%').backgroundColor('#ff58b87c')
        Text('text').width('60%').height('60%').backgroundColor('#ffc3f6aa')
        Button('button').width('30%').height('30%').backgroundColor('#ff8ff3eb').
        fontColor('#000')
      }.width('100%').height(150).margin(MTop)}}}
```

输出结果如图 4.6 所示。

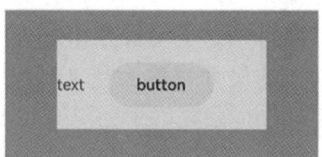

图 4.6　输出结果 1

Example 4_2：使用层叠布局实现教学系统用户隐私协议界面。要求新建一个
UserPrivacyDialog.ets 文件，通过 Text 组件中的 Span 组件实现文本局部不同颜色效果。

```
@Component
export struct UserPrivacyDialog{
  build() {
    Stack(){
      Column() {
        Row(){
          Text("温馨提示").fontWeight(FontWeight.Bold)
        }.width("100%").margin({top:10,bottom:10})
         .justifyContent(FlexAlign.Center)  //设置水平居中对齐
        Column({space:5}){
          Text(){
            Span("欢迎来到教学系统!为了更好地保护您的权益,同时遵守相关监管要求,我们制定了")
            Span("《教学系统 App 用户服务协议》")
              .fontColor(Color.Red)
            Span("《教学系统隐私协议》")
              .fontColor(Color.Red)
            Span("《第三方 SDK 清单》")
              .fontColor(Color.Red)
            Span(",特向您说明如下:")
          Text("1.为了便于为您提供服务,我们可能会申请手机设备的位置权限,您有权拒绝或取消授权;")
            Text("2.为了上传个性头像或发布照片,我们会申请读取文件权限。")}
        Column({space:10}){
          Button("同意")
          .backgroundColor(Color.Blue).fontColor(Color.White).width("100%")
          Button("不同意")
          .backgroundColor("#0D000000").fontColor("#777777").width("100%")
          }.margin({top:10})
        }
        .width("90%").height("420vp").backgroundColor(Color.White)
        .padding({left:10,right:10})
        .borderRadius(10)
      }.height("100%").width("100%")
      .backgroundColor("rgba(0,0,0,0.5)")}}  //设置弹窗为半透明模式
```

输出结果如图 4.7 所示。

4.2.3 弹性布局

弹性布局提供更加有效的方式对 Flex 容器中的子组件进行排
列、对齐和分配剩余空间，常用于顶部导航栏的均匀分布、框架的
搭建、多行数据的排列等。对于弹性布局，容器默认被存储在主轴
与交叉轴上，子组件默认沿水平方向排列，子组件在水平方向上的
尺寸被称为主轴尺寸，在垂直方向上的尺寸被称为交叉轴尺寸。弹
性布局示例效果如图 4.8 所示。

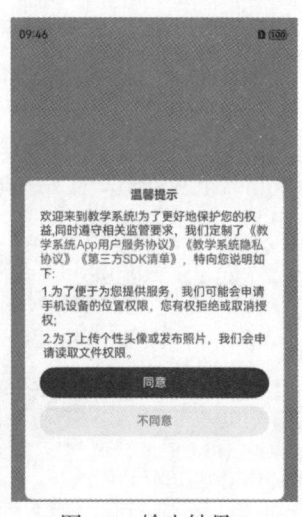

图 4.7　输出结果 2

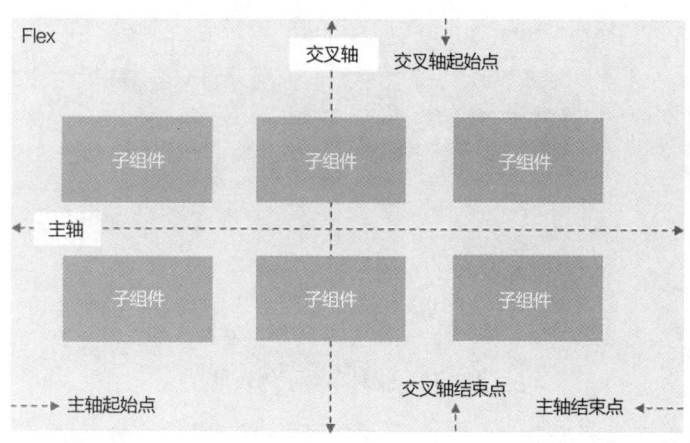

图 4.8　弹性布局示例效果

弹性布局中有以下重要概念。

- 主轴是 Flex 容器水平方向上的轴线，子组件默认沿着水平方向排列。主轴开始的位置被称为主轴起始点，主轴结束的位置被称为主轴结束点。
- 交叉轴是垂直于水平方向的轴线。交叉轴开始的位置被称为交叉轴起始点，交叉轴结束的位置被称为交叉轴结束点。
- 在弹性布局中，容器中的子组件可以按照任意方向排列。通过设置参数 direction，可以决定主轴的方向，从而控制子组件的排列方向。

简单示例：Flex 容器的使用。要求其中的每个 Text 组件均沿水平方向排列。

```
Flex({ direction: FlexDirection.Row }) {
Text('1').width('33%').height(50).backgroundColor(0xF5DEB3)
Text('2').width('33%').height(50).backgroundColor(0xD2B48C)
Text('3').width('33%').height(50).backgroundColor(0xF5DEB3) }
.height(70)
.width('90%')
.padding(10)
.backgroundColor(0xAFEEEE)
```

输出结果如图 4.9 所示。

图 4.9　输出结果

4.2.4　相对布局

相对布局支持 RelativeContainer 容器中的子组件设置位置的依赖关系，常用于复杂场景，对多个子组件进行对齐和排列。子组件支持指定兄弟元素作为锚点，也支持指定父容器作为锚点，基于锚点进行相对布局。图 4.10 所示为相对布局示例效果，其中，虚线表示位置的依赖关系。

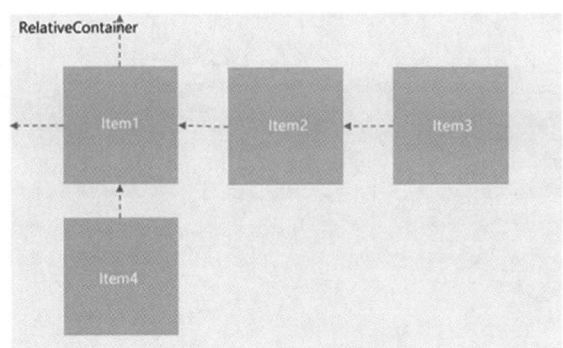

图 4.10　相对布局示例效果

相对布局中有以下重要概念。

- 通过锚点设置当前元素基于哪个元素确定位置。锚点设置是指设置子组件相对于父元素或兄弟元素位置的依赖关系。在水平方向上，可以设置 left、middle、right 的锚点。在垂直方向上，可以设置 top、center、bottom 的锚点。为了明确定义锚点，必须为 RelativeContainer 容器及其子组件设置 ID，用于指定锚点信息。RelativeContainer 容器的默认 ID 为__container__，子组件需要通过 id 属性自定义 ID。
- 通过对齐方式设置当前元素基于锚点的哪个位置。

简单示例：RelativeContainer 容器的使用。要求第 1 个 Row 容器顶部与 RelativeContainer 容器顶部对齐，左侧与该容器左侧对齐。第 2 个 Row 容器顶部与 RelativeContainer 容器中心对齐，右侧与该容器右侧对齐。

```
@Component
struct RelativeContainerExample{
 build() {
  RelativeContainer(){
   Row().backgroundColor(Color.Blue).width(100).height(100)
    .alignRules({
      top:{anchor:"__container__",align:VerticalAlign.Top},
      left:{anchor:"__container__",align:HorizontalAlign.Start} })
    Row().backgroundColor(Color.Red).width(100).height(100)
    .alignRules({
      top:{anchor:"__container__",align:VerticalAlign.Center},
      right:{anchor:"__container__",align:HorizontalAlign.End} })
}.height("100%").width("100%")}}
```

输出结果如图 4.11 所示。

Example 4_3：使用相对布局将教学系统顶部导航栏封装成通用组件。顶部导航栏比较常用，这里使用相对布局把它封装成通用组件，以便后续复用。

（1）新建一个 TopNavigationView.ets 文件，通过设置相对布局锚点使 Image 组件左侧与父容器左侧对齐，垂直方向与父容器居中对齐；使 Text 组件的垂直方向与父容器居中对齐，水平方向居中对齐，代码如下。

图 4.11　输出结果 1

```
@Component
export struct TopNavigationView {
 title?: ResourceStr;  //顶部标题
```

```
onBackClick?: Function; //可以有退回事件, 也可以没有退回事件
build() {
  RelativeContainer(){
    if (this.onBackClick) {  //若有退回事件则展示
      Image($r('app.media.icon_page_back')).width("22vp").height("22vp")
        .margin({ right: "10vp"})
        .onClick(() => this.onBackClick?.())
        .alignRules({
          left:{anchor:"__container__",align:HorizontalAlign.Start},
          center:{anchor:"__container__",align:VerticalAlign.Center} })}
    Text(this.title)  //标题
      .fontSize("18fp")
      .fontWeight(FontWeight.Bold)
      .alignRules({
        center:{anchor:"__container__",align:VerticalAlign.Center},
        middle:{anchor:"__container__",align:HorizontalAlign.Center} })
  }.width("100%").height("56vp")
  .padding({left:10,right:10,top:10})}}
```

注意，封装好的组件必须在 struct 前面加上关键字 export，右击结构体名，在弹出的快捷菜单中选择"Declarations"命令（见图4.12），以便被外部调用。

图 4.12 选择"Declarations"命令

（2）新建一个 test.ets 文件，测试封装好的顶部导航栏，代码如下。

```
import { TopNavigationView } from './TopNavigationView'
@Preview
@Component
struct test{
  build() {
    Column(){
      TopNavigationView({
        title:"师生互动",
        onBackClick:()=>{//可以处理返回事件, 如返回上一页}})
    }.height("100%") .width("100%")}}
```

输出结果如图4.13所示。

图 4.13 输出结果 2

4.2.5 栅格布局

栅格布局可以提供规律性的结构，解决多个尺寸多台设备的动态布局问题，保证不同设备

上各模块的布局一致。在栅格布局中可以使用栅格容器（GridRow）和栅格子组件（GridCol）。

栅格系统以设备的水平宽度（屏幕密度像素值，单位为 vp）作为断点依据，定义设备的宽度类型，形成一套断点规则。开发者可以根据需求在不同的断点区间内实现不同的布局效果。

栅格系统默认断点将设备宽度分为 xs、sm、md、lg 四类。栅格系统的断点分类如表 4.4 所示。

表 4.4　栅格系统的断点分类

断点名称	取值范围	设备描述
xs	[0, 320)	最小宽度类型设备
sm	[320, 520)	小宽度类型设备
md	[520, 840)	中等宽度类型设备
lg	[840, +∞)	大宽度类型设备

通过设置 GridRow 容器的对齐方式来改变 GridCol 组件的对齐方式。GridCol 组件本身也可以通过 alignSelf(ItemAlign) 来设置自身的对齐方式。当同时设置上述两种对齐方式时，以 GridCol 组件自身设置的对齐方式为准。

简单示例：栅格布局的使用。要求通过栅格布局把整个空间分为 12 份。第 1 层 GridRow 容器嵌套 GridCol 组件，分为中间上方大区域（包括 left 区域和 right 区域）和 footer 区域。第 2 层 GridRow 容器嵌套 GridCol 组件，分为 left 区域和 right 区域。子组件的空间按照上一层父组件的空间划分，footer 区域是由整个屏幕空间划分的 12 列，而 left 区域和 right 区域是在 GridCol 组件的基础上划分的 12 列。

```
struct GridRowExample {
  build() {
    GridRow() {
      GridCol({ span: { sm:12 } }) {
        GridRow() {
          GridCol({ span:{ sm: 2}}) {
            Row() {
              Text('left').fontSize(24)
            }.justifyContent(FlexAlign.Center).height('90%')
          }.backgroundColor('#ff41dbaa')
          GridCol({span:{ sm:10}}) {
            Row() {
              Text('right').fontSize(24)
            }.justifyContent(FlexAlign.Center).height('90%')
          }.backgroundColor('#ff4168db')}
        .backgroundColor('#19000000')
        GridCol({ span: { sm: 12 } }) {
          Row(){
            Text('footer').width('100%').textAlign(TextAlign.Center)
          }.width('100%').height('10%')
          .backgroundColor(Color.Pink)}}}}
```

输出结果如图 4.14 所示。

图 4.14 输出结果

4.2.6 轮播、列表与表格

1. 轮播

Swiper 容器提供滑动轮播显示的能力。当为 Swiper 容器设置了多个子组件后，可以将这些子组件轮播显示。通常，在一些应用首页显示推荐的内容时，需要通过轮播显示。轮播中常见的属性如表 4.5 所示。

表 4.5 轮播中常见的属性

属性	描述
autoPlay(value: boolean)	设置子组件是否自动播放，默认值为 false
interval(value: number)	设置自动播放时播放的时间间隔，单位为 ms
loop(value: boolean)	设置是否开启循环，值为 true 时表示开启循环
vertical(value: boolean)	设置是否为纵向滑动。值为 true 时表示纵向滑动，值为 false 时表示横向滑动
index(value: number)	设置当前在容器中显示的子组件的索引，默认值为 0

简单示例：轮播的使用。要求通过 loop 属性控制是否循环播放，该属性的默认值为 true。

```
@Component
@Entry
struct SwiperExample{
 build() {
   Swiper() {
     Text('0').width('90%').height('100%')
       .backgroundColor(Color.Gray)
       .textAlign(TextAlign.Center)
       .fontSize(30)
     Text('1').width('90%').height('100%')
       .backgroundColor(Color.Green)
       .textAlign(TextAlign.Center)
       .fontSize(30)
   }.loop(true) //循环播放
   .autoPlay(true)}} //自动播放
```

输出结果如图 4.15 所示。

Example 4_4：使用轮播实现教学系统首页轮播图自定义组件，使用@Builder 装饰器构建自定义组件。@Builder 装饰器与@Component 装饰器的比较如下。

图 4.15 输出结果 1

- 相比于@Component 装饰器，使用@Builder 装饰器自定义构建
  函数更加轻量，实现和调用时更为简洁，但是不支持状态变量和生命周期，且不支持外

部调用。

- @Builder 装饰器侧重于 UI 元素的复用和抽象，必须定义在 build 函数外，在 build 函数内通过 this 方式调用。

（1）@Builder 装饰器的使用，代码如下。

```
@Entry
@Component
struct BuilderExample{
  @Builder
  TestComp(){}
  build() {this.TestComp()}}
```

（2）教学系统首页轮播图自定义组件的实现，代码如下。

```
@Builder
bannerComp() {
  Swiper() {
    Image($r("app.media.image_banner1"))        Image($r("app.media.image_banner2"))//轮播图
  }
  .borderRadius(10)
  .height(150)
  .width('100%')
  .indicator(new DotIndicator())
    .left(10)
    .bottom(10)
    .selectedColor(Color.White)
    .color("#545454")
  )
  .autoPlay(true) //自动轮播
  .loop(true)}//循环轮播
```

输出结果如图 4.16 所示。

图 4.16　输出结果 2

2．列表

列表（List 容器）可以轻松、高效地显示结构化、可滚动的信息。列表自动按其滚动方向排列子组件，向列表中添加组件或从列表中移除组件会重新排列子组件。列表按垂直方向自动排列 ListItemGroup 组件或 ListItem 组件。ListItemGroup 组件用于列表数据的分组展示，其子组件是 ListItem 组件。ListItem 组件表示单个列表项，可以包含单个子组件。

列表的尺寸由以下规则确定。

- 如果列表的水平方向或垂直方向设置了尺寸，那么其对应方向的尺寸为设置值。
- 如果列表的水平方向没有设置尺寸，那么当子组件的水平方向的总尺寸小于父组件的水平方向的尺寸时，列表的水平方向的尺寸将自动适应子组件的水平方向的总尺寸。

列表中常见的属性如表 4.6 所示。

表 4.6　列表中常见的属性

属性	描述
listDirection(value: Axis)	设置组件的排列方向，默认值为 Axis.Vertical
scrollBar(value: BarState)	设置滚动条的状态，默认值为 BarState.Auto
edgeEffect(value:EdgeEffect)	设置滑动弹簧效果和阴影效果
lanes(value: number)	设置列表的列数或行数
vertical	设置是否为纵向滑动

简单示例：列表的使用。要求在联系人列表的列表项中，每个联系人都有头像和名称。此时，需要将 Image 组件和 Text 组件封装到一个 Row 容器内，由于在 ListItem 组件中只能有一个根节点，不支持以平铺形式使用多个组件。因此，若列表项是由多个子组件组成的，则需要将这多个子组件组合到一个容器内或组成一个自定义组件。

```
@Component
@Entry
struct ListExample{
  build() {
    List() {
      ListItem() {
        Row() {
          Image($r('app.media.iconE')).width(40).height(40).margin(10)
          Text('小明')
            .fontSize(20)}}
      ListItem() {
        Row() {
          Image($r('app.media.iconF')).width(40).height(40).margin(10)
          Text('小红')
            .fontSize(20)}}}}}
```

输出结果如图 4.17 所示。

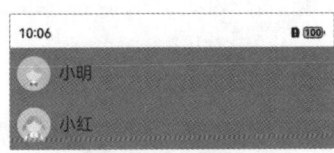

图 4.17　输出结果 3

Example 4_5：使用列表实现教学系统首页师资介绍列表自定义组件。要求封装单个教师展示样式自定义组件，减少代码冗余，提高代码复用。假设已经从服务端获取师资数据数组 TeacherDatas，在第 9 章将详细讲解如何向服务端发起请求并接收数据。

（1）新建一个 TeacherItem.ets 文件，使用关键字 export 导出组件，代码如下。

```
@Component
export struct TeacherItem{
  tname:string ='' //教师名
  tpic:string = '' // 教师照片
  build() {
    Column(){
      Image(this.tpic) .width(100) .height(100).borderRadius(10)
      Text(this.tname)
```

```
      }
      .margin({right:10,left:10})
      .alignItems(HorizontalAlign.Center)
      .justifyContent(FlexAlign.Center) } }
```

（2）创建师资介绍列表自定义组件，使用 vertical 属性设置列表方向为纵向垂直，使用 lanes 属性设置每行最多容纳 3 个列表项。

```
import { TeacherItem} from "./IndexComp";
  @Builder
  TeacherListComp(){
    Column() {
      Row() {
        Divider().vertical(true).color('#0A59F7').height(30)
          .strokeWidth(4)
          .borderRadius(2)
        Text("师资介绍")
          .padding({ left: 10 })
        Blank()
        Row() {
          Text("更多").fontSize(16)
          Image($r("app.media.image_right"))
            .height(16)}
      }.padding({ top: 5,left: 5 }).width("100%")
      List() {
        ForEach(this.TeacherDatas, (item: Teacher, index: number) => {
          ListItem() {
            TeacherItem({
              tname: item.username, tpic: item.tpic })
          }
          .backgroundColor("#FFFFFFFF")
          .margin({ bottom: '6vp', left: 10, right: 10, top: 5 })
          .borderRadius(16)})
      }
      .alignListItem(ListItemAlign.Center)
      .listDirection(Axis.Vertical)
      .lanes(3)
      .width("100%")
      .edgeEffect(EdgeEffect.None)
    }.borderRadius(8).backgroundColor("#FFFFFFFF") }
```

输出结果如图 4.18 所示。

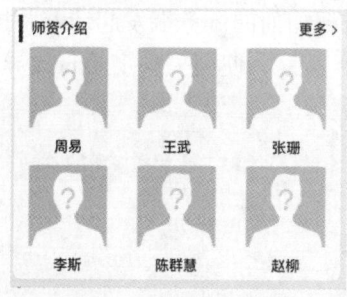

图 4.18　输出结果 4

3. 表格

表格（Grid 容器）由行和列分隔的单元格组成，通过指定"项目"所在的单元格来进行各种各样的布局，表格仅支持 GridItem 组件。表格中常见的属性如表 4.7 所示。

表 4.7　表格中常见的属性

属性	描述
columnsTemplate(value:string)	设置当前表格布局列的数量、固定列宽或最小列宽
rowsTemplate(value: string)	设置当前表格布局行的数量、固定行高或最小行高
columnsGap(value: Length)	设置列间距。当设置为小于 0 的值时，显示默认值
rowsGap(value: Length)	设置行间距。当设置为小于 0 的值时，显示默认值
scrollBar(value: BarState)	设置滚动条的状态，默认值为 BarState.Auto

简单示例：表格的使用。要求通过 columnsTemplate 属性和 rowsTemplate 属性实现二维布局，显示一组 GridItem 组件。

```
@Entry
@Component
struct GridExample{
  build() {
    Grid() {
      GridItem() {
        Text('会议')}.backgroundColor(Color.Pink)
      GridItem() {
        Text('签到')}.backgroundColor(Color.Blue)
      GridItem() {
        Text('投票')}.backgroundColor(Color.Red)
      GridItem() {
        Text('打印')}.backgroundColor(Color.Green)
    }
    .rowsTemplate('1fr 1fr')  //fr 为表格的单位
    .columnsTemplate('1fr 1fr')}}
```

图 4.19　输出结果 5

输出结果如图 4.19 所示。

Example 4_6：使用表格实现教学系统首页工具栏自定义组件。要求使用 columnsTemplate 属性将表格分成 3 列，各列的宽度相等。

（1）新建一个 IndexGridData.ets 文件，使用关键字 export 导出组件，代码如下。

```
export interface  IndexGridData{
  title:string
  image:ResourceStr
  url:string}
export const IndexGridInfo:IndexGridData[]=[{
    title:"课表",
    image:$r("app.media.image_kebiao"),
    url:""
  },{
    title:"互动",
    image:$r("app.media.image_hudong"),
```

```
  url:"ComContent"
},{
  title:"实验",
  image:$r("app.media.image_shiyan"),
  url:"CourseComp"}]
```

（2）创建工具栏自定义组件，代码如下。

```
@Builder
GridComp(){
  Grid() {   //循环渲染，减少重复代码
    ForEach(IndexGridInfo, (item: IndexGridData, index: number)=>{
     GridItem() {
       Column() {
         Image(item.image).height(32).width(32)
         Text(item.title) }}})
  }
  .columnsTemplate('1fr 1fr 1fr')
  .width("100%").height(50)
  .scrollBar(BarState.Off)
  .margin({ top: 5, bottom: 5 })
  .rowsGap(10)
  .columnsGap(10)
  .borderRadius(8)
  .backgroundColor("#FFFFFFFF")}
```

输出结果如图 4.20 所示。

图 4.20　输出结果 6

（3）上述代码中使用的 ForEach 接口基于数组进行循环渲染，接口描述如下。

```
ForEach(array:Array,
        itemGenerator:(item:any,index?number)=>void,
        keyGenerator?:(item:any,index?:number)=>void,)
```

- arry：数据源，为数组。可以设置为空数组，此时不会创建子组件。
- itemGenerator：组件生成函数，为数组中的每个元素创建对应的组件。其中，参数 item 表示数组中的数据项；参数 index（可选）表示数组中数据项的索引。
- keyGenerator：键值生成函数，为数据源的各数组项生成唯一且持久的键值，返回值为开发者自定义的键值生成规则。

4.3　ArkUI 中常见的 UI 组件

4.3.1　文本显示组件

文本显示组件是用于显示一段文本的组件，包含 Text 组件和 Span 组件。Text 组件会独占一行，且有尺寸信息；而 Span 组件不会独占一行，且没有尺寸信息。除支持通用属性外，文本显示组件还支持一些常见的属性，如表 4.8 所示。

表 4.8 文本显示组件中常见的属性

属性	描述
textAlign	设置文本段落在水平方向上的对齐方式
textOverflow	设置文本在容器宽度内的显示方式
maxLines	设置文本最大行数
fontColor	设置文本颜色
fontSize	设置文本大小
fontWeight	设置文本粗细

简单示例：Text 组件和 Span 组件的使用。要求通过 textAlign 属性设置 Text 组件中的文本水平居中。

```
@Component
@Entry
struct SpanExample {
  build() {
    Column() {
      Text() {
        Span('Hello World !')
          .fontSize('20fp')
          .textBackgroundStyle({color: "#7F007DFF", radius: "5vp"})
          .fontColor(Color.White)
      }
.textAlign(TextAlign.Center)//设置 Text 组件的文本居中
.width('100%')
.margin({bottom: '5vp'})
.alignItems(HorizontalAlign.Center)}}
```

输出结果如图 4.21 所示。

Hello World !

图 4.21 输出结果

4.3.2 TextInput 组件

TextInput 组件即义本输入组件。通过 TextInput(value?: TextInputOptions)接口可以设置 TextInput 组件的参数。TextInput 组件中的接口参数如表 4.9 所示。

表 4.9 TextInput 组件中的接口参数

参数	描述
placeholder	设置不输入时的提示文本
text	设置当前文本
controller	设置 TextInput 组件的控制器

除支持通用属性外，TextInput 组件还支持一些常见的属性，如表 4.10 所示。

表 4.10 TextInput 组件中常见的属性

属性	描述
type	设置文本框的类型

属性	描述
placeholderFont	设置 placeholder 的文本样式
placeholderColor	设置 placeholder 的文本颜色

TextInput 组件中常见的事件如表 4.11 所示。

表 4.11　TextInput 组件中常见的事件

事件	描述
onChange	输入内容发生变化时触发该事件
onSubmit	按回车键时触发该事件

简单示例：TextInput 组件的使用。要求使用文本框获取用户输入的信息，把信息处理成数据进行上传，使用通用事件进行相应的交互操作。

```
@Component
struct TextInputExample {
  build() {
    Column() {
      TextInput({ placeholder: '输入你的账号' }).margin({ top: 20 })
        .onSubmit((EnterKeyType)=>{
          console.info(EnterKeyType+'输入法回车键的类型值')})
      TextInput({ placeholder: '输入你的密码' })
.type(InputType.Password).margin({ top: 20 })
        .onSubmit((EnterKeyType)=>{
          console.info(EnterKeyType+'输入法回车键的类型值')})
      Button('登录').width(150).margin({ top: 20 })
}.padding(20)}}
```

输出结果如图 4.22 所示。

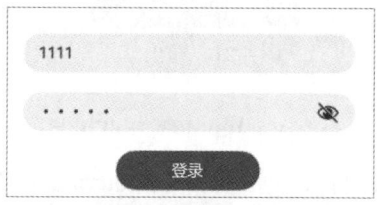

图 4.22　输出结果 1

当在文本框中输入值后按回车键，会触发 onSubmit 事件。输出结果如图 4.23 所示。

图 4.23　输出结果 2

4.3.3　Button 组件

Button 组件即按钮组件，用于快速创建不同样式的按钮。通过 type 属性，可以设置按钮类型。按钮有 3 种不同的类型，分别为胶囊按钮、圆形按钮和普通按钮，按钮没有专属事件，支持通用事件，通常使用 onClick 事件进行相应的交互操作。除支持通用属性外，Button 组件还支持一些常见的属性，如表 4.12 所示。

表 4.12　Button 组件中常见的属性

属性	描述
type	设置按钮类型
fontSize	设置文本大小
fontColor	设置文本颜色

简单示例：Button 组件的使用。要求使用 type 属性设置按钮类型，使用 stateEffect 属性设置按钮是否开启点击效果，使用 Button 组件触发某些操作，通过绑定 onClick 事件来响应点击操作后的自定义行为。

```
@Entry
@Component
struct ButtonSample {
  build() {
    Button('Ok', { type: ButtonType.Normal, stateEffect: true })
      .onClick(()=>{
        console.info('按钮被点击')}})
}
```

输出结果如图 4.24 所示。

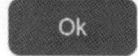

图 4.24　输出结果 1

当点击按钮时，触发 onClick 事件。输出结果如图 4.25 所示。

图 4.25　输出结果 2

4.3.4　切换按钮组件

切换按钮组件提供 3 种类型，即复选框、状态按钮及开关。通过 onChange 事件可以监听状态按钮的变化，通过 Toggle(options: { type: ToggleType, isOn?: boolean })接口可以设置组件的参数。当切换按钮组件为状态按钮时，只能包含一个子组件。若子组件上设置了文本，则相应的文本内容会被显示在状态按钮上。切换按钮组件中的接口参数如表 4.13 所示。

表 4.13　切换按钮组件中的接口参数

接口参数	描述
ToggleType	设置开关样式
isOn	设置是否打开开关，值为 true 表示打开，值为 false 表示关闭

除支持通用属性外，切换按钮组件还支持一些常见的属性，如表 4.14 所示。

表 4.14　切换按钮组件中常见的属性

属性	描述
selectedColor	设置切换按钮组件打开状态的颜色
switchPointColor	设置开关的圆形滑块的颜色

简单示例：切换按钮组件的使用。

```
@Entry
@Component
struct ToggleExample{
  build() {
    Column(){
      Toggle({type:ToggleType.Button,isOn:true}){ //状态按钮
        Text("开启")
      }.selectedColor(Color.Blue)
      .onChange((isOn)=>{
        console.log("按钮状态被改变:"+isOn)
      })
      .height(50)
      .width(100)
      Toggle({type:ToggleType.Checkbox})//复选框
        .height(50)
        .width(100)
      Toggle({type:ToggleType.Switch})//开关
        .height(50)
        .width(100)}}}
```

输出结果如图 4.26 所示。

图 4.26   输出结果 1

当按钮状态被改变时，触发 onChange 事件。输出结果如图 4.27 所示。

| 12-17 22:41:49.693 | 22168-12468 | A0c0d0/JSAPP | I | 按钮状态被改变:false |
| 12-17 22:41:50.099 | 22168-12468 | A0c0d0/JSAPP | I | 按钮状态被改变:true |

图 4.27   输出结果 2

4.3.5　选项选择组件

选项选择组件有 Checkbox 组件和 Select 组件。

1. Checkbox 组件

Checkbox 组件即多选框组件，通常用于打开或关闭某开关，通过 onChange 事件可以监听选择状态的变化。通过 Checkbox(options?: CheckboxOptions)接口可以设置组件的参数。Checkbox 组件中的 CheckboxOptions 接口参数如表 4.15 所示。

表 4.15　Checkbox 组件中的 CheckboxOptions 接口参数

参数	描述
name	指定 Checkbox 组件的名称
group	指定 Checkbox 组件所属群组的名称
indicatorBuilder	配置 Checkbox 组件的选中样式为自定义

除支持通用属性外，Checkbox 组件还支持一些常见的属性，如表 4.16 所示。

表 4.16　Checkbox 组件中常见的属性

属性	描述
select	设置 Checkbox 组件的选中状态
selectedColor	设置选中状态下的对号颜色
shape	设置 Checkbox 组件的形状，包括圆形和圆角方形

简单示例：Checkbox 组件的使用。要求配置参数 group，实现指定两个多选框属于同一个群组；设置 shape 属性中的参数为 CheckBoxShape.ROUNDED_SQUARE，实现圆形和圆角方形两种多选框样式。

```
@Entry
@Component
struct CheckboxExample {
 build() {
  Flex({ justifyContent: FlexAlign.SpaceAround }) {
   Checkbox({ name: 'checkbox1', group: 'checkboxGroup' })
    .select(true)
    .shape(CheckBoxShape.CIRCLE)
    .selectedColor(0xed6f21)
   Checkbox({ name: 'checkbox2', group: 'checkboxGroup' })
    .select(false)
    .shape(CheckBoxShape.ROUNDED_SQUARE)
    .selectedColor(0x39a2db)}}}
```

输出结果如图 4.28 所示。

图 4.28　输出结果 1

2. Select 组件

Select 组件即下拉选择组件，用于让用户在多个选项之间选择。通过 onSelect 事件可以监听选择状态的变化，通过 Select(options: Array<SelectOption>)接口可以设置组件的参数。Select 组件中的接口参数如表 4.17 所示。

表 4.17　Select 组件中的接口参数

参数	描述
value	指定 Select 组件的名称
icon	设置 Select 组件的图标

除支持通用属性外，Select 组件还支持一些常见的属性，如表 4.18 所示。通过 selected 属性可以设置 Select 组件初始选项的索引，有效索引值从 0 开始，如 selected(0)表示选择第 1 个选项。当不设置 selected 属性或设置异常值时，默认选择值为-1，表示不选择选项；当设置为 selected(undefined)、selected(null)时，默认选择第 1 个选项。

表 4.18　Select 组件中常见的属性

属性	描述
selected	设置初始选项的索引
value	设置 Select 组件的文本

简单示例：Select 组件的使用。

```
@Entry
@Component
struct SelectExample {
  build() {
    Column() {
      Select([{ value: 'aaa', icon: "/common/public_icon.svg" },
        { value: 'bbb', icon: "/common/public_icon.svg" },
        { value: 'ccc', icon: "/common/public_icon.svg" },
        { value: 'ddd', icon: "/common/public_icon.svg" }])
        .selected(2)
        .value('TTTTT')
        .font({ size: 16, weight: 500 })
        .fontColor('#182431')
        .selectedOptionFont({ size: 16, weight: 400 })
        .optionFont({ size: 16, weight: 400 })
    }.width('100%')}}
```

输出结果如图 4.29 所示。

图 4.29　输出结果 2

4.3.6　Image 组件

Image 组件即图片组件，常用于在应用中显示图片。Image 组件支持加载 PixelMap、ResourceStr 和 DrawableDescriptor 类型的数据源，支持的图片格式有 PNG、JPG、JPEG、BMP、SVG、WebP、GIF 和 HEIF。除支持通用属性外，Image 组件还支持一些常见的属性，如表 4.19 所示。

表 4.19　Image 组件中常见的属性

属性	描述
alt	设置加载时显示的位图，支持本地图片
objectFit	设置图片的填充效果
objectRepeat	设置图片的重复样式，不支持 SVG 格式

除支持通用事件外，Image 组件还支持一些常见的事件，如表 4.20 所示。

表 4.20　Image 组件中常见的事件

事件	描述
onComplete	图片加载成功或解码成功时触发该事件
onError	图片加载异常时触发该事件
onFinish	图片动画播放完后触发该事件

简单示例：Image 组件的使用。要求加载不同格式的图片。

```
@Entry
@Component
struct ImageExample{
 build() {
  Column() {
   Flex({ direction: FlexDirection.Column, alignItems: ItemAlign.Start }) {
    Row() {
     Image($r('app.media.ic_camera_master_ai_leaf'))// 加载 PNG 格式的图片
       .width(110).height(110).margin(15)
       .overlay('PNG', { align: Alignment.Bottom, offset: { x: 0, y: 20 } })
     Image($r('app.media.loading'))// 加载 GIF 格式的图片
       .width(110).height(110).margin(15)
       .overlay('GIF', { align: Alignment.Bottom, offset: { x: 0, y: 20 } })}
    Row() {
     Image($r('app.media.ic_camera_master_ai_clouded'))// 加载 SVG 格式的图片
       .width(110).height(110).margin(15)
       .overlay('SVG', { align: Alignment.Bottom, offset: { x: 0, y: 20 } })
     Image($r('app.media.ic_public_favor_filled'))// 加载 JPG 格式的图片
       .width(110).height(110).margin(15)
       .overlay('JPG', { align: Alignment.Bottom, offset: { x: 0, y: 20 } })}}
  }
  .height(320).width(360)
  .padding({ right: 10, top: 10})}}
```

输出结果如图 4.30 所示。

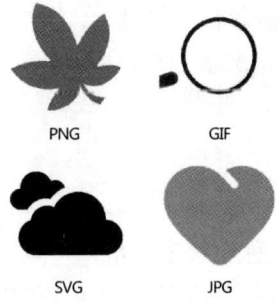

图 4.30　输出结果

4.4　ArkUI 中的状态管理

4.4.1　ArkUI 中的状态管理概述

在声明式 UI 编程框架中，UI 是程序状态的运行结果，用户构建了一个 UI 模型，其中应用的运行时的状态是参数。当改变参数时，UI 作为返回结果，将发生对应的改变。这些运行时的状态改变所带来的 UI 的重新渲染，在 ArkUI 中被统称为状态管理机制。

自定义组件拥有变量，变量只有被装饰器装饰后才可以成为状态变量，状态变量的改变会引起 UI 的渲染刷新。如果不使用状态变量，那么 UI 只能在初始化时渲染，后续将不会再刷新。图 4.31 所示为 State 和 View（UI）的关系。

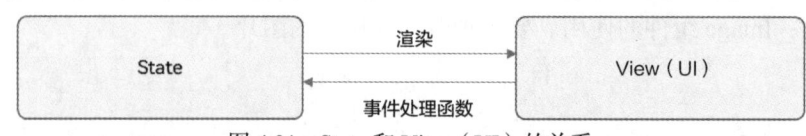

图 4.31　State 和 View（UI）的关系

- View（UI）：UI 渲染，是指将 build 函数中的 UI 描述和@Builder 装饰器的方法内的 UI 描述映射到 UI 上。
- State：状态，是指驱动 UI 更新的数据。用户通过触发组件的事件方法，改变状态变量。状态数据的改变会引起 UI 的重新渲染。

以下是 ArkUI 中状态管理的基本概念。

- 状态变量：被状态装饰器装饰的变量，状态变量值的改变会引起 UI 的渲染刷新。简单示例：

```
@State num: number = 1,
```

其中，@State 是状态装饰器，num 是状态变量。
- 常规变量：没有被状态装饰器装饰的变量，通常用于辅助计算。它的改变永远不会引起 UI 的刷新。
- 数据源/同步源：状态变量的原始来源，可以同步给不同的状态数据。通常为父组件传给子组件的数据。
- 命名参数机制：父组件通过指定参数传递给子组件的状态变量，为父组件与子组件传递同步参数的主要手段。简单示例：

```
CompA({ aProp: this.aProp })
```

- 从父组件初始化：父组件使用命名参数机制，将指定参数传递给子组件。子组件初始化的默认值在有父组件传值的情况下会被覆盖。

4.4.2　ArkUI 中的装饰器

1. @State 装饰器

由@State 装饰器装饰的变量被称为状态变量，一旦变量拥有了状态属性，就可以触发其直接绑定 UI 的刷新。当状态变量发生改变时，UI 对应的渲染会发生改变。

在与状态变量相关的装饰器中，@State 装饰器是最基础的，是用于使变量拥有状态属性的装饰器，同时是大部分状态变量的数据源。

@State 装饰器有以下基本规则。

- 不与父组件中任何类型的变量同步。
- 允许装饰的变量类型包括 object、class、string、number、boolean、enum，以及这些类型的数组。

- 支持由 ArkUI 定义的联合类型，包括 Length、ResourceStr、ResourceColor。
- 被装饰变量的初始值必须进行初始化。

简单示例：变量 count 是一个状态变量，按钮的显示内容引用变量 count 的值，每次点击按钮都会使变量 count 的值加 1，进一步通过改变变量 count 的值引起按钮的重新渲染，同时每次点击按钮，显示内容都自动更新。

```
@Entry
@Component
struct StateExample{
 @State count: number = 0
 build() {
  Column(){
   Button("点击次数"+this.count).fontSize(30)
    .onClick(()=>{this.count++})
  }
  .backgroundColor(Color.Grey)
  .justifyContent(FlexAlign.Center)
  .width("100%").height("100%")}}
```

输出结果如图 4.32 所示。

点击次数12

图 4.32　输出结果 1

2. @Prop 装饰器

由@Prop 装饰器装饰的变量可以和父组件建立单向同步关系。由@Prop 装饰器装饰的变量是可变的，但是变化不会与其父组件同步。

@Prop 装饰器有以下基本规则。
- @Prop 装饰器不能在由@Entry 装饰器装饰的自定义组件中使用。
- 单向同步对父组件状态变量值的修改，将同步给子组件。
- 允许装饰的变量类型包括 object、class、string、number、boolean、enum，以及这些类型的数组。
- 不支持 any 类型，支持由 ArkUI 定义的联合类型，包括 Length、ResourceStr、ResourceColor。
- 在组件复用场景中，建议@Prop 装饰器深度嵌套的数据不超过 5 层，这是因为嵌套太多会导致深拷贝占用的空间过多。
- 被装饰变量的初始值可以不进行初始化。

Example 4_7：使用父组件的 build 函数创建子组件的实例，并将父组件的数据源@State 装饰器装饰的变量 countParent 的值传递给由子组件的@Prop 装饰器装饰的变量 countChild，从而使子组件的变量初始化。

（1）当点击"父组件点击"按钮时，由父组件的@State 装饰器装饰的变量 countParent 的值会发生变化，这将触发父组件重新渲染，在父组件重新渲染的过程中会刷新变量 countParent 的 UI 组件，并同步更新 ChildComponent 组件中变量 countChild 的值。

```
@Entry//父组件
@Component
```

```
struct ParentComponent {
  @State countParent: number = 10;
  build() {
    Column() {
      Text("父组件"+this.countParent)
      Button('父组件点击').onClick(() => {      // 父组件的数据源的变化会被同步给子组件
        this.countParent += 1; })
      ChildComponent ({ countChild: this.countParent, costOfOneAttempt: 2 })
    }
    .backgroundColor(Color.Grey)
    .height("100%").width("100%")
    .justifyContent(FlexAlign.Center) }}
```

（2）当点击"子组件点击"按钮时，仅会触发子组件的变量的 UI 组件刷新。

```
@Component//子组件
struct ChildComponent {
  @Prop countChild: number = 0;
  costOfOneAttempt: number = 1;
  build() {
    Column() {
      Text("子组件: "+this.countChild)
      // 由@Prop 装饰器装饰的变量不会被同步给父组件
      Button('子组件点击').onClick(() => {
        this.count -= this.costOfOneAttempt;})}}}
```

输出结果如图 4.33 所示。

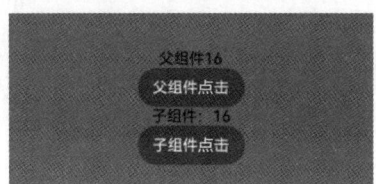

图 4.33　输出结果 2

3. @Link 装饰器

子组件中被@Link 装饰器装饰的变量与其父组件中对应的数据源建立双向数据绑定，二者共享相同的值。

@Link 装饰器有以下基本规则。

- 双向同步。
- 允许装饰的变量类型包括 object、class、string、number、boolean、enum，以及这些类型的数组。
- 支持由 ArkUI 定义的联合类型包括 Length、ResourceStr、ResourceColor。
- 没有被装饰变量的初始值禁止本地初始化。

Example 4_8：使用父组件的 build 函数创建子组件的实例，将由父组件的数据源@State 装饰器装饰的变量 countParent 的值传递给由子组件的@Link 装饰器装饰的变量 countChild，从而使子组件的变量初始化。

（1）当点击"父组件点击+1"按钮时，由父组件的@State 装饰器装饰的变量 countParent 的值会发生变化，这将触发父组件重新渲染，在父组件重新渲染的过程中会刷新变量 countParent 的 UI 组件，并同步更新 ChildComponent 组件中变量的 countChild 的值。

```
@Entry
@Component
struct ParentComponent {
  @State countParent: number = 10;
  build() {
    Column() {
      Text("父组件"+this.countParent)
      Button('父组件点击+1').onClick(() => {        // 父组件的数据源的变化会被同步给子组件
        this.countParent += 1;
      })
      ChildComponent({ countChild: this.countParent})//子组件
    }
    .backgroundColor(Color.Grey)
    .height("100%")
    .width("100%")
    .justifyContent(FlexAlign.Center)}}
```

（2）当点击"子组件点击–1"按钮时，由子组件的@Link 装饰器装饰的变量 countChild 的值会发生变化，这将触发子组件重新渲染，在子组件重新渲染的过程中会刷新变量 countChild 的 UI 组件，并同步更新 ParentComponent 组件中变量 countParent 的值。

```
@Component
struct ChildComponent {
  @Link countChild: number
  build() {
    Column() {
      Text("子组件: "+this.countChild)
      Button('子组件点击-1').onClick(() => {
        this.countChild -= 1; })}}} // 子组件的数据源的变化会被同步给父组件
```

输出结果如图 4.34 所示。

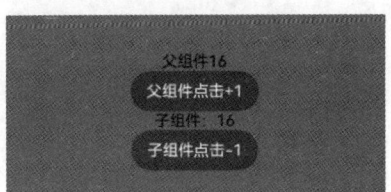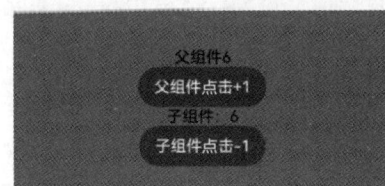

图 4.34　输出结果 3

4.4.3　LocalStorage 与 AppStorage 介绍

1. LocalStorage

LocalStorage 是页面级的 UI 状态存储，通过@Entry 装饰器接收的参数可以在页面中共享 LocalStorage 实例。

以下是 LocalStorage 的基本概念。

- 程序可以创建多个 LocalStorage 实例，LocalStorage 实例可以在页面中共享，也可以通过 GetShared 接口实现在 UIAbility 实例内多个页面之间共享。
- 组件树的根节点，即由@Entry 装饰器装饰的@Component 装饰器，可以被分配一个 LocalStorage 实例，此组件的所有子组件实例将自动获取对该 LocalStorage 实例的访问权限。
- 由@Component 装饰器装饰的组件最多可以访问 LocalStorage 实例和 AppStorage 实例，不由@Entry 装饰器装饰的组件不可以被独立分配 LocalStorage 实例，只能接收父组件通过@Entry 装饰器传递的 LocalStorage 实例。一个 LocalStorage 实例在组件树上可以被分配给多个组件。
- LocalStorage 中的所有属性都是可变的。

程序决定 LocalStorage 的生命周期。当释放最后一个指向 LocalStorage 的引用时，如销毁最后一个自定义组件，LocalStorage 将被 JS Engine 垃圾回收。

LocalStorage 根据由@Component 装饰器装饰的组件的同步类型不同，提供了两个装饰器。

- @LocalStorageProp 装饰器：由@LocalStorageProp 装饰器装饰的变量与 LocalStorage 中给定属性建立单向同步关系。
- @LocalStorageLink 装饰器：由@LocalStorageLink 装饰器装饰的变量与 LocalStorage 中给定属性建立双向同步关系。

简单示例：使用@LocalStorageLink 装饰器实现在自定义组件外改变状态变量，当点击 Text 组件时，组件内变量和 LocalStorage 中的状态双向同步更新。@LocalStorageLink('PropA')在 Parent 组件中创建 PropA 的双向同步数据，初始值为 47，这是因为在构造 LocalStorage 实例时已经给 PropA 设置了 47。

```
// 构造 LocalStorage 实例
let para: Record<string, number> = { 'PropA': 47 };
let storage: LocalStorage = new LocalStorage(para);
let linkToPropA: SubscribedAbstractProperty<object> = storage.link('PropA');
@Entry(storage)
@Component
struct Parent {
  @LocalStorageLink('PropA') storageLink: number = 1;
  build() {
    Column() {
      Text('点击自增')
        .onClick(() => {
          this.storageLink += 1
          console.log('@LocalStorageLink: ${this.storageLink} - linkToPropA:
${linkToPropA.get()}')})}}}
```

输出结果如图 4.35 所示。

图 4.35　输出结果 1

2. AppStorage

AppStorage 是应用级的 UI 状态存储，是和进程绑定的，在程序启动时创建，为 UI 状态属性提供中央存储功能。

LocalStorage 是页面级的，通常用于页面内的数据共享。而 AppStorage 是应用级的，相当于整个应用的"中枢"，持久化数据和环境变量都只有通过 AppStorage 中转，才可以和 UI 交互。

以下是 AppStorage 的基本概念。

- AppStorage 是在应用启动时会被创建的单例。它的目的是提供状态数据的中心存储，这些状态数据都是可访问的。AppStorage 将在应用运行过程中保留其属性。属性通过唯一的键访问。

- AppStorage 可以和 UI 组件同步，且可以在业务逻辑中被访问。

- AppStorage 支持主线程内多个 UIAbility 实例之间的状态共享。

- AppStorage 中的属性可以被双向同步，数据可以被存储于本地或远程设备上，并具有不同的功能，如数据持久化。数据通过业务逻辑实现与 UI 解耦，如果希望数据在 UI 中使用，那么需要用到@StorageProp 装饰器和@StorageLink 装饰器。

简单示例：创建一个键值对 PropA，初始值是 47，由于键是唯一的，因此当使用 set 方法对已存在的键设置值时会覆盖原来的值，即 47 被覆盖为 48，使用 delete 方法删除该键值对。

```
AppStorage.setOrCreate('PropA', 47); //创建键值对
console.log("PropA 的值为: "+AppStorage.get('PropA'))
AppStorage.set('PropA',48)
console.log("PropA 的值为: "+AppStorage.get('PropA'))
AppStorage.delete('PropA')//删除键值对
console.log("PropA 的值为: "+AppStorage.get('PropA')) //undefined
```

输出结果如图 4.36 所示。

```
12-26 16:07:26.187    13124-13124    A03d00/JSAPP          apppool          I    PropA 的值为: 47
12-26 16:07:26.187    13124-13124    A03d00/JSAPP          apppool          I    PropA 的值为: 48
12-26 16:07:26.187    13124-13124    A03d00/JSAPP          apppool          I    PropA 的值为: undefined
```

图 4.36　输出结果 2

4.5　实战：使用 ArkUI 实现教学系统主要界面

Example 4_9：实现教学系统个人中心界面，封装一个白色小卡片，使用@BuilderParam 装饰器装饰指向@Builder 装饰器的函数的变量（@BuilderParam 装饰器用于承接@Builder 装饰器的函数），接收传递过来的由@Builder 装饰器装饰的自定义组件。

新建一个 CardComp.ets 文件，代码如下。

```
@Component
export struct CardComp {
  @Builder
  defaultContentView() {}
  @BuilderParam contentView?: CustomBuilder = this.defaultContentView;
  build() {
    Column() {
      if(this.contentView){
        this.contentView()}
    }.backgroundColor(Color.White)
    .borderRadius(10)
```

```
      .padding(20)}
}
```

新建一个 Mine.ets 文件，在 Mine.ets 文件中使用@Builder 装饰器创建自定义组件 userInfoComp、funcInfoComp 和 settingComp，用于展示个人信息、功能、设置 3 个模块，代码如下。

```
…
@Builder
userInfoComp() {
  Text("我")
  Blank(10)
  Row({ space: 10 }) {
    Row({ space: 10 }) {
        Image($r("app.media.touxiang")).width(32).borderRadius(10)
        Text("登录/注册").fontWeight(FontWeight.Bold).fontSize(14)        }
    Image($r("app.media.right"))
      .width(16)
  }.width("100%")
  .justifyContent(FlexAlign.SpaceBetween)
  .alignItems(VerticalAlign.Center) }
@Builder
funcInfoComp() {
  Column({ space: 20 }) {
    Row() {
      Row({ space: 10 }) {
        Image($r("app.media.image_kecheng"))
          .width(32)
        Text("我的课程")
          .fontWeight(FontWeight.Bold)
          .fontSize(14) }
      Image($r("app.media.right"))
        .width(16)
    }.width("100%")
    .justifyContent(FlexAlign.SpaceBetween)
    .alignItems(VerticalAlign.Center)
    Row() {
      Row({ space: 10 }) {
        Image($r("app.media.image_class"))
          .width(32)
        Text("我的班级")
          .fontWeight(FontWeight.Bold)
          .fontSize(14)
      }
      Image($r("app.media.right"))
        .width(16)
    }.width("100%")
    .justifyContent(FlexAlign.SpaceBetween)
    .alignItems(VerticalAlign.Center)
    Row() {
      Row({ space: 10 }) {
        Image($r("app.media.image_hudong"))
          .width(32)
        Text("发起互动")
```

```
          .fontWeight(FontWeight.Bold)
          .fontSize(14)}
      Image($r("app.media.right"))
        .width(16)        }
    .width("100%")
    .justifyContent(FlexAlign.SpaceBetween)
    .alignItems(VerticalAlign.Center)}}
@Builder
settingComp() {
  Row() {
    Row({ space: 10 }) {
      Image($r("app.media.setting"))
        .width(32)
      Text("设置")
        .fontWeight(FontWeight.Bold)
        .fontSize(14) }
    Image($r("app.media.right"))
      .width(16)
  }.width("100%")
  .justifyContent(FlexAlign.SpaceBetween)
  .alignItems(VerticalAlign.Center)}…
```

（2）在 Mine.ets 文件的 build 函数中将这 3 个组件作为参数传递给 CardComp 组件，实现白色小卡片效果，代码如下。

```
…
build() {
    Column() {
        Column() {
          CardComp({ contentView: this.userInfoComp})
          CardComp({ contentView: this.funcInfoComp }).margin({ top: 5 })
          CardComp({ contentView: this.settingComp }).margin({ top: 5 })
        }
        .width("100%")
        .height("100%")
        .justifyContent(FlexAlign.Start)
        .alignItems(HorizontalAlign.Center)
        .backgroundColor("#f4f4f7")}}}
```

运行模拟器，输出结果如图 4.37 所示。

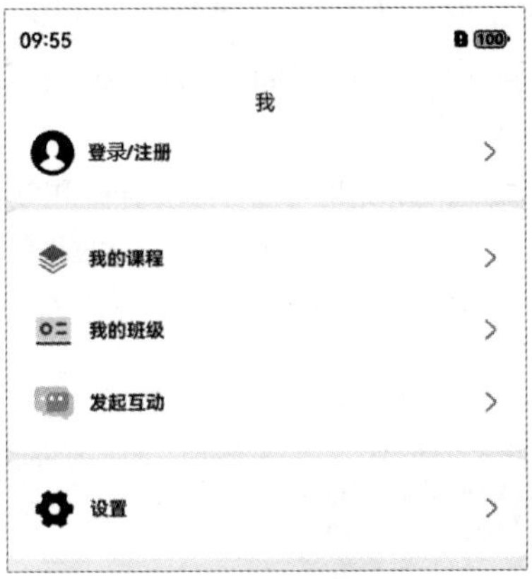

图 4.37　输出结果 1

Example 4_10：实现教学系统首页内容界面，前面已封装好了首页的组件，这里直接通过 this 方式调用即可。

新建一个 IndexComp.ets 文件，使用 Scroll 容器使首页内容界面可以滚动起来，代码如下。

```
@Component
export struct IndexComp{
build(){
 Scroll() {
  Column({ space: 5 }) {
    this.bannerComp() //轮播图
    this.GridComp()
    this.TeacherComp() //还可以添加更多自定义组件
    }.justifyContent(FlexAlign.Start)
  .backgroundColor("#f4f4f7")
  .padding({ top: 5, left: 10, right: 10 })
  .width("100%")}
 }.height("100%")}
```

运行模拟器，输出结果如图 4.38 所示。

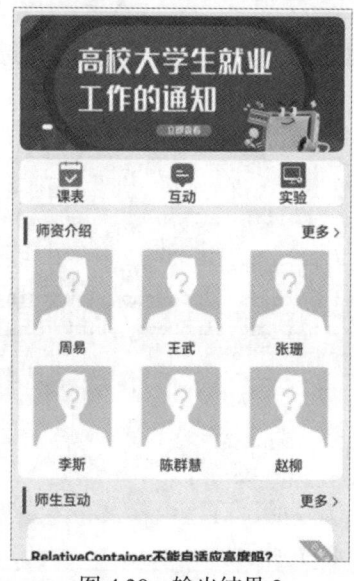

图 4.38　输出结果 2

Example 4_11：实现教学系统资讯内容界面，假设已有服务端新闻数据，在第 9 章将详细讲解如何向服务端发起请求并接收数据。

（1）新建一个 News.ets 文件，在该文件中创建一个新闻实体类 News，用于接收服务端数据，代码如下。

```
export class News{
 id:number = 0;           //资讯 ID
 newstitle:string = '';   //资讯标题
 newscontent:string = ''; //资讯内容
 newsdate:string ='';     //资讯发布时间
 newsimage:string =''     //资讯封面图片
 newsimple:string = ''    //资讯简介
 }
```

（2）新建一个 NewsComp.ets 文件，构建自定义轮播组件，代码如下。

```
@Component
export struct NewsComp {
  @State NewsDatas: News[] = []; //定义一个资讯数组
  @Builder
  bannerComp() {
    Swiper() {
      Image($r("app.media.image_banner_news"))
    }
    .margin({left:10,right:10})
    .height(200) .width('100%')
    .indicator(new DotIndicator()
      .left(10).bottom(20)
      .selectedColor(Color.White)
      .color("#545454")
    )
    .borderRadius(8)
    .autoPlay(true)
    .loop(true) }
  …
```

（3）新建一个 NewsItem.ets 文件，封装单个资讯展示样式自定义组件，代码如下。

```
//单个资讯展示样式自定义组件
@Component
export struct NewsItem{
  newsTitle: string | Resource = '';
  newsimple: string = '';
  newsTime: string | Resource = '';
  newsImage: string | Resource = '';
  build(){
    Row(){
      Column(){
        Row(){
          Image($r("app.media.new"))
            .width('40vp')
            .height('16vp')
            .objectFit(ImageFit.ScaleDown)
          Text(this.newsTitle)
            .fontSize(16)
            .fontColor($r('sys.color.black'))
            .layoutWeight(1)
            .maxLines(1)
            .textOverflow({ overflow: TextOverflow.Ellipsis })
            .fontWeight(500)

        }.alignItems(VerticalAlign.Center)
        .height('20vp')
        .width("100%")
        .margin({top:'10vp'})
        Row(){
          Text(this.newsimple)
```

```
          .fontSize(14)
          .lineHeight(18)
          .fontColor($r('sys.color.black'))
          .width("100%")
          .maxLines(2)
          .margin({ top:'10pv' })
          .textOverflow({ overflow: TextOverflow.Ellipsis })
      }
      .layoutWeight(1)
      .alignItems(VerticalAlign.Top)
      Text(this.newsTime)
        .fontSize(10)
        .fontColor("#FF989898")
        .height("14vp")
        .textAlign(TextAlign.Start)
        .maxLines(1)
        .margin({ top: '10VP',bottom:'10VP' })
    }
    .margin({ right: '12'})
    .alignItems(HorizontalAlign.Start)
    .layoutWeight(1)
    if (this.newsImage !== '') {
      Image(this.newsImage)
        .height(110).width(110)
        .borderRadius(8)
        .margin({top: 12,bottom: 12})}
  }
  .padding({ left: 12,right: 12
  })
  .height(130)}}
```

（4）在 NewsComp.ets 文件的 build 函数中使用自定义轮播组件和单个资讯展示样式自定义组件，代码如下。

```
build() {
  Column() {
    Scroll() {
      Column({ space: 10 }) {
        this.bannerComp()//轮播图
        Stack({ alignContent: Alignment.BottomEnd }) {
          List(){
            ForEach(this.NewsDatas, (item: News,index:number)=>{
              ListItem(){
                NewsItem({
                  newsTitle:item.newstitle,
                  newsimple:item.newsimple,
                  newsTime:item.newsdate,
                  newsImage:item.newsimage, })
              }
              .backgroundColor("#FFFFFF")
              .margin({bottom: '12vp',left: 10,right:10,top:5})
              .borderRadius(16)})
          }
```

```
            .width("100%")
            .backgroundColor('#F1F3F5')
            .edgeEffect(EdgeEffect.None)}
        }.justifyContent(FlexAlign.Start)
        .width("100%") }
    }.height("100%")}}
```

运行模拟器，输出结果如图 4.39 所示。

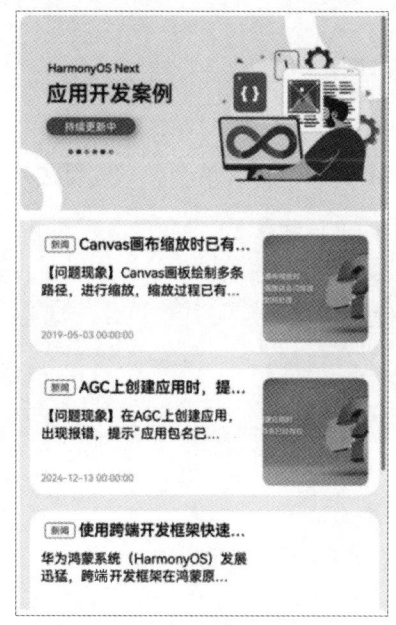

图 4.39　输出结果 3

Example 4_12：实现教学系统教学内容界面。

（1）新建一个 TeachGridData.ets 文件，代码如下。

```
export interface TeachGridData{
 title:string //标题
 image:ResourceStr //图片
 content:string //详细内容，从服务端获取数据
 }
export const  GridInfo:TeachGridData[]=[
 {
  title:"考核大纲",
  image:$r("app.media.image_kaohe"),
  content:""
 },{
  title:"教学大纲",
  image:$r("app.media.image_jiaoxue"),
  content:""},{
  title:"教学计划",
  image:$r("app.media.image_jihua"),
  content:""},{
  title:"队伍简介",
  image:$r("app.media.image_duiwu"),
  content:""}]
```

（2）新建一个 Course.ets 文件和一个 Experiment.ets 文件，代码如下。

```
export class Course{
  cid:number=0            //课程 ID
  ctitle:string=''        //课程标题
  ccontent:string=''      //课程内容
  cfile:string=''}        //课程附件


export class Experiment{
  eid:number=0;           //实验 ID
  etitle:string='';       //实验标题
  econtent:string='';     //实验内容
  efile:string='';}       //实验附件
```

（3）新建一个 CourseItem.ets 文件，封装单个教学安排展示样式自定义组件，代码如下。

```
@Component
struct CourseItem{
  cid:number=0            //课程 ID
  ctitle:string=''        //课程标题
  ccontent:string=''      //课程内容
  cfile:string=''         //课程附件
  build() {
    Row(){
      Text(this.ctitle)
      Column({space:10}){
        Button("进入学习")
          .backgroundColor("#1296db")
          .borderRadius(5)
          .width(80).height(30).fontSize(12)
        if(StrUtil.isNotEmpty(this.cfile)){   //如果有附件，那么显示附件按钮
          Button("课程附件")
            .backgroundColor(Color.Green)
            .borderRadius(5)
            .width(80).height(30).fontSize(12)
        }else{
          Button("无附件")
            .enabled(false)
            .backgroundColor(Color.Grey)
            .borderRadius(5).width(80).height(30) }
      }
      .justifyContent(FlexAlign.Center)
      .alignItems(HorizontalAlign.Center)
    }
    .padding({left:10,right:10})
    .justifyContent(FlexAlign.SpaceBetween)
    .borderRadius(16)
    .backgroundColor(0xFFFFFF)
    .height(100).width("100%")}}
```

（4）新建一个 ExperimentItem.ets 文件，封装单个实验安排展示样式自定义组件，代码如下。

```
@Component
```

```
struct ExperimentItem{
  eid:number=0;              //实验 ID
  etitle:string='';          //实验标题
  econtent:string='';        //实验内容
  efile:string='';           //实验附件
  build() {
    Row(){
      Text(this.etitle)
        .textOverflow({ overflow: TextOverflow.None })
        .layoutWeight(1)
        .maxLines(2)
      Image($r("app.media.image_Inexperment"))
        .width(32)
        .height(32)}
    .padding({left:10,right:10})
    .justifyContent(FlexAlign.SpaceBetween)
    .borderRadius(16)
    .backgroundColor(0xFFFFFF)
    .height(80).width("100%") }}
```

（5）新建一个 TeachComp.ets 文件，封装一个自定义导航栏，导航栏在第 5 章将详细讲解，代码如下。

```
@Component
export struct TeachComp {
  @State CourseDatas: Course[] = [];                    //课程数据数组
  @State Experiments:Experiment[] = [];                 //实验数据数组
  tabBarController:TabsController = new TabsController()  //导航栏控制器
  tabsInfo = ["教学安排","实验安排"]                      //导航栏信息
  @State focusIndex: number = 0;                        //当前选中的导航索引
  @Builder
  tabBarBuilder(){
    Row({space:16}){
      ForEach(this.tabsInfo,(tabInfo:string,index:number)=>{
        Text(tabInfo)
          .onClick(()=>{
            this.tabBarController.changeIndex(index)//点击切换导航栏栏目
            this.focusIndex = index
          })
          .fontSize(14)
          .padding({left:10,right:10,top:5,bottom:5})
          .backgroundColor(this.focusIndex==index?'#1E90FF':'#F0F8FF')
          .fontColor(this.focusIndex==index?Color.White:Color.Black)
          .borderRadius(8) })      }
    .margin({left:10})
    .justifyContent(FlexAlign.Start)
    Divider().width("100%").height("0.2vp") }…}
```

（6）在 TeachComp.ets 文件的 build 函数中调用导航栏、实验安排和教学安排的自定义组件，代码如下。

```
…
build() {
```

```
Column() {
  Grid() {
    ForEach(GridInfo,(item: TeachGridData,index:number)=>{ //网格数据
      GridItem() {
        Column() {
          Image(item.image).height(32).width(32)
          Text(item.title)
            .fontSize(14)}}}})
  }
  .columnsTemplate('1fr 1fr 1fr 1fr')
  .layoutDirection(GridDirection.Row)
  .width("100%").height(50)
  .scrollBar(BarState.Off)
  .margin({bottom: 15 })
  .borderRadius(8).backgroundColor("#FFFFFFFF")
  Column({space:10}){
    this.tabBarBuilder()
  }.alignItems(HorizontalAlign.Start) .width("100%")
  Tabs({controller:this.tabBarController}){
    TabContent(){
      Column() {
        List({ space: 20}){
          ForEach(this.CourseDatas,(item: Course,index:number)=>{
            ListItem(){
              CourseItem({
                cid:item.cid,ctitle:item.ctitle, ccontent:item.ccontent,
                cfile:item.cfile})}})                }
        .listDirection(Axis.Vertical) // 排列方向
        .scrollBar(BarState.Off)
        .friction(0.6)
        .divider({ strokeWidth: 2, color: 0xFFFFFF, startMargin: 20,
                 endMargin: 20 })
        .edgeEffect(EdgeEffect.Spring)
        .margin({left:5,right:5})              }
      .width('100%').height('100%')
      .backgroundColor('#F1F3F5')
      .padding({ top: 5 })}
    TabContent(){
        … //此处与上面的 TabContent 部分的代码是一样的，不同的是此处循环遍历的数据是实验数据，使用的自定义
//组件是 ExperimentItem，此处省略相关代码
          }
    .animationDuration(0)
    .scrollable(false)
    .barHeight(0)
    .layoutWeight(1)
  }.height("100%").width("100%")}
…
```

运行模拟器，输出结果如图 4.40 所示。

图 4.40 输出结果 4

习 题

1. 选择题

（1）使用（ ）装饰器装饰的 struct 表示该结构体具有组件化能力。

    A. @Component   B. @Entry   C. @Builder   D. @Preview

（2）使用（ ）装饰器装饰的自定义组件可以作为 UI 的入口。

    A. @Component   B. @Entry   C. @Builder   D. @Preview

（3）以下装饰器中可以用于管理自定义组件中变量状态的是（ ）（多选）。

    A. @Component   B. @State   C. @Link   D. @Prop

（4）以下组件中属于容器的是（ ）（多选）。

    A. Button   B. Row

    C. Column   D. Image

    E. TextInput

（5）以下组件中层次结构错误的是（ ）。

    A. List>ListItem>Column   B. Column>List>ListItem

    C. Grid>Row>GridItem   D. Grid>GridItem

（6）以下关于 Row 容器和 Column 容器的说法中错误的是（ ）。

    A. Column 容器的主轴沿垂直方向，交叉轴沿水平方向；Row 容器的主轴沿水平方向，交叉轴沿垂直方向

    B. 主轴和交叉轴始终是相互垂直的，Row 容器和 Column 容器的主轴方向不一样

    C. Column 容器的子组件在水平方向上的对齐方式使用 justifyContent 属性来设置，其参数类型为 FlexAlign

    D. Row 容器的子组件在垂直方向上的对齐方式使用 alignItems 属性来设置，其参数

类型为 HorizontalAlign

2. 判断题

（1）由@Entry 装饰器装饰的自定义组件将作为 UI 的入口。在单个 UI 中可以使用多个@Entry 装饰器装饰不同的自定义组件。 （　　）

（2）由@State 装饰器装饰的属性不允许在本地初始化。 （　　）

（3）循环渲染 ForEach 接口可以从数据源中迭代获取数据，并为每个数组项均创建对应的组件。 （　　）

（4）在 Column 容器和 Row 容器中，justifyContent 属性用于设置子组件在水平方向上的对齐方式，alignItems 属性用于设置子组件在垂直方向上的对齐方式。 （　　）

（5）列表可以沿水平方向排列，也可以沿垂直方向排列。 （　　）

（6）当由@Prop 装饰器装饰的属性的值发生变化时，该变化不会被传递给其父组件。

（　　）

第 5 章

页面路由与组件导航

学习目标

- 了解页面路由与组件导航的基本概念。
- 掌握页面和自定义组件生命周期。
- 掌握页面跳转与返回。
- 掌握页面跳转时的数据传递。
- 掌握 Tabs 组件。

5.1 页面路由与组件导航概述

页面路由与组件导航均支持应用内的页面跳转，组件导航支持在组件内进行跳转，使用更灵活。组件导航具备更强的一次开发多端部署能力，可以进行更加灵活的页面栈操作，同时支持更丰富的动效和生命周期。因此，推荐使用组件导航以获得更佳的使用体验。

从 ArkUI 组件树层级上来看，原先由 Router 模块管理的 Page 节点在 Stage 节点的下面。Navigation 作为导航容器，可以被挂载在单个 Page 节点下，也可以叠加、嵌套。Navigation 管理标题栏、内容区和工具栏，内容区用于显示用户自定义页面的内容，并支持页面路由。ArkUI 组件树层级如图 5.1 所示。

组件导航的这种设计有如下优势。

- 接口上显式区分标题栏、内容区和工具栏，实现更灵活的管理。
- 显式提供导航容器的概念，由开发者决定导航容器的位置，支持在全模态、半模态、弹窗中显示。
- 默认提供统一的标题显示、页面切换和单双栏适配能力。
- 基于通用 UIBuilder 能力，由开发者决定页面别名和 UI 的对应关系，提供更灵活的页面配置能力。
- 基于组件属性动效能力和共享元素动效能力，将页面切换动效转换为组件属性动效，提供更丰富和灵活的切换动效。

- 开放页面栈对象。开发者可以继承，能更好地管理页面。

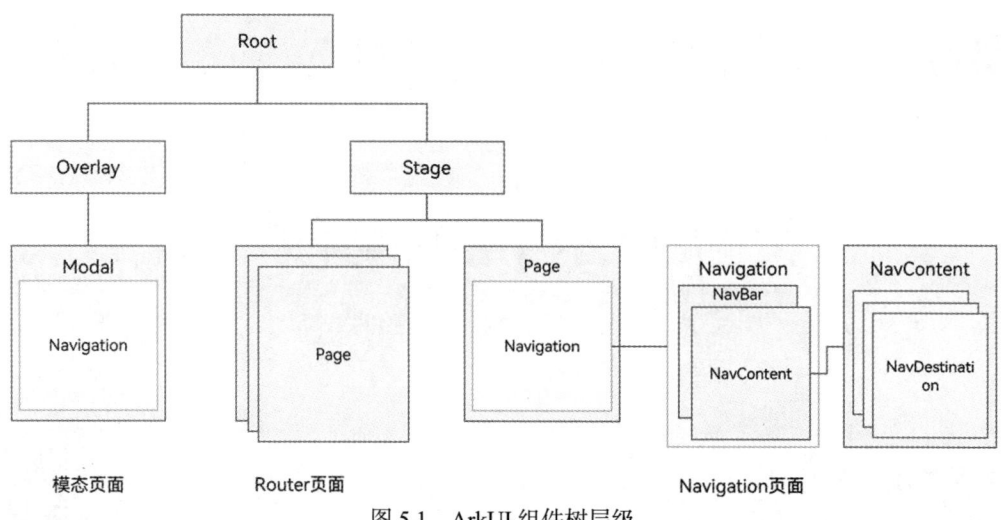

图 5.1 ArkUI 组件树层级

5.2 页面和自定义组件生命周期

自定义组件即由@Component 装饰器装饰的 UI 单元，可以组合多个系统组件，实现 UI 的复用，也可以调用生命周期。

UI 可以由一个或多个自定义组件组成，由@Entry 装饰器装饰的自定义组件为 UI 的入口，即页面的根节点，一个页面有且仅有一个@Entry 装饰器。只有被@Entry 装饰器装饰的组件才可以调用页面生命周期。

页面生命周期即由@Entry 装饰器装饰的组件调用的生命周期，提供以下生命周期接口。

- onPageShow：页面每次显示时触发，包括路由过程、应用进入前台等场景。
- onPageHide：页面每次隐藏时触发，包括路由过程、应用进入后台等场景。
- onBackPress：用户点击"返回"按钮时触发。

自定义组件生命周期即由@Component 装饰器装饰的自定义组件的生命周期，提供以下生命周期接口。

- aboutToAppear：创建自定义组件的实例后，执行 build 函数之前触发。
- onDidBuild：build 函数执行完成之后触发。开发者可以在这个阶段进行埋点数据上报等不影响实际 UI 的操作。不建议改变状态变量、使用 animateTo 接口等，这可能导致 UI 不稳定。
- aboutToDisappear：自定义组件即将销毁时触发。不允许改变状态变量，特别是改变由@Link 装饰器装饰的变量，这可能会导致行为不稳定。

图 5.2 所示为由@Entry 装饰器装饰的页面生命周期。

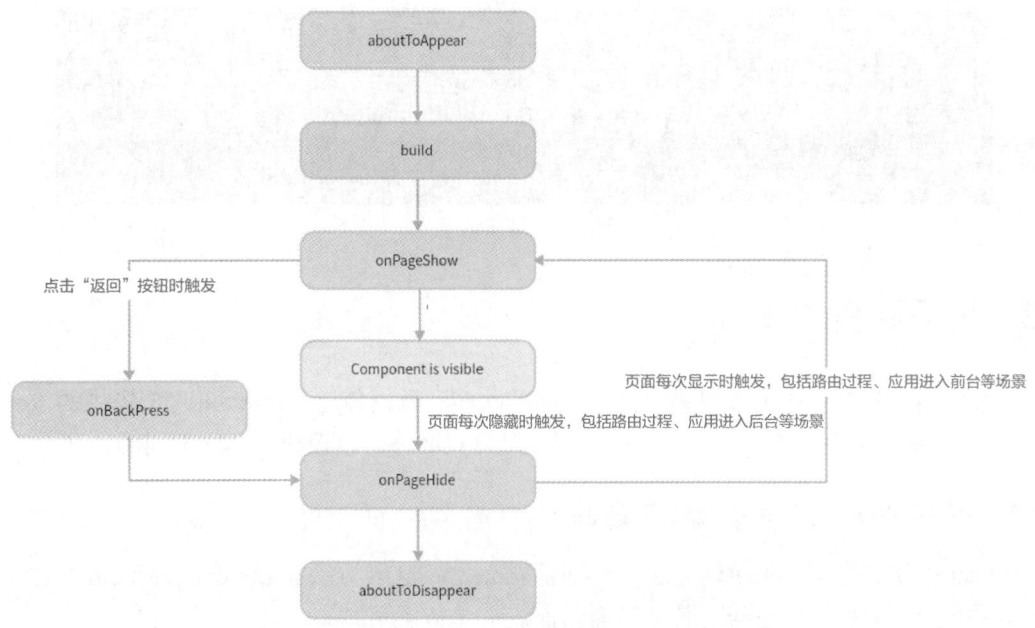

图 5.2 由@Entry 装饰器装饰的页面生命周期

简单示例：生命周期的调用时机。

```
/**
 * 由@Component 装饰器装饰的是一个组件
 * 由@Entry 装饰器装饰的组件是一个页面
 */
@Entry
@Component
struct Index {
 @State message: string = 'Hello World'
 // 创建自定义组件的实例后，执行 build 函数之前触发
 aboutToAppear() {
  console.log("组件被实例化了")}
 // 页面每次显示时触发，包括路由过程、应用进入前台等场景
 onPageShow() {
  console.log("页面被显示了");}
 // 页面每次隐藏时触发，包括路由过程、应用进入后台等场景
 onPageHide() {
  console.log("页面被隐藏了")}
 // 用户点击"返回"按钮时触发
 onBackPress() {
  console.log("返回")}
 // 自定义组件即将销毁时触发
 aboutToDisappear() {
  console.log("组件被销毁了")}
 build() {
  Column() {
   Text(this.message)
    .fontSize(50).fontWeight(FontWeight.Bold)}}}
```

输出结果如图 5.3 所示。

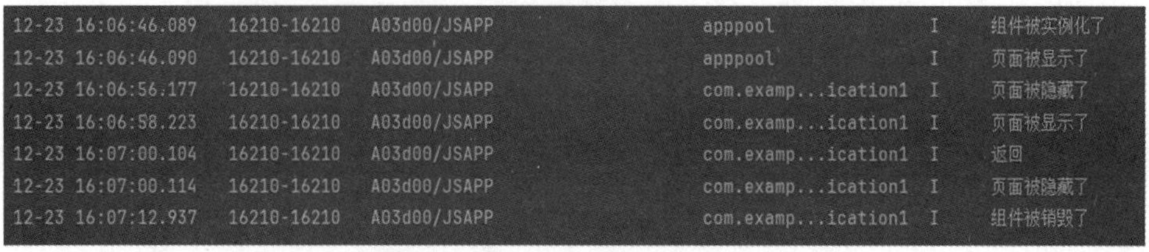

12-23 16:06:46.089	16210-16210	A03d00/JSAPP		apppool	I	组件被实例化了
12-23 16:06:46.090	16210-16210	A03d00/JSAPP		apppool	I	页面被显示了
12-23 16:06:56.177	16210-16210	A03d00/JSAPP		com.examp...ication1	I	页面被隐藏了
12-23 16:06:58.223	16210-16210	A03d00/JSAPP		com.examp...ication1	I	页面被显示了
12-23 16:07:00.104	16210-16210	A03d00/JSAPP		com.examp...ication1	I	返回
12-23 16:07:00.114	16210-16210	A03d00/JSAPP		com.examp...ication1	I	页面被隐藏了
12-23 16:07:12.937	16210-16210	A03d00/JSAPP		com.examp...ication1	I	组件被销毁了

图 5.3　输出结果

5.3　页面路由

页面路由是指在程序中实现不同页面之间的跳转和数据传递。HarmonyOS 提供的 Router 模块，通过不同的 URL，可以让用户很方便地进行页面路由，轻松地访问不同的页面。

5.3.1　用 Ability 下的页面跳转与返回

Router 模块提供了两种跳转方法，分别是 router.pushUrl 方法和 router.replaceUrl 方法。这两种方法决定了目标页面是否会替换当前页面。

- router.pushUrl 方法：目标页面不会替换当前页面，而会压入页面栈。这样可以保留当前页面的状态，并且可以通过返回键或调用 router.back 方法返回到当前页面中。
- router.replaceUrl 方法：目标页面会替换当前页面，并销毁当前页面。这样可以释放当前页面的资源，并且无法返回到当前页面中。

同时，Router 模块提供了两种实例模式，分别是 Standard 和 Single。这两种模式决定了目标 URL 是否会对应多个实例。

- Standard：多实例模式。目标页面会被添加到页面栈顶，无论栈中是否存在相同 URL 的页面。
- Single：单实例模式。如果目标页面的 URL 已经存在于页面栈中，那么会将离栈顶最近的相同 URL 的页面移动到栈顶，该页面成为新建页。如果目标页面的 URL 在页面栈中不存在，那么按照默认的多实例模式进行跳转。

Example 5_1：要实现页面跳转与返回，可以按照下面的方法操作。

（1）在 pages 目录下新建一个 Index.ets 文件和一个 Home.ets 文件，将页面信息配置到 main_pages.json 文件中。main_pages.json 文件的代码如下。

```
{
"src": [
 "Index.ets",
 "Home.ets"]}
```

（2）因为 Router 模块的页面跳转只能在页面之间进行，不能在组件之间进行，所以 Index.ets 文件和 Home.ets 文件都需要加上@Entry 装饰器。下面将使用关键字 import 将 Router 模块导入 @kit.ArkUI 包，使用 router.pushUrl 方法进行跳转，使用 router.back 方法返回上一页，代码如下。

```
//Index.ets 文件
import { router } from '@kit.ArkUI'
@Entry
@Component
struct Index {
```

```
build() {
  Column() {
    Text("Index Page")
      .fontSize(30)
    Button("点击跳转到 Home 页面中").onClick(() => {
      router.pushUrl({
        url :"pages/Home" })})}}
  .justifyContent(FlexAlign.Center)
  .alignItems(HorizontalAlign.Center)
  .height('100%')
  .width('100%')}}
//Home.ets
import { router } from '@kit.ArkUI'
@Entry
@Component
struct Home {
  build() {
    Column() {
      Text("Home Page") .fontSize(30)
      Button("点击返回上一页")
        .onClick(() => {
          router.back()})
    }
    .justifyContent(FlexAlign.Center)
    .alignItems(HorizontalAlign.Center)
    .height('100%')
    .width('100%')}}
```

运行模拟器，输出结果如图 5.4 所示。

图 5.4　输出结果

5.3.2　不同 Ability 之间的页面跳转

Ability 是系统调度的最小单元。在设备内的功能模块之间跳转时，会涉及启动特定的 Ability，包括应用内的其他 Ability，或其他应用内的 Ability。

Ability 是一种包含 UI 的应用组件，主要用于和用户交互，一个应用可以包含一个或多个 Ability。每个 Ability 都会在最近的任务列表中显示一个对应的任务。对开发者而言，可以根据具体场景选择创建单个还是多个 Ability。如果开发者希望在任务视图中看到一个任务，那么建议使用单个 Ability，采用多个页面的方式；如果开发者希望在任务视图中看到多个任务，或需要同时开启多个窗口，那么建议使用多个 Ability 来开发不同的模块。使用多个 Ability 的示例如图 5.5 所示。

Example 5_2：不同 Ability 之间的页面跳转需要使用 Want 和 UIAbilityContext，按照以下步骤进行。

（1）要跳转到指定 Ability 的页面中，需要新建一个模块。在"Project"窗口中右击项目，在弹出的快捷菜单中选择"New"→"Module"→"Empty Ability"→"Next"命令，在"Module name"文本框中将新建的模块命名为 SecondAbility，点击"Next"按钮，在"Ability name"文本框中将新建模块的 Ability 命名为 SecondAbility，点击"Finish"按钮。文件目录结构如图 5.6 所示。

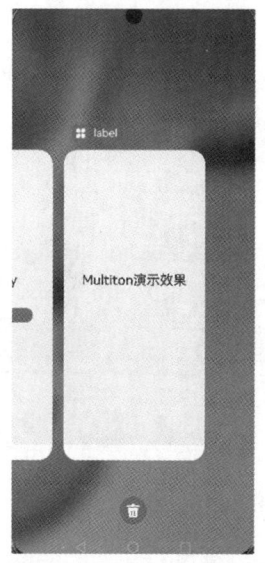

图 5.5　使用多个 Ability 的示例

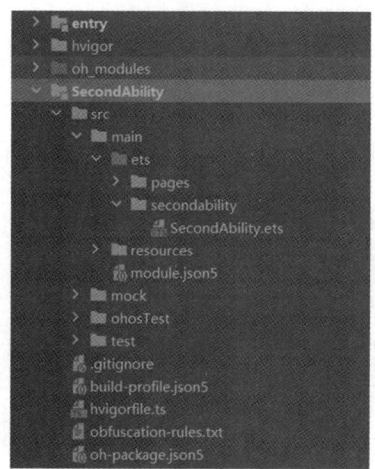

图 5.6　文件目录结构

（2）修改 SecondAbility 的 pages 目录下的 Index.ets 文件，代码如下。

```
@Entry
@Component
struct Index{
  build() {
    Column() {
      Text("AbilityA Home Page")
        .fontSize(30)
    }
    .justifyContent(FlexAlign.Center)
    .alignItems(HorizontalAlign.Center)
    .backgroundColor(Color.Gray)
    .height('100%').width('100%')}}
```

（3）通过 Want 来指定需要跳转的 Ability 信息。在 app.json5 文件中查看 bundleName，在 module.json5 文件中查看 moduleName 和 abilityName。使用 getContext 方法获取 UIAbilityContext，通过 UIAbilityContext 的 startAbility 方法来实现页面跳转，代码如下。

```
import { BusinessError } from '@kit.BasicServicesKit';
import { common, Want } from '@kit.AbilityKit';
@Entry
@Component
struct Index {
  //context 为 Ability 的成员，在非 Ability 内部调用
  private context = getContext(this) as common.UIAbilityContext;
```

```
build() {
  Column() {
    Text("Index Page")
      .fontSize(30)
    Button("点击跳转到 Home 页面中").onClick(() => {
      let wantInfo: Want = {
        deviceId: '', // deviceId 为空，表示本设备
        bundleName: 'com.example.ark', //包名
        moduleName: 'SecondAbility', // moduleName 非必选项
        abilityName: 'SecondAbility',
      };
      this.context.startAbility(wantInfo)})}}}//将 Want 信息作为参数
```

打开如图 5.7 所示的"运行/调试配置"对话框，在"Deploy Multi Hap"选项卡中对"Module"选项进行相应的设置。

运行模拟器，输出结果如图 5.8 所示。

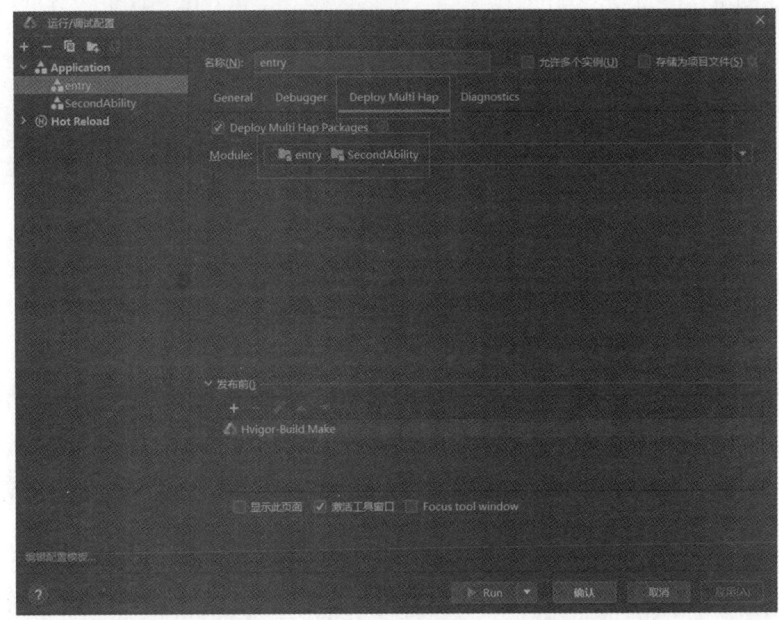

图 5.7 "运行/调试配置"对话框

图 5.8 输出结果

5.3.3 页面跳转时的询问框

在开发项目时，为了避免用户误操作或丢失数据，有时在用户从一个页面中返回到另一个页面中之前，会弹出一个询问框，需要用户确认是否要执行这个操作。

1. 系统默认询问框

简单示例：要想在目标页面中开启系统默认询问框，需要在调用 router.back 方法之前，通过调用 router.showAlertBeforeBackPage 方法设置返回询问框的信息。这里修改 5.3.1 节中的示例代码，在调用 router.back 方法之前加上系统默认询问框，修改后的代码如下。

```
import { router } from '@kit.ArkUI'
import { BusinessError } from '@kit.BasicServicesKit';
@Entry
```

```
@Component
struct Home {
  build() {
    Column() {
      Text("Home Page").fontSize(30)
      Button("点击返回上一页").onClick(()=>{
        try {
          router.showAlertBeforeBackPage({
            message: '确定要返回吗？'})
        } catch (err) {
          console.error('弹窗显示失败')
          router.back()})
      }
      .justifyContent(FlexAlign.Center)
      .alignItems(HorizontalAlign.Center)
      .height('100%').width('100%')}}
```

运行模拟器，输出结果如图 5.9 所示。

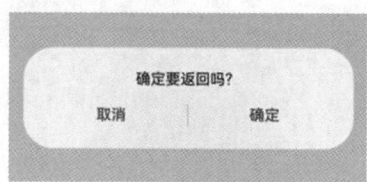

图 5.9　输出结果 1

2. 自定义询问框

简单示例：通过 promptAction.showDialog 方法或自定义弹窗来实现自定义询问框，以让项目页面与系统默认询问框有所区别，优化用户体验。

```
import { promptAction, router } from '@kit.ArkUI'
import { BusinessError } from '@kit.BasicServicesKit';
@Entry
@Component
struct Home {
  build() {
    Column() {
      Text("Home Page") .fontSize(30)
      Button("点击返回上一页").onClick(()=>{
        promptAction.showDialog({
          message: '确定要返回吗？',
          buttons: [
            {text: '取消',color: '#FF0000' },
            {text: '确认',color: '#0099FF'}]
        }).then((result: promptAction.ShowDialogSuccessResponse) => {
          if (result.index === 0) {
            console.info('User canceled the operation.');// 用户点击 "取消" 按钮
          } else if (result.index === 1) {
            console.info('User confirmed the operation.');
            router.back(); }// 用户点击 "确认" 按钮，返回上一页
        }).catch((err: Error) => {
          console.error('弹窗失败')})}})
```

```
    }
    .justifyContent(FlexAlign.Center)
    .alignItems(HorizontalAlign.Center)
    .height('100%').width('100%')}}
```

运行模拟器，输出结果如图 5.10 所示。

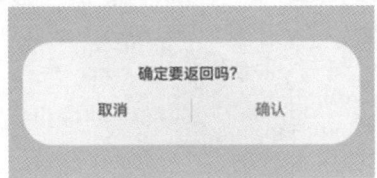

图 5.10　输出结果 2

5.3.4　页面跳转时的数据传递

在使用 Router 模块进行页面跳转时，除可以使用 router.pushUrl 方法进行页面跳转外，还可以使用 router.replaceUrl 方法进行页面跳转。其中的参数是 RouterOptions 对象，包括参数 url 和 params，参数 url 用于设置页面路径；参数 params 用于设置传递的数据，数据类型为 object。

Example 5_3：要实现页面跳转时的数据传递，可以按照以下步骤进行操作。

（1）导入 Router 模块，使用 router.pushUrl 方法，设置好要跳转到的 URL，通过参数 params，可以直接传值，也可以传递状态变量值，代码如下。

```
//Index.ets 文件
import { router } from '@kit.ArkUI'
@Entry
@Component
struct Index {
  @State count :number = 100
  build() {
    Column() {
      Text("Index Page")
        .fontSize(30)
      Button("点击跳转到 Home 页面中").onClick(() => {
        router.pushUrl({
          url :"pages/Home",
          params:{
            count:this.count,
            name:"hellow world" } })})}}}
```

（2）要获取从 Index 页面传递过来的数据，需要使用 Router 模块中的 getParams 方法，返回类型是 object。定义一个状态变量用于接收传递过来的数据，使用 this.params?.['count']获取数据，代码如下。

```
//Home.ets 文件
import { router } from '@kit.ArkUI'
@Entry
@Component
struct Home {
```

```
@State params: object = router.getParams()
build() {
  Column() {
    Text("Home Page") .fontSize(30)
    Text("接收的参数:"+
    "count:"+this.params?.['count']+" "+"name:"+this.params?.['name'])
    Button("点击返回上一页").onClick(()=>{router.back() })
  }
  .justifyContent(FlexAlign.Center)
  .alignItems(HorizontalAlign.Center)
  .height('100%')
  .width('100%')}}
```

（3）从 Home 页面返回到 Index 页面中时回传数据，在 router.back 方法中使用参数 params 进行传递，代码如下。

```
router.back({
    url:'pages/Index',
    params: {
     src: "这是来自 Home 页面的数据"}})
```

（4）返回到 Index 页面中后怎么获取回传数据呢？同样使用 getParams 方法进行数据的获取，但是回到 Index 页面后，并不会执行这段代码。必须在页面的生命周期函数中进行获取。在显示页面时会调用 onPageShow 函数，在该函数中获取回传数据，代码如下。

```
//Index.ets 文件
@State params: object = new Object()
onPageShow(): void {
  this.params = router.getParams()
}
…//省略
Text("返回的数据:"+this.params?.['src'])
…
```

运行模拟器，输出结果如图 5.11 所示。

图 5.11　输出结果

5.4　组件导航

组件导航主要用于实现页面间及组件内的跳转，一般作为页面的根容器使用，支持在不同组件间传递跳转参数，提供灵活的跳转栈操作，从而便捷地实现对不同页面的访问和复用。

与 Navigation 相关的操作都是基于 NavPathStack 提供的方法实现的，每个 Navigation 都需要创建并传入一个 NavPathStack，用于管理页面，代码如下。

```
…
  pageStack : NavPathStack = new NavPathStack();
  Navigation(this.pageStack){…}
…
```

除支持通用属性外，组件导航还支持一些常见的属性，如表 5.1 所示。

表 5.1　组件导航中常见的属性

属性	描述
title	设置页面标题
hideTitleBar	设置是否隐藏标题栏
barMode	设置标题栏的显示模式

1. 页面与组件间的跳转与返回

使用组件导航需要配置系统路由表，Navigation 支持使用系统路由表进行动态路由。各业务模块中需要独立配置 route_map.json 文件，在触发路由跳转时，应用只需通过 NavPathStack 提供的路由方法，传入需要路由的页面配置，系统即可自动完成路由模块的动态加载、组件的构建及路由跳转，从而实现开发层面的模块解耦。

简单示例：组件导航开发步骤。

（1）在 module.json5 文件中配置系统路由表，代码如下。

```
{
  "module" : {
    "routerMap": "$profile:router_map"}
}
```

（2）在 resources/base/profile 文件中创建 router_map.json 文件，代码如下。

```
{
  "routerMap": [
    {
      "name": "PageOne", //页面的名称
      "pageSourceFile": "src/main/ets/pages/PageOne.ets",
      //跳转页面的入口函数名必须由@Builder 装饰器装饰
      "buildFunction": "PageOneBuilder",
      "data": {   //应用自定义字段
        "description" : "this is PageOne"}}]
}
```

（3）在跳转页面中，配置入口函数，函数名应和 router_map.json 文件中的 buildFunction 字段保持一致，否则在编译时会报错，代码如下。

```
@Builder  // 跳转页面的入口函数
export function PageOneBuilder() {
  PageOne()}
@Component
struct PageOne {
  pathStack: NavPathStack = new NavPathStack()
  build() {
    NavDestination() {…}}}
```

（4）通过 pushPathByName 等路由接口进行页面跳转，接口的第 1 个参数用于设置页面或组件的名称，第 2 个参数是传递参数，第 3 个参数用于设置是否开启转场动画，代码如下。

```
@Entry
@Component
struct Index {
  pageStack : NavPathStack = new NavPathStack();
  build() {
    Navigation(this.pageStack){
    }.onAppear(() => {
      this.pageStack.pushPathByName("PageOne", null, true);})}}
```

Example 5_4：使用组件导航实现页面与组件间的跳转和返回。

（1）新建一个 Index.ets 文件，将 Navigation 作为父组件，代码如下。

```
@Entry
@Component
struct Index {
 pathStack: NavPathStack = new NavPathStack();
 build() {
   Navigation(this.pathStack){
     Column({space:10}){
       Text("Main Page")
       Button("跳转到 PageOne 页面中")
         .onClick(()=>{
           this.pathStack.pushPathByName("PageOne",null,true)})}}}}
```

（2）新建一个 PageOne 页面，使用 NavDestination（NavDestination 是 Navigation 页面的根容器，必须使用），同时按照上述方法配置好系统路由表和入口函数。

子组件要想进行路由，需要获取 Navigation 特有的 NavPathStack，这里通过 onReady 事件回调获取，获取 NavPathStack 后，通过 pop 方法返回上一页，代码如下。

```
@Builder
export function PageOneBuilder() {
 PageOne()}
@Component
struct PageOne {
 pathStack: NavPathStack = new NavPathStack();
 build() {
   NavDestination(){
     Column(){
       Text("PageOne Page")
       Button("返回到 Index 页面中")
           .onClick(()=>{
         this.pathStack.pop()})}
   }
   .onReady((context: NavDestinationContext) => {
       this.pathStack= context.pathStack })}}
```

运行模拟器，输出结果如图 5.12 所示。

图 5.12　输出结果 1

2．页面与组件间的数据传递

NavPathStack 通过相关接口获取页面传递的数据。这里修改 5.3.1 节的示例代码，实现页面和组件间的数据传递，在 Index 页面中传递参数，代码如下。

```
this.pageStack.pushPathByName("PageOne", "这是 Index 页面传递过来的字符串",true)
```

在 PageOne 页面中通过 getParamByName 方法获取传递过来的数据，返回数组，通过 toString 函数将数据转换为字符串并在 Text 组件中显示，代码如下。

```
Text(this.pathStack.getParamByName("PageOne").toString())
```

运行模拟器，输出结果如图 5.13 所示。

图 5.13　输出结果 2

5.5　Tabs 组件

当页面信息较多时，为了让用户能够聚焦于当前显示的内容，需要对页面内容进行分类，以提高页面空间的利用率。Tabs 组件可以在一个页面内快速实现视图内容的切换，这样一方面可以提高查找信息的效率，另一方面可以精简用户单次获取的信息量。

5.5.1　Tabs 组件概述

Tabs 组件包含两部分，分别是 TabContent 和 TabBar。TabContent 是内容页，TabBar 是导航栏。Tabs 组件布局如图 5.14 所示。导航类型不同，Tabs 组件布局会有所不同，分为顶部导航、底部导航、侧边导航 3 种，其导航栏分别位于顶部、底部和侧边。

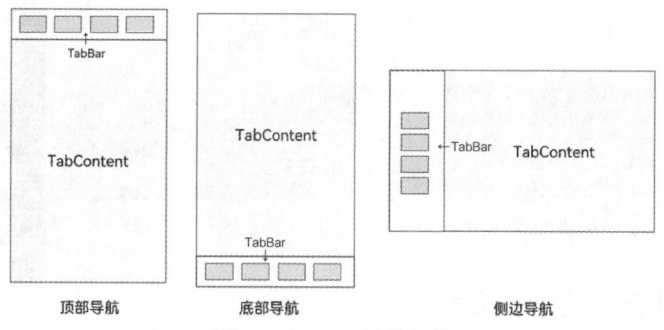

图 5.14　Tabs 组件布局

通过 Tabs(value?: {barPosition?: BarPosition, index?: number, controller?: TabsController})可以设置组件参数。表 5.2 所示为 Tabs 组件中 TabsInterface 对象的参数。

表 5.2　Tabs 组件中 TabsInterface 对象的参数

参数	描述
barPosition	设置 Tabs 组件页签的位置

参数	描述
index	设置当前显示页签的索引
controller	设置控制器

除支持通用属性外，Tabs 组件还支持一些常见的属性，如表 5.3 所示。

表 5.3　Tabs 组件中常见的属性

属性	描述
vertical	设置是否为纵向排列
scrollable	设置是否可以通过滑动页面来切换页面
barMode	设置布局模式

除支持通用事件外，Tabs 组件还支持一些常见的事件，如表 5.4 所示。

表 5.4　Tabs 组件中常见的事件

事件	描述
onChange	页签切换后触发的事件
onTabBarClick	页签点击后触发的事件

简单示例：对于 Tabs 组件，使用大括号包裹 TabContent。

```
TabContent() {
  Text('首页的内容')
    .fontSize(30)
}.tabBar('首页')
TabContent() {
  Text('推荐的内容')
    .fontSize(30)
}.tabBar('推荐')
TabContent() {
  Text('发现的内容')
    .fontSize(30)
}.tabBar('发现')
TabContent() {
  Text('我的内容')
    .fontSize(30)
}.tabBar("我的")
```

运行模拟器，输出结果如图 5.15 所示。

图 5.15　输出结果

5.5.2　Tabs 组件布局的详细介绍

1. 顶部导航

当内容分类较多，用户对不同内容的浏览概率相差不大，需要经常快速切换时，一般采用顶部导航，用于进一步分类。一些资讯类应用中通常将内容分为关注、视频、数码等，主题应用中通常基于主题分类，将内容分为图片、视频、字体等。

简单示例：

```
Tabs({ barPosition: BarPosition.Start }) {
```

```
// TabContent 的内容:关注、视频、游戏、数码、科技、体育、影视
…
}
```

运行模拟器,输出结果如图 5.16 所示。

图 5.16　输出结果 1

Example 5_5:新建一个 Home.ets 文件,实现教学系统首页顶部导航。把 4.5 节实战中的首页内容界面(IndexComp.ets 文件)、资讯内容界面(NewsComp.文件)和教学内容界面(TeachComp.ets 文件)用 TabContent 包裹起来,作为导航内容界面,代码如下。

```
@Component
export struct Home {
  build() {
    Column(){
      Row({ space: 10 }) {
        Image($r("app.media.image_onlineEdu"))
          .width(30)
        Search({ placeholder: "搜索" })
          .placeholderFont({ size: 14 })
          .height(40)
          .layoutWeight(1)
      }.width("100%")
      .justifyContent(FlexAlign.SpaceBetween)
      Tabs({ barPosition: BarPosition.Start }) {
        TabContent() {
          IndexComp()}.tabBar('首页')
        TabContent() {
          NewsComp()}.tabBar('资讯')
        TabContent() {
          TeachComp() }.tabBar('教学')
      }
      .barMode(BarMode.Fixed)
      .layoutWeight(1)
      .barHeight('40vp')
      .scrollable(true)
    }.margin({ top: 10,bottom:10 }) }}
```

运行模拟器，输出结果如图 5.17 所示。

图 5.17　输出结果 2

2. 底部导航

底部导航是应用较多的一种导航模式。底部导航位于应用一级页面的底部，便于用户打开应用后，能够分清整个应用的功能，以及页签对应的内容，并且其位于底部，更方便用户单手操作。底部导航一般作为应用的主导航形式存在，作用是将用户关心的内容按照功能进行分类，迎合用户的使用习惯，以便在不同模块间切换内容。

简单示例：

```
Tabs({ barPosition: BarPosition.End}) {
…
}
```

运行模拟器，输出结果如图 5.18 所示。

图 5.18　输出结果 3

Example 5_6：实现教学系统首页底部导航。因为采用底部导航会组合文字，以及用对应语义图标表示页签，所以需要自定义页签的样式。

（1）新建一个 TabBarData.ets 文件，作为底部导航的数据接口，代码如下。

```
export interface TabBarData {
  id: TabBarType;              // 类型
  title: ResourceStr;          // 标题
  activeIcon: ResourceStr;     // 选中时的图标
  defaultIcon: ResourceStr;    // 默认图标
}
export enum TabBarType {
  HOME = 0,
  MINE = 1
}
export const TabsInfo: TabBarData[] = [
  {
    id: TabBarType.HOME,
    title: $r('app.string.tab_home'),
    activeIcon: $r('app.media.icon_tab_home_select'),      //选中时的图标
    defaultIcon: $r('app.media.icon_tab_home_unselect')    //未选中时的图标
  },
  {
    id: TabBarType.MINE,
    title: $r('app.string.tab_mine'),
    activeIcon: $r('app.media.icon_tab_mine_select'),      //选中时的图标
    defaultIcon: $r('app.media.icon_tab_mine_unselect')    //未选中时的图标
  }]
```

（2）新建一个 MainPage.ets 文件，构建一个 tabBarBuilder 组件，要求传入参数为 TabBarData。通过当前活跃索引和页签对应的 ID 匹配与否，决定首页显示的样式，如果当前活跃索引为 0 且页签对应的 ID 也为 0，那么说明首页被选中，代码如下。

```
@State currentIndex:number = 0
  @Builder
  tabBarBuilder(tabInfo:TabBarData){
    Column({space:5}){
  Image(this.currentIndex==tabInfo.id?tabInfo.activeIcon:tabInfo.defaultIcon)
       .width(24) //若选中，则展示选中时的图标
     Text(tabInfo.title)//若选中，则设置标题颜色为红色
       .fontColor(this.currentIndex==tabInfo.id?Color.Red:"#7d7d7d")
       .fontSize(10)}
```

（3）设置自定义页签应使用 TabContent 的 tabBar 属性，传入自定义页签的样式。将 4.5 节的 Example 4_9 的个人中心界面和本节中的采用顶部导航的首页用 TabContent 包裹起来，作为导航内容界面，代码如下。

```
Tabs(){
  ForEach(TabsInfo,(tabInfo:TabBarData)=>{
    TabContent() {
      if (tabInfo.id == TabBarType.HOME) {
        Home()
        }
```

```
      else if (tabInfo.id == TabBarType.MINE) {
        Mine()
      }
    }.tabBar(this.tabBarBuilder(tabInfo))
  })
}.onTabBarClick((index:number)=>{
  this.currentIndex = index
})
.scrollable(false)
.barMode(BarMode.Fixed)
.barPosition(BarPosition.End)
.animationDuration(0)
```

运行模拟器，输出结果如图 5.19 所示。

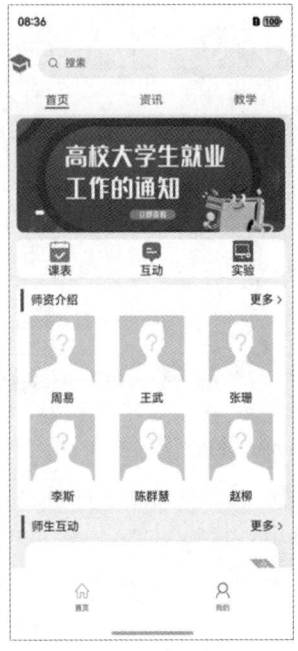

图 5.19　输出结果 4

3. 侧边导航

侧边导航是一种应用较少的导航模式，多用于横屏页面，对应用进行导航操作，由于用户的视觉习惯为从左到右，因此采用侧边导航的导航栏默认位于左侧。

简单示例：将 Tabs 组件的 vertical 属性的值设置为 true 以实现侧边导航，需要注意，vertical 属性的默认值为 false，表明内容页和导航栏垂直排列。

```
Tabs({ barPosition: BarPosition.Start }) {
  // TabContent 的内容:首页、推荐、发现、我的
  …
}
.vertical(true)
.barWidth(100)
```

运行模拟器，输出结果如图 5.20 所示。

图 5.20　输出结果 5

4. 控制导航栏的滑动切换

在默认情况下，导航栏都支持滑动切换。在一些内容需要进行多级分类的页面中，如果支持底部导航+顶部导航，且底部导航栏的滑动效果与顶部导航栏出现冲突，那么需要控制底部导航栏的滑动，避免产生不好的用户体验。

简单示例：控制滑动切换的属性为 scrollable，默认值为 true，表示可以滑动，若要控制滑动切换页签，则需要设置 scrollable 属性的值为 false。

```
Tabs({ barPosition: BarPosition.End }) {
  TabContent(){
    Column(){
      Tabs(){
        // 导航栏的内容：关注、视频、游戏、数码、科技
        … }
    }
    .backgroundColor('#ff08a8f1')
    .width('100%')
  }
  .tabBar('首页')
  // 其他 TabContent 的内容：发现、推荐、我的
  …}
.scrollable(false)
```

图 5.21　输出结果 6

运行模拟器，输出结果如图 5.21 所示。

5. 固定导航

当内容分类固定且不具有拓展性时，如内容分类一般固定，分类数量一般为 3 ~ 5 个时，使用固定导航栏。固定导航栏不可滑动，无法被拖曳滑动，其内容均分 TabBar 的宽度。

简单示例：使用 Tabs 组件的 barMode 属性控制导航栏是否可以滑动，要求使用默认值 BarMode.Fixed。

```
Tabs({ barPosition: BarPosition.End }) {
  // TabContent 的内容：首页、发现、推荐、我的
  …
}
.barMode(BarMode.Fixed)
```

运行模拟器，输出结果如图 5.22 所示。

图 5.22　输出结果 7

5.6　Ability 中的页面跳转和数据传递

Example 5_7：实现 Ability 中的页面跳转和数据传递。在前面的章节中已经完成了教学系统主要界面的开发，现在要对一些详细界面进行开发，这些界面用到的数据一般是由首页传递过来的，涉及页面跳转和数据传递。以师资介绍列表为例，首页内容界面中只展示了少部分师资信息。当用户点击"更多"按钮时，应该展示完整的师资信息。

（1）新建一个 TeacherContent.ets 文件，使用 Router 模块跳转的必须是页面，需要加上 @Entry 装饰器，在 main_pages.json 文件中添加 TeacherContent，代码如下。

```
{
 "src": [
   …
   "pages/TeacherContent"]
}
```

（2）在首页内容界面的师资介绍列表中添加点击事件，假设所有教师数据均已从服务端获取，通过参数 params 将教师数据传递过去，代码如下。

```
Text("师资介绍")
  .padding({ left: 10 })
Blank()
Row() {
  Text("更多")
    .fontSize(16)
  Image($r("app.media.image_right"))
    .height(16)
}.onClick(()=>{
  router.pushUrl({
```

```
    url:'pages/TeacherContent',
  params:{Teachers:this.TeacherDatas}
})})
```

注意，在多模块开发项目中，这里的多模块不是指不同的 Ability，而是将不同业务逻辑封装到不同的共享模块中，实现业务之间解耦。如果当前需要跳转页面的模块是 Shared Library，即动态共享模块，那么 URL 前面需要加上模块名才能跳转，这可以使用工具类直接获取，代码如下。

```
url: '@bundle:${AppUtil.getBundleName()}/home/ets/pages/TeacherContent';
```

（3）在 Example 4_3 中封装的教学系统顶部导航栏可以直接复用；在 Example 4_5 中封装的单个教师展示样式自定义组件也可以直接复用，以减少冗余代码。获取上一页传递过来的教师数据，代码如下。

```
@Entry
@Component
struct TeacherContent{
  @State TeacherDatas: Teacher[] = [];
  @State params: object = new Object()
  onPageShow(): void {
    this.params = router.getParams()
    this.TeacherDatas = this.params['Teachers']} //获取上一页传递过来的教师数据
  build() {
    Column(){
      TopNavigationView({
        title:"师资介绍",
        onBackClick:()=>{
          router.back()} })
      List(){
        ForEach(this.TeacherDatas, (item: Teacher,index:number)=>{
          ListItem(){
            TeacherItem({
              tname:item.username,tpic:item.tpic})
          }
          .backgroundColor("#FFFFFFFF")
          .margin({
            bottom: 10,
            left: 10,
            right:10,
            top:5})
          .borderRadius(16)})
      }
      .alignListItem(ListItemAlign.Center)
      .listDirection(Axis.Vertical)
      .lanes(3)
      .width("100%")
      .height("100%")}}}
```

运行模拟器，输出结果如图 5.23 所示。

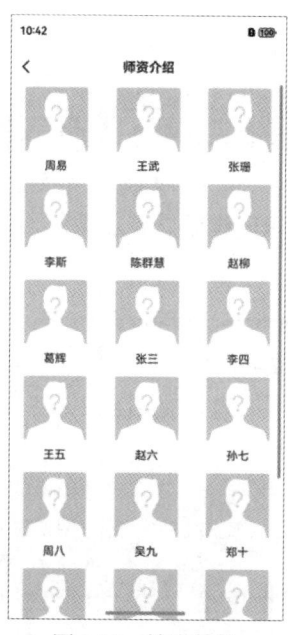

图 5.23　输出结果

习　题

1．选择题

（1）aboutToAppear 接口的触发时机是（　　　）。

    A．执行 build 函数之后　　　　　　　　　　B．执行 build 函数之前

    C．页面进入之时　　　　　　　　　　　　　D．页面进入之后

（2）下列方法中用于跳转到一个新页面中，并销毁当前页面的是（　　　）。

    A．router.pushUrl　　　B．router.replaceUrl　　C．router.back　　　　D．router.clear

（3）下列文件中用于设置页面的路由配置信息的是（　　　）。

    A．main_pages.json　　B．module.json5　　　C．app.json5　　　　D．package.json

（4）下列导入模块的语句中，在进行页面路由时需要使用的是（　　　）。

    A．import prompt from '@ohos.prompt'

    B．import router from '@ohos.router'

    C．import Notification from '@ohos.notification'

    D．import window from '@ohos.window'

（5）下列关于 Tabs 组件页签的位置设置的描述中，正确的是（　　　）（多选）。

    A．当参数 barPosition 的值为 Start（默认值），vertical 属性的值为 false（默认值）时，页签位于容器顶部

    B．当参数 barPosition 的值为 Start（默认值），vertical 属性的值为 true 时，页签位于容器左侧

    C．当参数 barPosition 的值为 End，vertical 属性的值为 false（默认值）时，页签位于容器底部

D. 当参数 barPosition 的值为 End，vertical 属性的值为 true 时，页签位于容器右侧

（6）下列关于 Want 的说法中，错误的是（　　）。

　　A. Want 是对象间信息传递的载体，用于在组件之间传递信息

　　B. Want 的使用场景之一是作为 startAbility 方法的参数

　　C. 使用 Want 启动 UIAbility 有显示 Want 启动和隐式 Want 启动两种形式

　　D. Want 不支持自定义参数

2. 判断题

（1）Navigation 是页面的根容器，可以通过该容器提供的路由功能实现首页与非首页的转换。　　　　　　　　　　　　　　　　　　　　　　　　　　　　　　　　　（　　）

（2）每调用一次 router.pushUrl 方法，页面路由栈就会增加一个。　　　　（　　）

（3）所有由@Component 装饰器装饰的自定义组件都支持 onPageShow 函数、onBackPress 函数和 onPageHide 函数。　　　　　　　　　　　　　　　　　　　　　　　（　　）

（4）Tabs 组件可以通过接口传入一个 TabsController，该 TabsController 可以控制 Tabs 组件进行页签的切换。　　　　　　　　　　　　　　　　　　　　　　　　　（　　）

（5）一个应用只能有一个 UIAbility。　　　　　　　　　　　　　　　　　（　　）

（6）创建的 Empty Ability 模板初始时会生成一个 UIAbility 文件。　　　（　　）

第6章

公共事件与通知

学习目标

- 了解公共事件与通知的基本概念。
- 掌握公共事件与通知的分类。
- 掌握公共事件与通知的开发。

6.1 公共事件概述

CES（Common Event Service，公共事件服务）为应用提供订阅、发布、取消订阅公共事件的功能。每个应用都可以按需订阅公共事件，若订阅成功，则当发布公共事件时，系统会将其发送给对应的应用。这些公共事件可能来自系统、其他应用和应用自身。公共事件如图6.1所示。

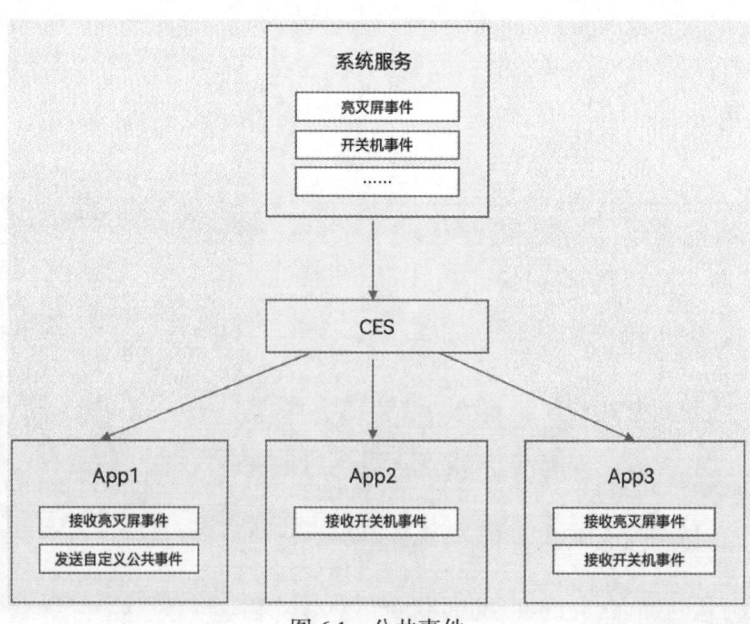

图 6.1　公共事件

6.1.1 公共事件的分类

公共事件从系统角度来看可以分为系统公共事件和自定义公共事件。

- 系统公共事件：CES 内部定义的公共事件，当前仅支持系统应用和系统服务发布，如安装、更新、卸载 HAP 等公共事件。
- 自定义公共事件：应用定义的公共事件，用于实现跨进程的事件通信。
- 公共事件按发送方式可以分为无序公共事件、有序公共事件和粘性公共事件。
- 无序公共事件：CES 在转发公共事件时，不考虑订阅者能否接收该事件，也不保证订阅者接收该事件的顺序是否与其订阅顺序一致。
- 有序公共事件：CES 在转发公共事件时，根据订阅者设置的优先级，优先将公共事件发送给优先级较高的订阅者，等待其成功接收该公共事件之后，再将该公共事件发送给优先级较低的订阅者。如果有多个订阅者具有相同的优先级，那么他们将随机接收公共事件。
- 粘性公共事件：能够让订阅者收到在订阅前已经发布的公共事件就是粘性公共事件。普通公共事件只能在订阅后发布才能收到，而粘性公共事件的特殊性就是可以先发布后订阅，同时支持先订阅后发布。发布粘性公共事件的必须是系统应用或系统服务，粘性公共事件发布后会一直存在于系统中。

6.1.2 公共事件的开发

公共事件的开发主要涉及三部分，即发布公共事件、订阅公共事件和取消订阅公共事件。

1. 发布公共事件

如果不加限制，那么任何应用都可以订阅公共事件并读取相关信息，应避免在公共事件中携带敏感信息。采用以下方式，可以限制订阅公共事件的范围。

- 通过 CommonEventPublishData 的参数 subscriberPermissions 指定订阅者所需权限。
- 通过 CommonEventPublishData 的参数 bundleName 指定订阅者的包名。

CommonEventPublishData 的参数如表 6.1 所示。

表 6.1　CommonEventPublishData 的参数

参数	描述
bundleName	指定订阅者的包名，只有包名为 bundleName 的订阅者才能收到该公共事件
code	指定公共事件的结果代码。默认值为 0
data	指定公共事件的自定义结果
isOrdered	指定是否为有序公共事件
isSticky	指定是否为粘性公共事件。仅系统应用或系统服务允许发送粘性公共事件
parameters	指定公共事件的附加信息
subscriberPermissions	指定订阅者所需权限

当需要发布某个自定义公共事件时，可以使用 publish 方法，发布的公共事件可以携带数据，供订阅者解析并进行下一步的处理。发布公共事件的接口如表 6.2 所示。

表 6.2　发布公共事件的接口

接口	描述
publish(event:string,callback:AsyncCallback)	发布公共事件
publish(event:string,options:CommonEventPublishData,callback:AsyncCallback)	指定发布信息并发布公共事件

简单示例：发布公共事件。

（1）导入模块，代码如下。

```
import { BusinessError, commonEventManager } from '@kit.BasicServicesKit';
import { hilog } from '@kit.PerformanceAnalysisKit';
const TAG: string = 'ProcessModel';
const DOMAIN_NUMBER: number = 0xFF00;
```

（2）传入需要发布的公共事件名称和回调函数，发布公共事件，代码如下。

```
// 公共事件的相关信息
let options: commonEventManager.CommonEventPublishData = {
  // 公共事件的初始代码
  code: 1,
  // 公共事件的初始数据
  data: 'initial data', };
```

（3）传入需要发布的公共事件名称、需要发布的指定信息和回调函数，发布公共事件，代码如下。

```
// 发布公共事件，其中的 event 字段需要被替换为实际的公共事件名称
commonEventManager.publish('event', options, (err: BusinessError) => {
  if (err) {
    hilog.error(DOMAIN_NUMBER,TAG,'PublishCallBack err=' + JSON.stringify(err)
);
  } else {
    …
    hilog.info(DOMAIN_NUMBER, TAG, 'Publish success');}});
```

2. 订阅公共事件

订阅自定义公共事件后，任意应用都可以向订阅者发送恶意公共事件。采用以下方式，可以限制发布公共事件的范围。

- 通过 CommonEventSubscribeInfo 的参数 publisherPermission 指定发布者所需权限。
- 通过 CommonEventSubscribeInfo 的参数 publisherBundleName 指定发布者的包名。

表 6.3 所示为 CommonEventSubscribeInfo 的参数，用于表示订阅者的信息。

表 6.3　CommonEventSubscribeInfo 的参数

参数	描述
events	指定要订阅的公共事件
publisherPermission	指定发布者所需权限，订阅者将只能接收具有该权限的发布者发布的事件
publisherDeviceId	指定设备 ID
userId	指定用户 ID。此参数是可选的，默认值为当前用户的 ID
priority	指定订阅者的优先级。值的范围是–100～1000，超过上下限的优先级将被设置为上下限值
publisherBundleName	指定发布者的包名

简单示例：订阅公共事件。

（1）创建订阅者，代码如下。

```
// 用于保存创建成功的订阅者，后续使用其完成订阅及取消订阅的动作
let subscriber: commonEventManager.CommonEventSubscriber | null = null;
// 订阅者信息，其中的 event 字段需要被替换为实际的公共事件名称
let subscribeInfo: commonEventManager.CommonEventSubscribeInfo = {
    // 订阅灭屏公共事件
    events: ['event'], };
```

当需要订阅某个公共事件，获取某个公共事件传递的参数时，可以创建订阅者，作为订阅公共事件的载体，订阅公共事件并获取公共事件传递过来的参数。要订阅部分系统公共事件，需要申请权限。订阅公共事件的接口如表 6.4 所示。

表 6.4　订阅公共事件的接口

接口	描述
createSubscriber(subscribeInfo:CommonEventSubscribeInfo,callback:AsyncCallback)	创建订阅者
createSubscriber(subscribeInfo: CommonEventSubscribeInfo)	创建订阅者
subscriber(subscribeInfo: CommonEventSubscribeInfo,callback:AsyncCallback)	订阅公共事件

（2）创建订阅者，保存返回的订阅者，用于执行后续的订阅、取消订阅等操作，代码如下。

```
commonEventManager.createSubscriber(subscribeInfo, (err: BusinessError, data:
commonEventManager.CommonEventSubscriber) => {
  if (err) {
    hilog.error(DOMAIN_NUMBER,TAG,'Failed to create subscriber. code is {err.code}, message
is ${err.message}');
    return;}
```

（3）创建订阅回调函数，订阅回调函数会在接收公共事件时触发。订阅回调函数返回的数据内包含了公共事件名称、发布者携带的数据等，代码如下。

```
if (subscriber !== null) {
  commonEventManager.subscribe(subscriber,(err:BusinessError,data: commonEventManager.
CommonEventData) => {
    if (err) {
      hilog.error(DOMAIN_NUMBER, TAG, 'Failed to subscribe common event. code is
${err.code}, message is ${err.message}');
      return;
    }
    …
  })
} else {
  hilog.error(DOMAIN_NUMBER, TAG, `Need create subscriber`);
}
  hilog.info(DOMAIN_NUMBER, TAG, 'Succeeded in creating subscriber.');
  subscriber = data;})}
```

3. 取消订阅公共事件

取消订阅公共事件的接口如表 6.5 所示。

表 6.5　取消订阅公共事件的接口

接口	描述
unsubscribe(subscriber: CommonEventSubscriber, callback?: AsyncCallback<void>)	取消订阅公共事件

简单示例：取消订阅公共事件。

调用公共事件中的 unsubscribe 方法，取消订阅公共事件，代码如下。

```
if (subscriber !== null) {
  commonEventManager.unsubscribe(subscriber, (err: BusinessError) => {
    if (err) {
    hilog.error(DOMAIN_NUMBER,TAG,'UnsubscribeCallBack err= ${JSON.stringify(err)}');
    } else {
      hilog.info(DOMAIN_NUMBER, TAG, 'Unsubscribe success');
    subscriber = null;}})}
```

6.2　通知概述

公共事件和通知的区别主要就在于订阅者不同，通知的订阅者通常是系统自带的通知栏。通知是用户获取必要信息的一种重要形式，在通知栏中显示。通知可以是接收的短信、即时通信消息等，也可以是广告、版本更新信息、新闻通知等应用的推送消息。通知可以显示下载进度、正在播放的音乐等当前正在进行的事件。图 6.2 所示为通知服务的流程。

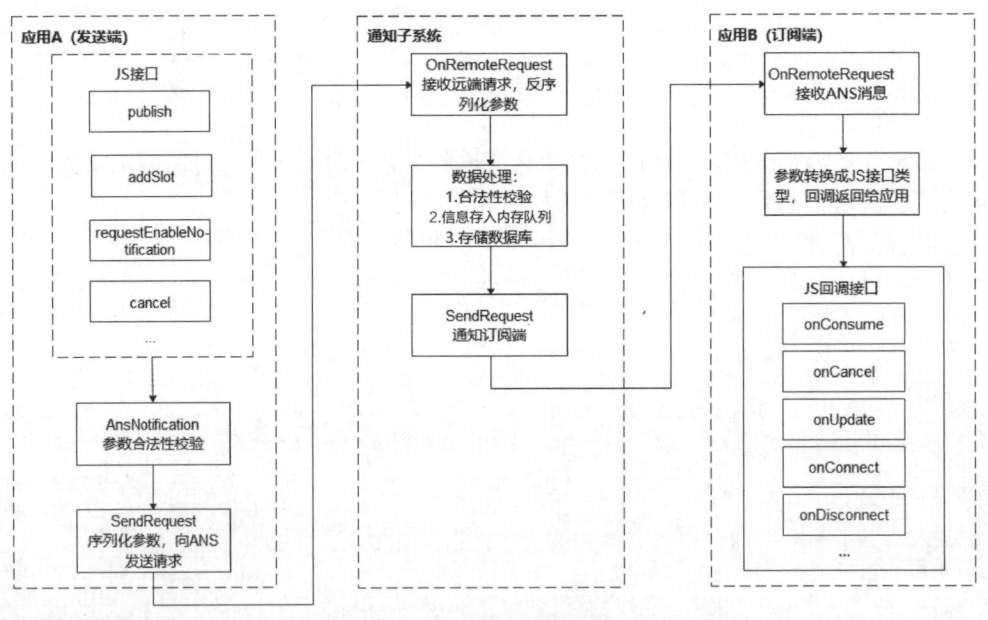

图 6.2　通知服务的流程

6.2.1　通知的分类

常见的通知有文本通知、进度条通知等。

文本通知主要用于短信发送、信息提示等，包括普通文本通知和多行文本通知。文本通知的类型如表 6.6 所示。

表 6.6　文本通知的类型

类型	描述
NOTIFICATION_CONTENT_BASIC_TEXT	普通文本通知
NOTIFICATION_CONTENT_MULTILINE	多行文本通知

进度条通知也是常见的通知，主要应用于文件下载、事务处理进度显示等。当前系统提供了进度条模板，发布通知应用设置好进度条模板的属性值，如模板名、模板数据等，通过通知子系统将通知发送到通知栏显示。

在发布通知时，如果期望用户通过点击通知栏拉起目标应用组件或发布公共事件，那么可以通过 Ability Kit 模块申请将 wantAgent 封装至通知中。

6.2.2　通知的开发

应用只有获取用户授权才能发布通知。通知的授权接口如表 6.7 所示。在发布通知前首次调用 requestEnableNotification 方法时，会弹窗让用户选择是否允许发布通知，后续再次调用 requestEnableNotification 方法时将不再弹窗。

表 6.7　通知的授权接口

接口	描述
isNotificationEnabled():Promise<boolean>	查询通知是否被授权
requestEnableNotification(context: UIAbilityContext): Promise<void>	请求发布通知的许可

简单示例：通知的开发。

（1）导入 notificationManager 模块，代码如下。

```
import { notificationManager } from '@kit.NotificationKit';
import { BusinessError } from '@kit.BasicServicesKit';
import { hilog } from '@kit.PerformanceAnalysisKit';
import { common } from '@kit.AbilityKit';
const TAG: string = '[PublishOperation]';
const DOMAIN_NUMBER: number = 0xFF00;
```

（2）请求授权通知。通过 requestEnableNotification 方法返回的错误码可以判断是否获取授权。若返回的错误码为 1600004，则表示未获取授权，代码如下。

```
let context = getContext(this) as common.UIAbilityContext;
notificationManager.isNotificationEnabled().then((data: boolean) => {
  hilog.info(DOMAIN_NUMBER,TAG,"isNotificationEnabled success,data:" + JSON.
stringify(data));
  if(!data){
    notificationManager.requestEnableNotification(context).then(() => {
      hilog.info(DOMAIN_NUMBER, TAG, '[ANS] requestEnableNotification success');
    }).catch((err : BusinessError) => {
      if(1600004 == err.code){
        hilog.error(DOMAIN_NUMBER, TAG, '[ANS] requestEnableNotification refused,code is
${err.code}, message is ${err.message}');
      } else {
        hilog.error(DOMAIN_NUMBER,TAG,'[ANS] requestEnableNotification failed, code is
${err.code}, message is ${err.message}');
```

```
    }
  })
}
}).catch((err : BusinessError) => {
  hilog.error(DOMAIN_NUMBER, TAG, 'isNotificationEnabled fail, code is ${err.code}, message
is ${err.message}');
});
```

通知的发布接口如表 6.8 所示。

表 6.8 通知的发布接口

接口	描述
publish(request: NotificationRequest, callback: AsyncCallback<void>): void	查询通知是否被授权

要发布通知的详情，可以通过 NotificationRequest 的参数来指定。NotificationRequest 的参数如表 6.9 所示。

表 6.9 NotificationRequest 的参数

参数	描述
content	定义通知内容
id	定义通知 ID，默认值为 0
notificationSlotType	定义通知的通道类型
deliveryTime	定义通知的发送时间。系统自动生成，无须开发者配置
autoDeletedTime	定义自动清除的时间
wantAgent	封装应用的行为意图，点击通知时触发该行为
isAlertOnce	定义是否仅有一次通知
template	定义通知模板

1. 文本通知的开发

简单示例：构造 NotificationRequest，并发布通知，代码如下。注意，普通文本通知由 title（标题）、text（文本）和 additionalText（附加信息）3 个字段组成，其中 title 和 text 是必填字段，大小均应小于 200 字节，超出部分会被截断。

```
let notificationRequest: notificationManager.NotificationRequest = {
  id: 1,
  content: {
    notificationContentType: notificationManager.ContentType.NOTIFICATION_CONTENT_BASIC_TEXT,
    // 普通文本通知
    normal: {
      title: 'test_title',
      text: 'test_text',
      additionalText: 'test_additionalText',
    }
  }
};
notificationManager.publish(notificationRequest, (err: BusinessError) => {
  if (err) {
    hilog.error(DOMAIN_NUMBER, TAG, `Failed to publish notification. Codeis${err.code},
message is ${err.message}`);
```

```
    return;
  }
  hilog.info(DOMAIN_NUMBER, TAG, 'Succeeded in publishing notification.');
});
```

2. 进度条通知的开发

简单示例：构造进度条模板，并发布通知。

```
let notificationRequest: notificationManager.NotificationRequest = {
  id: 5,
  content: {
    notificationContentType: notificationManager.ContentType.NOTIFICATION_CONTENT_BASIC_TEXT,
    normal: {
      title: 'test_title',
      text: 'test_text',
      additionalText: 'test_additionalText'
    }
  },
  // 构造进度条模板，当前 name 字段需要被固定配置为 downloadTemplate
  template: {
    name: 'downloadTemplate',
    data: { title: 'File Title', fileName: 'music.mp4', progressValue: 45 }
  }
}
// 发布通知
notificationManager.publish(notificationRequest, (err: BusinessError) => {
  if (err) {
    hilog.error(DOMAIN_NUMBER, TAG, `Failed to publish notification. Code is ${
err.code}, message is ${err.message}`);
    return;
  }
  hilog.info(DOMAIN_NUMBER, TAG, 'Succeeded in publishing notification.');
});
```

3. 为通知添加行为意图

简单示例：为通知添加行为意图。

（1）创建 WantAgentInfo。WantAgentInfo 的参数如表 6.10 所示。定义触发 wantAgent 所需的信息，可以作为 getWantAgent 方法的参数，创建指定的 wantAgent。

表 6.10　WantAgentInfo 的参数

参数	描述
wants	定义通知内容
actionType	定义通知 ID，默认值为 0
wantAgentFlags	定义通知的通道类型
requestCode	定义通知的发送时间。系统自动生成，无须开发者配置
extraInfo	定义自动清除的时间

（2）创建拉起 UIAbility 的 wantAgent 的 WantAgentInfo，代码如下。

```
// 用于保存创建成功的 wantAgent，后续使用其完成触发的动作
let wantAgentObj:WantAgent;
```

```
// 通过 WantAgentInfo 的参数 OperationType 设置动作类型
let wantAgentInfo:wantAgent.WantAgentInfo = {
  wants: [
    {
      deviceId: '',
      bundleName: 'com.samples.notification',
      abilityName: 'SecondAbility',
      action: '',
      entities: [],
      uri: '',
      parameters: {}
    } ],
  actionType: wantAgent.OperationType.START_ABILITY,
  requestCode: 0,
  wantAgentFlags:[wantAgent.WantAgentFlags.CONSTANT_FLAG]
};
```

（3）调用 getWantAgent 方法创建 wantAgent，代码如下。

```
// 创建 wantAgent
wantAgent.getWantAgent(wantAgentInfo, (err: BusinessError, data:WantAgent) => {
  if (err) {
    hilog.error(DOMAIN_NUMBER, TAG, 'Failed to get want agent. Code is ${err.code},message
is ${err.message}');
    return;
  }
  hilog.info(DOMAIN_NUMBER, TAG, 'Succeeded in getting want agent.');
  wantAgentObj = data;
});
```

（4）构造 NotificationRequest，并发布通知，代码如下。

```
// 构造 NotificationRequest
let notificationRequest: notificationManager.NotificationRequest = {
  content: {
    notificationContentType: notificationManager.ContentType.NOTIFICATION_CONTENT_BASIC_TEXT,
    normal: {
      title: 'Test_Title',
      text: 'Test_Text',
      additionalText: 'Test_AdditionalText',
    },
  },
  id: 6,
  label: 'TEST',
  // wantAgentObj 在使用前需要保证已被赋值
  wantAgent: wantAgentObj,
}

notificationManager.publish(notificationRequest, (err: BusinessError) => {
  if (err) {
    hilog.error(DOMAIN_NUMBER, TAG, 'Failed to publish notification. Code is ${err.code},
message is ${err.message}');
    return;
```

```
    }
    hilog.info(DOMAIN_NUMBER, TAG, 'Succeeded in publishing notification.');
});
```

6.3 实战：公共事件与通知的开发

Example 6_1：公共事件的开发。

（1）新建一个 EventHubOnPage.ets 文件，导入模块并定义相关变量，代码如下。

```
import { BusinessError, commonEventManager } from '@kit.BasicServicesKit';
import { promptAction } from '@kit.ArkUI';
struct EventHubOnPage {
  @State result :string =''            //显示订阅结果
  @State isCheck :boolean =false;      //设置订阅状态
  //创建订阅者
  private subscriber:commonEventManager.CommonEventSubscriber|null = null;
  //定义订阅者信息
  private subscribeInfo:commonEventManager.CommonEventSubscribeInfo={
    events:["testEvent"]
  }
…
```

（2）创建订阅者函数，代码如下。

```
createSubscriber(){
    //订阅者回调
    commonEventManager.createSubscriber(this.subscribeInfo,(err:BusinessError,data:
commonEventManager.CommonEventSubscriber) => {
        if (err) {
            console.log('提示：创建订阅者错误 err='+JSON.stringify(err));
            return;
        }
        console.log('提示：创建订阅者成功');
        this.subscriber = data;
        this.result = "订阅者创建成功"})}
```

（3）创建订阅公共事件函数，代码如下。

```
subscribe(){
    // 订阅公共事件回调
    if (this.subscriber !== null) {
     commonEventManager.subscribe(this.subscriber,(err: BusinessError,data:
commonEventManager.CommonEventData) => {
        if (err!=null) {
          console.log("提示：处理公共事件 err =" +JSON.stringify(err))
        }else{
          console.log("提示：处理公共事件 data =" +JSON.stringify(data))
          this.result = '接收内容：event =${data.event} '
          this.result +='code = ${data.code},data=${data.data} '}})
        this.result = "订阅成功"
    } else {
     promptAction.showDialog({message:"请先创建订阅者 "})}}
```

（4）创建取消订阅公共事件函数，代码如下。

```
unsubscribe(){
    //取消订阅公共事件回调
    if (this.subscriber !== null) {
        commonEventManager.unsubscribe(this.subscriber, (err: BusinessError) => {
            if (err!=null) {
                console.log("提示: 取消订阅错误 err=" + JSON.stringify(err))
            } else {
                console.log("提示: 已取消订阅")
                this.result ="取消订阅成功"}})}
}
```

（5）创建发布公共事件函数，代码如下。

```
publish(){
    let options:commonEventManager.CommonEventData = {
        code: 1,
        data: "发送的公共事件数据",
        event: ''
    }
    //发布公共事件回调
    commonEventManager.publish('testEvent',options, (err: BusinessError) => {
        if (err!=null) {
            console.log("提示: 公共事件发布错误 err=" + JSON.stringify(err))
        } else {
            console.log("提示: 公共事件发布成功");}});}
```

（6）在 build 函数中测试并调用公共事件，代码如下。

```
build() {
  Column({space:10}){
    Button("创建订阅者")
      .width("100%")
      .margin({top:50})
      .onClick(()=>{
        this.createSubscriber()
      })
    Row(){
      Checkbox({name:"checbox",group:"checbox"})
        .select(this.isCheck)
        .onChange((value:boolean)=>{
          this.isCheck = value
          if(value){
            this.subscribe()//订阅
          }else{
            this.unsubscribe() //取消订阅
          }
        })
      Text("订阅/取消订阅")        }
      .width("100%")
    Button("发布公共事件")
      .width("100%")
      .onClick(()=>{
        this.publish()
      })
```

```
      Text(this.result)
        .margin({top:80})
        .backgroundColor("#EEEEEE")    }
      .width("100%")
      .height("100%")
      .padding(15)}
```

运行模拟器，输出结果如图 6.3 所示。

图 6.3　模拟器输出结果

日志输出结果如图 6.4 所示。

com.example.eventhub	I	提示：创建订阅者成功
com.example.eventhub	I	提示：公共事件发布成功
com.example.eventhub	I	提示：处理公共事件 data ={"event":"testEvent","bundleName":"","code":1,"data":"发送的公共事件数据","parameters":{}}
com.example.eventhub	I	提示：处理公共事件 data ={"event":"testEvent","bundleName":"","code":1,"data":"发送的公共事件数据","parameters":{}}
com.example.eventhub	I	提示：已取消订阅

图 6.4　日志输出结果

Example 6_2：通知的开发。

（1）新建一个 NotifyPage.ets 文件，导入模块，代码如下。

```
import { notificationManager } from '@kit.NotificationKit';
import { BusinessError } from '@kit.BasicServicesKit';
import { common } from '@kit.AbilityKit';
```

（2）请求为通知授权，代码如下。

```
let context = getContext(this) as common.UIAbilityContext;
notificationManager.isNotificationEnabled().then((data: boolean) => {
  console.info("isNotificationEnabled success");
  if(!data){
    notificationManager.requestEnableNotification(context).then(() => {
      console.info('requestEnableNotification success');
    }).catch((err : BusinessError) => {
      if(1600004 == err.code){
        console.error('requestEnableNotification refused, code is ${err.code}, message is
${err.message}');
      } else {
        console.error('requestEnableNotification failed, code is ${err.code}, message is
${err.message}');
      }
    });
```

```
    }
}).catch((err : BusinessError) => {
  console.error('isNotificationEnabled fail, code is ${err.code}, message is ${err.message}');
});
```

（3）构造 NotificationRequest，使用 notificationContentType 属性设置发布通知的类型，使用 publish 方法发布通知，代码如下。

```
@Entry
@Component
struct NotifyPage {
// 描述通知的请求
  publishNotification() {
    let notificationRequest: notificationManager.NotificationRequest = {
      id: 1, // 通知 ID
      content: { // 通知内容
        notificationContentType:
        //普通文本通知
        notificationManager.ContentType.NOTIFICATION_CONTENT_BASIC_TEXT,
        normal: { // 基本类型通知内容
          title: '通知内容标题',
          text: '通知内容详情'
        }
      }
    }
    notificationManager.publish(notificationRequest).then(() => { // 发布通知
      console.info('publish success');
    }).catch((err: Error) => {
      console.error('publish failed,message is ${err}');
      })
    }
...
```

（4）在 build 函数中添加一个按钮，用于测试发布通知，代码如下。

```
build() {
  Column() {
    Button('发布通知')
      .onClick(() => {
        this.publishNotification()})//调用通知函数
  }
  .width('100%')
}
} build() {
  Column() {
    Button('发布通知')
      .onClick(() => {
        this.publishNotification()})
  }
  .width('100%')}
}
```

运行模拟器，输出结果如图 6.5 所示。

图 6.5　输出结果

习　题

1. 选择题

（1）在 HarmonyOS 中发布粘性公共事件时，发布者必须具备的权限是（　　　）。

A. ohos.permission.COMMONEVENT

B. ohos.permission.COMMONEVENT_STICKY

C. ohos.permission.SEND_STICKY_EVENTS

D. ohos.permission.SEND_SYSTEM_EVENTS

（2）CES 为应用提供的功能有（　　　）（多选）。

A. 取消发布公共事件　　　　　　　　B. 订阅公共事件

C. 发布公共事件　　　　　　　　　　D. 取消订阅公共事件

（3）以下接口中用于创建公共事件的订阅者的是（　　　）。

A. commonEventManager.publish

B. commonEventManager.createSubscriber

C. commonEventManager.subscribe

D. commonEventManager.unsubscribe

（4）以下属性中用于在 NotificationRequest 中指定通知类型的是（　　　）。

A. notificationContentType　　　　　B. notificationPriority

C. notificationChannel　　　　　　　D. notificationTime

（5）要设置用户点击通知后的行为意图，如通过点击通知栏拉起目标应用组件或发布公共事件，可以采用（　　　）模块实现。

A. BackGroundTask Kit　　　　　　　B. Ability Kit

C. PushAction Kit　　　　　　　　　D. NotificationTask Kit

2. 判断题

（1）CES 仅允许系统应用和系统服务发布系统公共事件，而自定义公共事件则可以由任意应用发布。　　　　　　　　　　　　　　　　　　　　　　　　　　　（　　　）

（2）在 HarmonyOS 的有序公共事件中，高优先级订阅者可以修改公共事件的内容或处理结果。（　　）

（3）在 HarmonyOS 中，通知的订阅者通常是系统自带的通知栏，而公共事件的订阅者可以是任意订阅了该事件的应用。（　　）

（4）要构造进度条模板，当前 name 字段需要被固定配置为 downloadTemplate。（　　）

（5）发布通知前，应用必须先通过 requestEnableNotification 方法获取授权。（　　）

（6）在发布公共事件时，可以通过 CommonEventPublishData 的参数 subscriberPermissions 来指定订阅者所需权限，但不可以通过参数 bundleName 来指定订阅者的包名。（　　）

第7章
窗口管理与元服务

- 了解窗口管理与元服务的基本概念。
- 掌握卡片的开发。
- 掌握元服务的开发。
- 掌握窗口沉浸式效果的实现。

7.1 窗口概述

窗口模块用于在同一块物理屏幕上，提供多个应用页面显示和交互的机制。对应用开发者而言，窗口模块提供了应用页面显示和交互的机制。对终端用户而言，窗口模块提供了控制应用页面的方式。对整个操作系统而言，窗口模块提供了不同应用页面的组织与管理逻辑。

在 HarmonyOS 中，窗口模块将应用页面分为系统窗口和应用窗口两种基本类型。系统窗口是实现系统特定功能的窗口，如音量条、壁纸、通知栏、状态栏、导航栏等。这类窗口的设计旨在提供系统级别的功能和信息，以便用户可以很方便地进行访问和管理。

与系统窗口相对应的是应用窗口，这类窗口与应用的显示相关。根据窗口内容的不同，应用窗口可以进一步分为应用主窗口和应用子窗口两种类型。

- 应用主窗口是应用的核心窗口。当用户通过任务管理页面切换到应用时，应用主窗口将被显示出来，此时用户可以直接与应用进行交互。
- 应用子窗口是用于显示应用的弹窗、悬浮窗等辅助窗口。与应用主窗口不同的是，应用子窗口不会在任务管理页面中显示。其生命周期与应用主窗口相同，即当应用主窗口被销毁时，相关的应用子窗口也会被销毁。

通过这种窗口模块的设计，HarmonyOS 可以更好地管理和控制窗口的显示和交互，为用户提供更加流畅和便捷的操作体验。无论是系统窗口还是应用窗口，它们都具有不同的功能和用途。它们相互配合，共同构建了丰富多样的应用页面。

7.2 窗口管理

7.2.1 窗口管理概述

以下是 HarmonyOS 中窗口管理的基本概念。

- 窗口沉浸式能力：对状态栏、导航栏等系统窗口进行控制，减少状态栏、导航栏等系统窗口的突兀感，从而使用户获得最佳体验的能力。

  沉浸式能力只在应用主窗口作为全屏窗口时生效。在通常情况下，应用子窗口和处于自由窗口下的应用主窗口无法使用沉浸式能力。

- 悬浮窗：一种特殊的应用窗口，具备在应用主窗口和对应 Ability 退至后台后仍然可以在前台显示的能力。悬浮窗可以在应用退至后台后，使用小窗继续播放视频，或为特定的应用创建悬浮球等快速入口。应用在创建悬浮窗前，需要申请对应的权限。

窗口管理的典型场景有设置应用主窗口的属性及目标页面、设置应用子窗口的属性及目标页面，以及体验窗口沉浸式能力。管理应用窗口常用的接口如表 7.1 所示。

表 7.1　管理应用窗口常用的接口

实例	接口	描述
WindowStage	getMainWindow(callback: AsyncCallback<Window>): void	获取应用主窗口
	loadContent(path: string, callback: AsyncCallback<void>): void	为当前应用主窗口加载具体页面
	createSubWindow(name: string, callback: AsyncCallback<Window>): void	创建应用子窗口
	on(type:'windowStageEvent',callback:Callback<WindowStageEventType>): void	开启生命周期变化的监听功能
Window	setUIContent(path: string, callback: AsyncCallback<void>): void	加载具体页面
	setWindowBrightness(brightness: number, callback: AsyncCallback<void>): void	设置屏幕亮度
	setWindowTouchable(isTouchable:boolean,callback:AsyncCallback<void>): void	设置窗口是否为可触状态
	moveWindowTo(x: number, y: number, callback: AsyncCallback<void>): void	移动当前窗口的位置
	resize(width: number, height: number, callback: AsyncCallback<void>): void	改变当前窗口的大小
	setWindowLayoutFullScreen(isLayoutFullScreen: boolean): Promise<void>	设置窗口是否为全屏布局
	setWindowSystemBarEnable(names:Array<'status'|'navigation'>): Promise<void>	设置是否显示导航栏、状态栏
	setWindowSystemBarProperties(systemBP:SystemBarProperties):Promise<void>	设置导航栏、状态栏的属性
	showWindow(callback: AsyncCallback<void>): void	显示当前窗口
	on(type: 'touchOutside', callback: Callback<void>): void	开启窗口区域外的点击事件监听功能
	destroyWindow(callback: AsyncCallback<void>): void	销毁当前窗口

7.2.2 设置应用主窗口的属性及目标页面

应用主窗口由 UIAbility 创建并维护生命周期。在 UIAbility 的 onWindowStageCreate 回调中，通过 WindowStage 获取应用主窗口，即可对其属性进行设置。此外，还可以在应用配置文件中设置应用主窗口的属性，如使用 maxWindowWidth 属性设置最大窗口宽度等。

Example 7_1：设置应用主窗口的属性及目标页面。注意，EntryAbility.ets 文件一般在 entryability 目录下。

（1）导入模块，通过 getMainWindow 接口获取应用主窗口，代码如下。

```
import { UIAbility } from '@kit.AbilityKit';
import { window } from '@kit.ArkUI';
import { BusinessError } from '@kit.BasicServicesKit';
export default class EntryAbility extends UIAbility {
  onWindowStageCreate(windowStage: window.WindowStage) {
    // 获取应用主窗口
    let windowClass: window.Window | null = null;
    windowStage.getMainWindow((err: BusinessError, data) => {
      let errCode: number = err.code;
      if (errCode) {
        console.error('获取应用主窗口失败，原因: ' + JSON.stringify(err))
        return;
      }
      windowClass = data;
      console.info('获取应用主窗口成功，数据: ' + JSON.stringify(data))
…
```

（2）设置应用主窗口的亮度、是否可触等属性，开发者可以根据需要选择对应的接口。下面以设置是否可触为例。

```
// 设置应用主窗口的属性
    let isTouchable: boolean = true;
    windowClass.setWindowTouchable(isTouchable, (err: BusinessError) => {
      let errCode: number = err.code;
      if (errCode) {
        console.error('设置窗口可触失败，原因:' + JSON.stringify(err));
        return;        }
      console.info('设置窗口可触成功。')})})
```

（3）通过 loadContent 接口加载应用主窗口的目标页面。应用启动时的入口页面就是在这里设置的，下面的代码说明入口页面是 page 目录下的 page2 页面。

```
// 为应用主窗口加载对应的目标页面
    windowStage.loadContent("pages/page2", (err: BusinessError) => {
      let errCode: number = err.code;
      if (errCode) {
        console.error('加载页面失败，原因:' + JSON.stringify(err));
        return;      }
      console.info('加载页面成功。')})}}
```

日志输出结果如图 7.1 所示。

图 7.1　日志输出结果

7.2.3　设置应用子窗口的属性及目标页面

Example 7_2：开发者可以按需获取应用子窗口，如弹窗等，并对其属性进行设置。

（1）导入模块，通过 createSubWindow 接口获取应用子窗口，代码如下。

```
import { UIAbility } from '@kit.AbilityKit';
```

```
import { window } from '@kit.ArkUI';
import { BusinessError } from '@kit.BasicServicesKit';
let windowStage_: window.WindowStage | null = null;
let sub_windowClass: window.Window | null = null;
export default class EntryAbility extends UIAbility {
  showSubWindow() {
    // 获取应用子窗口
    if (windowStage_ == null) {
      console.error('获取应用子窗口失败，原因: windowStage_ is null');
    }
    else {
      windowStage_.createSubWindow("mySubWindow", (err: BusinessError, data) => {
        let errCode: number = err.code;
        if (errCode) {
          console.error('获取应用子窗口失败，原因:'+JSON.stringify(err));
          return;
        }
        sub_windowClass = data;
        console.info('获取应用子窗口成功，数据:'+JSON.stringify(data));
```

（2）获取应用子窗口后，可以设置其大小、位置等，还可以根据应用需要设置其背景色、亮度等，代码如下。

```
// 获取应用子窗口后，设置其属性
    sub_windowClass.moveWindowTo(300, 300, (err: BusinessError) => {
      let errCode: number = err.code;
      if (errCode) {
        console.error('移动窗口失败，原因:'+JSON.stringify(err));
        return;
      }
      console.info('移动窗口成功。');});
    sub_windowClass.resize(500, 500, (err: BusinessError) => {
      let errCode: number = err.code;
      if (errCode) {
        console.error('改变窗口尺寸失败，原因:'+JSON.stringify(err));
        return;}
      console.info('改变窗口尺寸成功。');});
```

（3）通过 setUIContent 接口和 showWindow 接口加载应用子窗口的目标页面，代码如下。

```
    // 为应用子窗口加载对应的目标页面
    sub_windowClass.setUIContent("pages/page3", (err: BusinessError) => {
      let errCode: number = err.code;
      if (errCode) {
        console.error('加载页面失败，原因:'+JSON.stringify(err));
        return;
      }
      console.info('加载页面成功。');
      // 显示应用子窗口
      (sub_windowClass as window.Window).showWindow((err: BusinessError) => {
        let errCode: number = err.code;
        if (errCode) {
          console.error('显示窗口失败，原因:' +JSON.stringify(err));
          return;
```

```
          }
          console.info('显示窗口成功。');});});});}}}
```

（4）当不再需要某些应用子窗口时，可以根据具体实现逻辑，通过 destroyWindow 接口将其销毁，代码如下。

```
destroySubWindow() {
  // 销毁应用子窗口
  (sub_windowClass as window.Window).destroyWindow((err: BusinessError) => {
    let errCode: number = err.code;
    if (errCode) {
      console.error('销毁窗口失败，原因:'+JSON.stringify(err));
      return;}
      console.info('销毁窗口成功。')}})
onWindowStageCreate(windowStage: window.WindowStage) {
  windowStage_ = windowStage;
  // 开发者可以在适当的时机获取应用子窗口
  // 并非一定要在 onWindowStageCreate 函数中创建应用子窗口，这里仅用于展示，具体根据业务需求而定
  this.showSubWindow();}
onWindowStageDestroy() {
  // 开发者可以在适当的时机销毁应用子窗口
  // 并非一定要在 onWindowStageDestroy 函数中销毁应用子窗口，这里仅用于展示，具体根据业务需求而定
  this.destroySubWindow();}}
```

日志输出结果如图 7.2 所示。

9406-9406	A03d00/JSAPP	apppool	I	获取应用子窗口成功。
9406-9406	A03d00/JSAPP	apppool	I	移动窗口成功。
9406-9406	A03d00/JSAPP	apppool	I	改变窗口尺寸成功。
9406-9406	A03d00/JSAPP	com.example.eventhub	I	加载页面成功。
9406-9406	A03d00/JSAPP	com.example.eventhub	I	显示窗口成功。

图 7.2　日志输出结果

7.2.4　体验窗口沉浸式能力

在看视频、玩游戏等场景下，用户往往希望隐藏状态栏、导航栏等不必要的系统窗口，从而获得更佳的沉浸式体验。此时可以借助窗口沉浸式能力（窗口沉浸式能力都是针对应用主窗口而言的），达到预期效果。应用主窗口默认被配置为全屏大小并由模块控制布局，状态栏、导航栏的背景颜色为透明，文字颜色为黑色。应用主窗口调用 setWindowLayoutFullScreen 接口，设置值为 true 表示由模块控制忽略状态栏、导航栏的沉浸式全屏布局；设置值为 false 表示由模块控制避让状态栏、导航栏的非沉浸式全屏布局。

简单示例：体验窗口沉浸式能力。

（1）导入模块，通过 getMainWindow 接口获取应用主窗口，代码如下。

```
import { UIAbility } from '@kit.AbilityKit';
import { window } from '@kit.ArkUI';
import { BusinessError } from '@kit.BasicServicesKit';
export default class EntryAbility extends UIAbility {
onWindowStageCreate(windowStage: window.WindowStage) {
  // 获取应用主窗口
  let windowClass: window.Window | null = null;
  windowStage.getMainWindow((err: BusinessError, data) => {
```

```
let errCode: number = err.code;
if (errCode) {
  console.error('获取应用主窗口失败，原因:'+JSON.stringify(err));
  return;
}
windowClass = data;
console.info('获取应用主窗口成功。');
```

（2）实现沉浸式效果。

- 方法一：当应用主窗口为全屏窗口时，调用 setWindowSystemBarEnable 接口，设置导航栏和状态栏不可见，从而实现沉浸式效果，代码如下。

```
// 实现沉浸式效果，方法一
let names: Array<'status' | 'navigation'> = [];
windowClass.setWindowSystemBarEnable(names)
  .then(() => {
    console.info('设置导航栏和状态栏可见成功。')})
  .catch((err: BusinessError) => {
    console.error('设置导航栏和状态栏可见失败，原因:'+JSON.stringify(err))})
```

- 方法二：调用 setWindowLayoutFullScreen 接口，设置应用主窗口为全屏窗口；调用 setWindowSystemBarProperties 接口，设置导航栏、状态栏的透明度、背景颜色、文字颜色，以及高亮图标等属性，使之与应用主窗口显示协调一致，从而实现沉浸式效果，代码如下。

```
// 实现沉浸式效果，方法二
let isLayoutFullScreen = true;
windowClass.setWindowLayoutFullScreen(isLayoutFullScreen)
  .then(() => {
    console.info('将窗口布局设置为全屏模式成功。');
  })
  .catch((err: BusinessError) => {
    console.error('将窗口布局设置为全屏模式成功，原因:' + JSON.stringify(err))})
let sysBarProps: window.SystemBarProperties = {
  statusBarColor: '#ff00ff',
  navigationBarColor: '#00ff00',
  // 以下两个属性从 API 8 开始支持
  statusBarContentColor: '#ffffff',
  navigationBarContentColor: '#ffffff'};
windowClass.setWindowSystemBarProperties(sysBarProps)
  .then(() => {
    console.info('导航栏和状态栏属性设置成功。');})
  .catch((err: BusinessError) => {
    console.error('导航栏和状态栏属性设置失败，原因:'+JSON.stringify(err));});})
```

（3）通过 loadContent 接口为沉浸式窗口加载对应的目标页面，代码如下。

```
// 为沉浸式窗口加载对应的目标页面
windowStage.loadContent("pages/page2", (err: BusinessError) => {
  let errCode: number = err.code;
  if (errCode) {
    console.error(加载页面失败，原因:'+JSON.stringify(err));
    return;}
  console.info('加载页面成功。')})}};
```

7.3 服务卡片

服务卡片简称"卡片"，是一种页面展示形式，可以将应用的重要信息或操作前置到卡片中，以实现服务直达、减少体验层级的目的。卡片常用于嵌入其他应用（桌面等）作为其页面展示的一部分，并支持发送消息等基础的交互功能。

卡片是元服务的重要组成部分，每个元服务都包含一张 2×2 的卡片，同时有且仅有一张默认卡片。整个元服务内最多允许添加 16 张卡片，HarmonyOS 要求元服务不得通过卡片直接跳转到其他应用服务中。

卡片的基础架构很简单，主要分为卡片使用方、卡片提供方、卡片管理服务和卡片渲染服务，如图 7.3 所示。

- 卡片使用方：用于显示卡片内容的宿主应用，控制卡片在宿主中展示的位置，当前仅系统应用可以作为卡片使用方。
- 卡片提供方：用于提供卡片显示内容的应用，控制卡片的显示内容、控件布局，以及控件点击事件。
- 卡片管理服务：用于管理系统中所添加卡片的常驻代理服务，提供 formProvider 的接口能力，同时提供卡片的管理与使用，以及卡片周期性刷新等能力。
- 卡片渲染服务：用于管理渲染实例，渲染实例与卡片使用方上的卡片组件一一绑定。渲染服务通过运行卡片页面代码进行渲染，并将渲染后的数据发送至卡片使用方对应的卡片组件上。

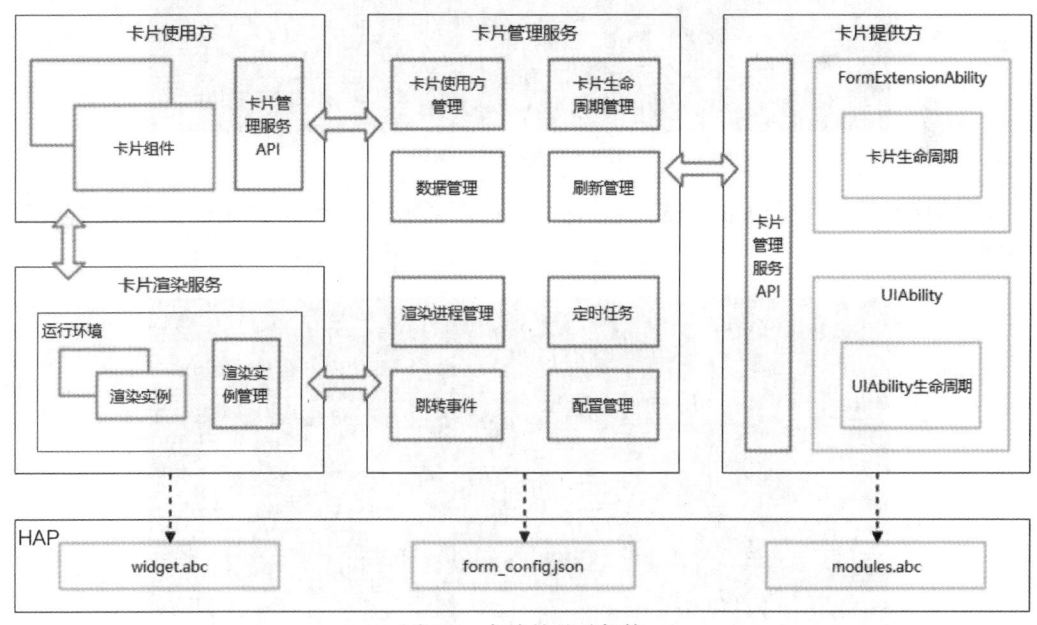

图 7.3　卡片的基础架构

7.3.1　创建卡片

在已有的应用中，可以通过右击新建卡片，具体操作如下。

（1）通过右击新建卡片，如图 7.4 所示。

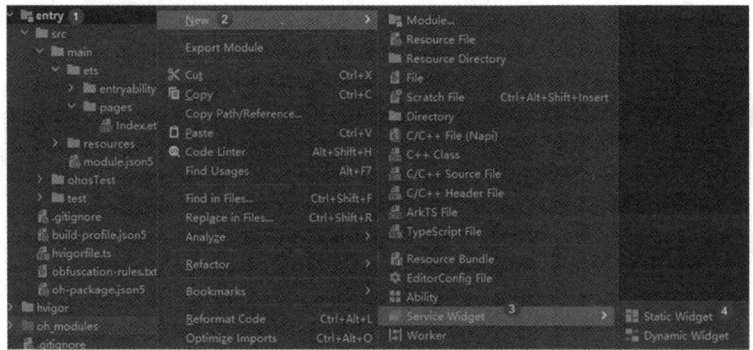

图 7.4　通过右击新建卡片

（2）根据实际业务场景，选择卡片模板，如图 7.5 所示。

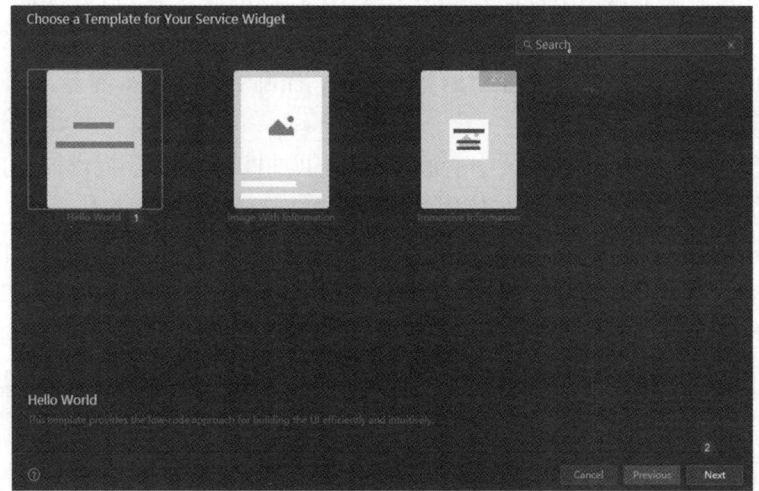

图 7.5　选择卡片模板

（3）选择开发语言（Language），点击"Finish"按钮，即可完成 ArkTS 卡片的创建，如图 7.6 所示。

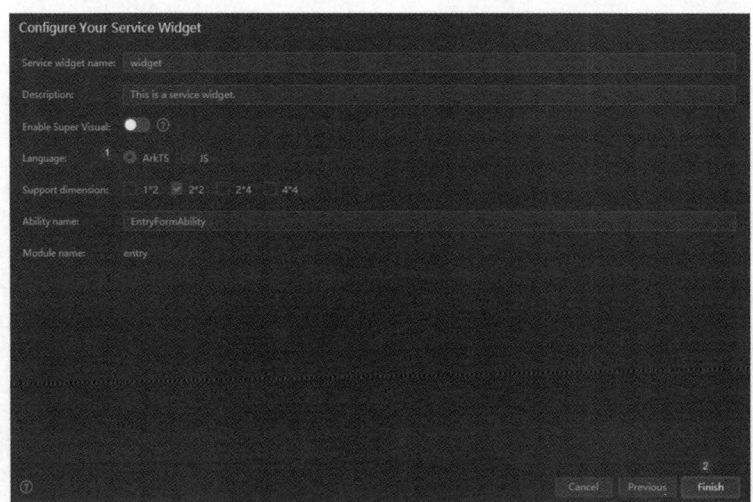

图 7.6　选择开发语言

（4）ArkTS 卡片创建完成后，会新增 3 个与卡片相关的文件：卡片生命周期管理文件（EntryFormAbility.ets 文件）、卡片页面文件（WidgetCard.ets 文件）和卡片配置文件（form_config.json 文件）。卡片目录结构如图 7.7 所示。

（5）运行模拟器或真机，启动之后切换到桌面上。如果是真机，那么只需两指触屏并捏合两指；如果是 Windows 环境下的模拟器，那么按住 Ctrl 的同时按住鼠标左键向内拖动鼠标，即可在底部添加卡片，如图 7.8 所示。

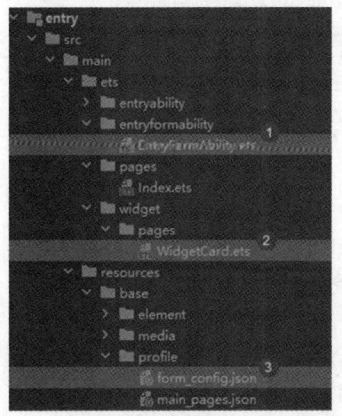

图 7.7　卡片目录结构

图 7.8　添加卡片

（6）点击卡片，将新建的卡片添加到桌面上，卡片效果如图 7.9 所示。

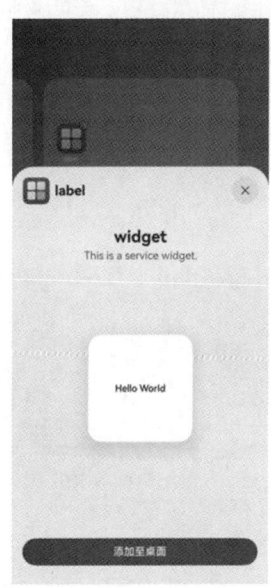

图 7.9　卡片效果

7.3.2　卡片的开发

1. 管理卡片生命周期

FormExtensionAbility 为卡片拓展模块提供了生命周期接口，需要继承并复写对应的生命周期接口。常用的卡片生命周期接口如表 7.2 所示。

表 7.2　常用的卡片生命周期接口

接口	描述
onAddForm(want: Want): formBindingData.FormBindingData	创建卡片时触发该生命周期接口
onCastToNormalForm(formId: string): void	使用方将临时卡片转换为常态卡片，卡片提供方进行相应的处理
onUpdateForm(formId: string): void	卡片在周期性地更新时触发该生命周期接口
onChangeFormVisibility(newStatus:Record<string, number>): void	卡片提供方接收修改可见性的通知接口
onFormEvent(formId: string, message: string): void	卡片提供方接收处理卡片事件的通知接口
onRemoveForm	卡片在销毁时触发该生命周期接口
onConfigurationUpdate(config: Configuration)	当系统配置更新时触发该生命周期接口
onAcquireFormState(want: Want)	卡片提供方接收查询卡片状态的通知接口

2. 配置卡片

（1）因为 FormExtensionAbility 由 extensionAbilities 派生而来，所以卡片需要在 module.json5 文件的 extensionAbilities 中配置与 FormExtensionAbility 相关的信息，代码如下。

```
{
  "module": {
    "extensionAbilities": [
      {
        "name": "EntryFormAbility",
        "srcEntry": "./ets/entryformability/EntryFormAbility.ets",
        "label": "$string:EntryFormAbility_label",
        "description": "$string:EntryFormAbility_desc",
        "type": "form",
        "metadata": [
          {
            "name": "ohos.extension.form",
            "resource": "$profile:form_config"}]}]}}
```

（2）配置 form_config.json 文件，代码如下。

```
{
  "forms": [
    {
      "name": "widget",
      "displayName": "$string:widget_display_name",
      "description": "$string:widget_desc",
      "src": "./ets/widget/pages/WidgetCard.ets",
      "uiSyntax": "arkts",
      "window": {
        "designWidth": 720,
        "autoDesignWidth": true
      },
      "colorMode": "auto",
      "isDefault": true,
      "updateEnabled": true,
      "scheduledUpdateTime": "10:30",
      "updateDuration": 1,
      "defaultDimension": "2*2",
      "supportDimensions": [
```

```
    "2*2"
  ],
  "formConfigAbility": "ability://EntryAbility",
  "dataProxyEnabled": false,
  "isDynamic": true,
  "transparencyEnabled": false,
  "metadata": []}
  ]}
```

form_config.json 文件的详细配置如表 7.3 所示。

表 7.3　form_config.json 文件的详细配置

属性	描述
name	定义卡片的名称
displayName	定义卡片的显示名称
description	定义卡片的描述
src	定义卡片对应的 UI 代码的完整路径
uiSyntax	定义卡片的类型
window	定义与显示窗口相关的配置
isDefault	定义卡片是否为默认卡片
colorMode	定义卡片的主题样式
updateEnabled	定义卡片是否支持周期性刷新（包含定时刷新和定点刷新）
scheduledUpdateTime	定义卡片定点刷新的时刻，采用 24 小时制，精确到分钟
updateDuration	定义卡片刷新的更新周期，单位为 30 分钟
defaultDimension	定义卡片的默认外观规格
supportDimensions	定义卡片支持的外观规格
formConfigAbility	定义卡片的配置跳转链接

3. 开发卡片页面

ArkTS 卡片开放了使用动画的能力，支持显式动画、属性动画、组件内转场能力。需要注意的是，ArkTS 卡片在使用动画时有一些参数限制，如表 7.4 所示。

表 7.4　ArkTS 卡片在使用动画时的参数限制

参数	描述
duration	动画播放时长，限制最长的动画播放时长为 1 秒
tempo	动画播放速度，卡片中禁止设置此参数，使用默认值 1
delay	动画延迟执行的时长，卡片中禁止设置此参数，使用默认值 0
delayIterations	动画播放次数，卡片中禁止设置此参数，使用默认值 1

简单示例：按钮旋转动画的实现。

```
@Entry
@Component
struct AnimationCard {
  @State rotateAngle: number = 0;
  build() {
    Row() {
```

```
    Button('change rotate angle')
      .height('20%')
      .width('90%')
      .margin('5%')
      .onClick(() => {
        this.rotateAngle = (this.rotateAngle === 0 ? 90 : 0);
      })
      .rotate({ angle: this.rotateAngle })
      .animation({
        curve: Curve.EaseOut,
        playMode: PlayMode.Normal,
      })
  }
  .height('100%')
  .alignItems(VerticalAlign.Center)}}
```

运行模拟器，输出结果如图 7.10 所示。

4．开发卡片事件

简单示例：针对动态卡片，ArkTS 卡片中提供了 postCardAction 接口，用于卡片内部和卡片提供方应用之间的交互。

（1）在新建卡片时选择"Dynamic Widget"选项，在卡片页面中布局一个按钮，点击该按钮时调用 postCardAction 接口向指定 UIAbility 发送 Router 事件，并在该事件内部定义需要传递的内容，代码如下。

图 7.10　输出结果 1

```
@Entry
@Component
struct WidgetCard {
  @State x: number = 1
  @State y: number = 1
  build() {
    Column() {
      Button('点击拉起应用')
        .scale({ x: this.x, y: this.y })
        .animation({
          curve: Curve.Linear,
          duration: 200,
          onFinish: () => {
            this.x = 1
            this.y = 1}})
    }
    .padding('10vp')
    .width('100%')
    .height('100%')
    .justifyContent(FlexAlign.Center)
    .onClick(() => {
      postCardAction(this, {
        "action": 'router',  //跳转方式
        "abilityName": 'EntryAbility',  //跳转目标 Ability
        "params": {
          "message": 'router test' }})})}}  //传递的参数
```

144

（2）把卡片添加到桌面上，点击卡片拉起应用，输出结果如图 7.11 所示。

图 7.11　输出结果 2

（3）在应用的 UIAbility 中可以接收 Router 事件并获取参数，使用 UIAbility 的 onCreate 函数获取参数。如果应用已经在后台运行，那么可以使用 onNewWant 函数，这样在收到 Router 事件后会触发 onNewWant 函数。打开 entryability 目录下的 EntryAbility.ets 文件，接收参数的部分代码如下。

```
…
export default class EntryAbility extends UIAbility {
  private selectPage: string = '';
  private currentWindowStage: window.WindowStage | null = null;
  onCreate(want: Want, launchParam: AbilityConstant.LaunchParam): void {
      // 获取 Router 事件中传递的参数 targetPage
      if (want?.parameters?.params) { //如果参数存在
      let params: Record<string, Object> = JSON.parse(want.parameters.params asstring);
      this.selectPage = params.targetPage as string;}} //把参数保存到变量中
…
```

5. 更新卡片内容

ArkTS 卡片框架为卡片提供方提供了 updateForm 接口，为卡片使用方提供了 requestForm 接口来实现主动触发卡片的页面刷新能力。卡片内容交互接口如表 7.5 所示。另外，ArkTS 卡片框架还会通过开发者声明的定时信息按需通知卡片提供方刷新卡片内容。通过 @LocalStorageProp 装饰器可以获得卡片提供方推送的需要刷新的卡片内容。

表 7.5　卡片内容交互接口

接口	描述
updateForm	卡片提供方仅允许刷新自己的卡片内容，无法刷新其他卡片提供方的卡片内容
requestForm	仅允许刷新当前卡片使用方的卡片内容，无法刷新其他卡片使用方的卡片内容

简单示例：通过 message 事件刷新卡片内容。在卡片页面中通过 postCardAction 接口触发 message 事件拉起 FormExtensionAbility，由 FormExtensionAbility 刷新卡片内容。

（1）在卡片页面中通过注册按钮的 onClick 事件回调，并在回调中调用 postCardAction 接口触发 message 事件拉起 FormExtensionAbility，代码如下。

```
let storage = new LocalStorage();
@Entry(storage)
@Component
struct WidgetCard {
  @LocalStorageProp('title') title: string = 'Title Default';
  @LocalStorageProp('detail') detail: string = 'Description default';
  build() {
    Column() {
      Button('UPDATE')
        .onClick(() => {
          postCardAction(this, {
            'action': 'message',
            'params': {'msgTest': 'messageEvent' }});})
      Text('${this.title}')
      Text('${this.detail}')
    }
    .width('100%')
    .height('100%')}}
```

（2）在 FormExtensionAbility 的 onFormEvent 接口中调用 updateForm 接口刷新卡片内容，代码如下。

```
export default class EntryFormAbility extends FormExtensionAbility {
  onFormEvent(formId: string, message: string): void {
    class FormDataClass {
      title: string = 'Title Update.'; // 和卡片布局中对应
      detail: string = 'Description update success.'; // 和卡片布局中对应
    }
    let formData = new FormDataClass();
    letformInfo:formBindingData.FormBindingData=
    formBindingData.createFormBindingData(formData);
    formProvider.updateForm(formId, formInfo).then(() => {
      console.log('FormAbility刷新成功.');
    }).catch((error: BusinessError) => {
      console.log('刷新失败. 原因: ${JSON.stringify(error)}');})}
}
```

运行模拟器，输出结果如图 7.12 所示。

图 7.12　输出结果 3

7.4 元服务

7.4.1 元服务概述

在万物互联时代，人均持有设备量不断攀升，设备种类和使用场景多样，这使得应用开发、应用入口变得更加复杂。在此背景下，应用提供方和用户迫切需要一种新的服务提供方式，使应用开发更简单、服务（听音乐、打车等）的获取和使用更便捷。为此，HarmonyOS 除支持传统的需要安装的应用（以下简称传统应用）外，还支持更加方便、快捷的免安装的应用，即元服务。

元服务是 HarmonyOS 提供的一种轻量级应用形态，具备秒开直达，纯净清爽；服务相伴，恰合时宜；即用即走，账号相随；一体两面，嵌入运行；原生智能，全域搜索；高效开发，生而可信等特征。元服务可独立上架、分发、运行，独立实现业务闭环，进而大幅度提升信息与服务的获取效率。

从应用入口看，图 7.13 展示了元服务与传统应用、卡片之间的关系。传统应用和元服务均可选择卡片作为入口。

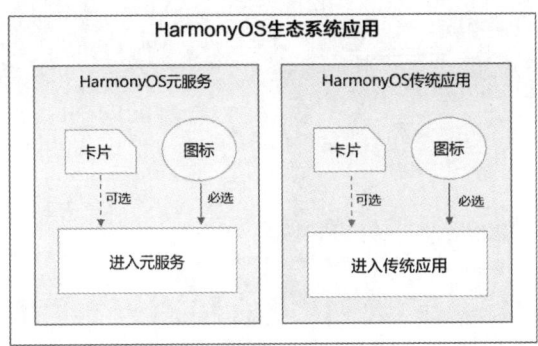

图 7.13　元服务与传统应用、卡片之间的关系

元服务的运作机制如图 7.14 所示。

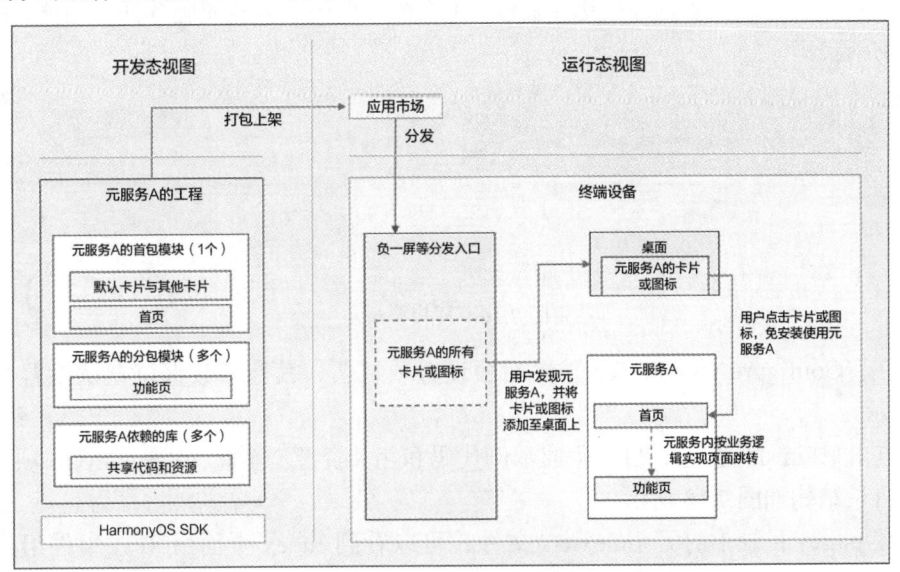

图 7.14　元服务的运作机制

打包上架后的元服务会通过应用市场分发，用户可以通过负一屏搜索等方式来使用元服务，通过卡片来打开元服务。

7.4.2 元服务的开发

1. 创建元服务

（1）若首次启动 DevEco Studio，则选择"Create Project"选项创建一个新项目。如果已经打开一个项目，那么在菜单栏中选择"File"→"New"→"Create Project"命令，弹出如图7.15所示的"Create Project"对话框的"Choose Your Ability Template"界面，选择左侧的"Atomic Service"选项，并选择右侧的"Empty Ability"选项，点击"Next"按钮。

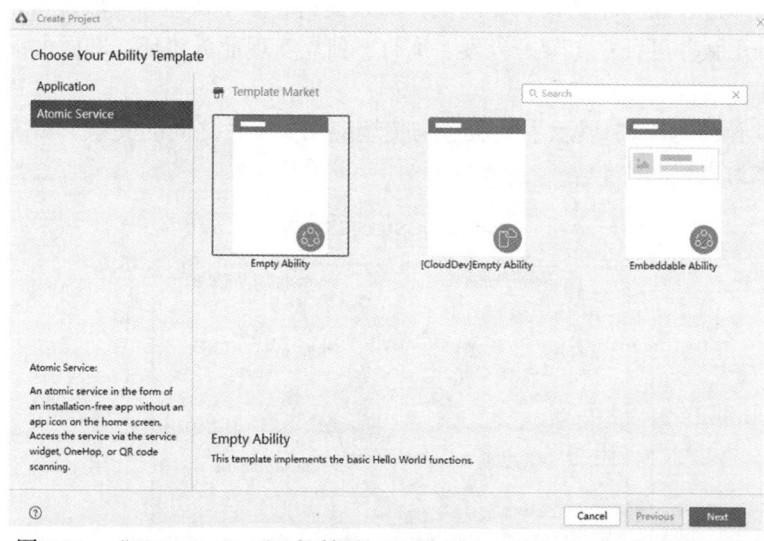

图 7.15　"Create Project"对话框的"Choose Your Ability Template"界面

（2）点击"Sign In"按钮，登录华为开发者账号进行开发，或选择访客模式进行体验。若选择访客模式，则无须登录华为开发者账号。访客模式仅用于体验元服务开发功能。授权登录如图7.16所示。

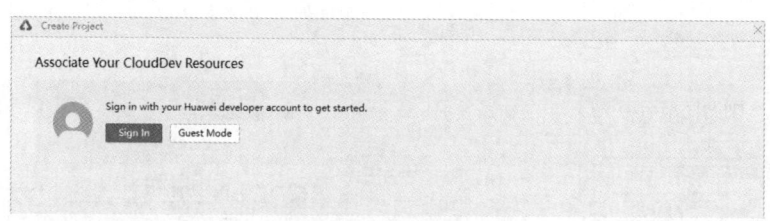

图 7.16　授权登录

（3）在"Configure Your Project"界面中设置项目名，其他参数保持默认设置即可，如图7.17所示。

（4）点击"Finish"按钮，自动生成示例代码和相关资源。至此，HarmonyOS 项目创建完成。项目目录结构如图7.18所示。

（5）在 pages 目录下打开 Index.ets 文件，可以看到 Index 页面由 Text 组件组成，输出结果如图7.19所示。

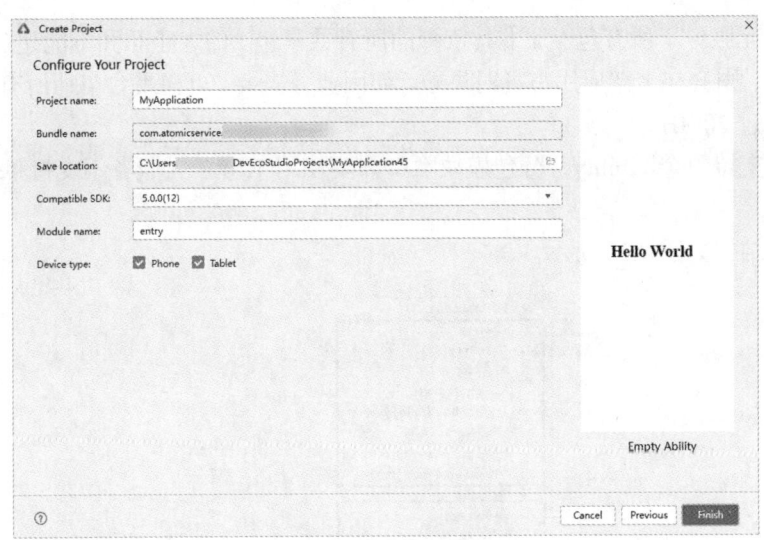

图 7.17　项目配置

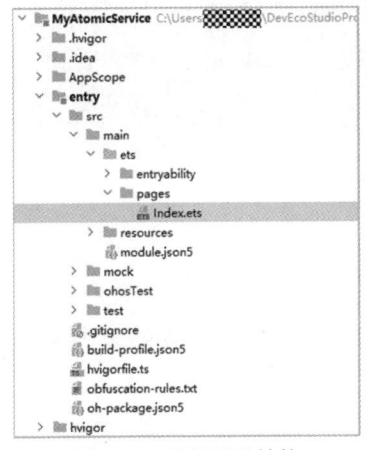

图 7.18　项目目录结构

图 7.19　输出结果

2. 元服务的基础知识

元服务的程序包结构与传统应用的程序包结构相同，都以 App Pack（.app）形式被发布到应用市场中。但元服务相对于需要安装的应用形态更加轻量、便捷，其程序包也具备一些独有特征，如分包、预加载等。

1）分包

HarmonyOS 项目的程序包支持多模块开发，包含多个 HAP 或 HSP（Harmony Shared Package，动态共享包）。元服务为了实现快速启动效果，对 HAP 和 HSP 文件的大小进行了限制，同时优化了启动机制。元服务的这种多模块开发方式被称为"分包"。

- 首包：将 EntryHAP 作为首包，包含元服务首次启动时打开的首页的代码和资源。
- 分包：将其他包含功能页的模块及 HSP 作为分包，包含功能页和元服务页的代码和资源。
- 单个包（加上其依赖的所有共享包），大小不能超过 2MB。若超过限制，则 DevEco Studio 会打包失败。

- 同一个元服务下所有包（加上其依赖的所有共享包）的大小总和不能超过 10MB。若超过限制，则会在上架应用市场时失败。如因业务需要，可向平台申请所有包的大小总和不能超过 20MB。

元服务仅支持单个 Ability，分包模块类型需要使用 HSP。元服务不支持 feature（动态特性模块）。

项目分包结构如图 7.20 所示。

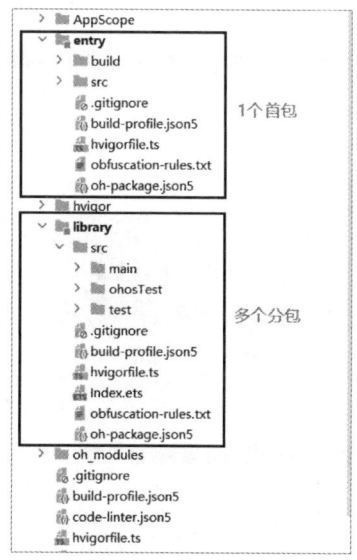

图 7.20　项目分包结构

entry 模块为元服务的"首包"，type 字段的值为 entry。以下是 entry 模块的 module.json5 文件的代码。

```
{
  "module": {
    "name": "entry",
    "type": "entry",
    "pages": "$profile:main_pages",
    …}
}
```

library 模块为共享包，type 字段的值为 shared。以下是 library 模块的 module.json5 文件的代码。

```
{
  "module": {
    "name": "library",
    "type": "shared",
    …}
}
```

HAP 类型模块中的方法只有加上关键字 export 并导出才能被主包调用。

2）预加载

开发者可以通过配置预加载，由系统自动下载和安装可能需要的分包模块，从而提高进入后续模块的速度。对于配置了预加载的分包模块，当点击进入该模块并加载完成后，将触发关联模块的预加载。预加载在相应分包模块的 module.json5 文件的 atomicService 标签下的 preloads 字段中配置。以下是 entry 模块的 module.json5 文件的代码。

```
{
  "module": {
    "name": "entry",
    "type": "entry",
    "installationFree": true,
    "pages": "$profile:main_pages",
    "atomicService": {
      "preloads": [
        {
          "moduleName": "library"}]
    },
    …}
  }
}
```

7.5 实战：实现窗口沉浸式效果

Example 7_3：窗口沉浸式效果应用扩展布局全屏显示，隐藏避让区。在此场景下导航栏会自动隐藏。可以通过从底部上滑来唤出导航栏。

（1）新建一个项目，打开 entryability 目录下的 EntryAbility.ets 文件，调用 setWindowLayoutFullScreen 接口设置窗口全屏，代码如下。

```
// EntryAbility.ets 文件
import { AbilityConstant, UIAbility, Want } from '@kit.AbilityKit';
import { window } from '@kit.ArkUI';
import { BusinessError } from '@kit.BasicServicesKit';
export default class EntryAbility extends UIAbility {
  … //省略部分代码
  onWindowStageCreate(windowStage: window.WindowStage): void {
    windowStage.loadContent('pages/Index', (err, data) => {
      if (err.code) {
        return;
      }
      // 获取应用主窗口
      let windowClass: window.Window = windowStage.getMainWindowSync();
      // 设置窗口全屏
      let isLayoutFullScreen = true;
      windowClass.setWindowLayoutFullScreen(isLayoutFullScreen).then(() => {
        console.info('Succeeded in setting the window layout to full-screen
mode.');
      }).catch((err: BusinessError) => {
        console.error('Failed to set the window layout to full-screen mode.code is
${err.code}, message is ${err.message}');
      });
      // 进行后续步骤（2）中的状态栏和导航栏的隐藏操作
```

```
…});}}
```

（2）调用 setSpecificSystemBarEnabled 接口设置状态栏和导航栏的具体显示/隐藏状态，这里将其设置为隐藏状态，代码如下。

```
// EntryAbility.ets 文件
// 设置隐藏状态栏
windowClass.setSpecificSystemBarEnabled('status', false).then(() => {
  console.info('Succeeded in setting the status bar to be invisible.');
}).catch((err: BusinessError) => {
  console.error('Failed to set the status bar to be invisible. Code is${err.code}, message
is ${err.message}');
});
// 设置隐藏导航栏
windowClass.setSpecificSystemBarEnabled('navigationIndicator', false).then(() => {
  console.info('Succeeded in setting the navigation indicator to be invisible.');
}).catch((err: BusinessError) => {
  console.error('Failed to set the navigation indicator to be invisible.code is ${err.code},
message is ${err.message}');});
```

（3）在 page 目录下新建一个 Index.ets 文件，测试窗口沉浸式效果，代码如下。

```
// Index.ets 文件
@Entry()
@Component
struct Index {
  build() {
    Row() {
      Column() {
        Row() {
          Text('ROW1')
            .fontSize(40)}
            .backgroundColor(Color.Orange).padding(20)
        Row() {
          Text('ROW2')
            .fontSize(40) }
            .backgroundColor(Color.Orange).padding(20)
        Row() {
          Text('ROW3')
            .fontSize(40)}
            .backgroundColor(Color.Orange).padding(20)
        Row() {
          Text('ROW4')
            .fontSize(40)}
            .backgroundColor(Color.Orange).padding(20)
        Row() {
          Text('ROW5')
            .fontSize(40)}
            .backgroundColor(Color.Orange).padding(20)
        Row() {
          Text('ROW6')
            .fontSize(40)}
            .backgroundColor(Color.Orange).padding(20)
```

```
    }
    .width('100%')
    .height('100%')
    .alignItems(HorizontalAlign.Center)
    .justifyContent(FlexAlign.SpaceBetween)
    .backgroundColor('#008000')  } }}
```

运行模拟器，输出结果如图 7.21 所示。

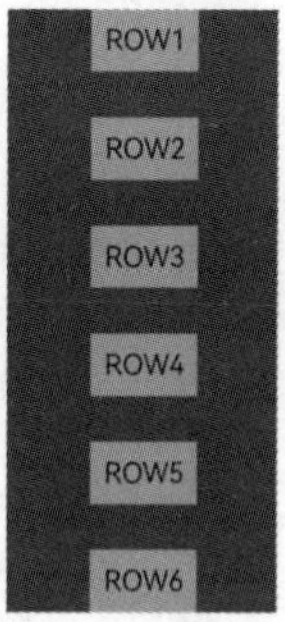

Example 7_4：窗口沉浸式效果应用扩展布局全屏显示，不隐藏避让区。

（1）调用 setWindowLayoutFullScreen 接口设置窗口全屏。这一步和 Example 7_3 中的步骤（1）是一样的。

图 7.21　输出结果 1

（2）调用 getWindowAvoidArea 接口获取当前避让区（导航栏、状态栏等），将避让区的高度存储在 AppStorage 中，代码如下。

```
// EntryAbility.ets 文件
// 获取避让区
let type = window.AvoidAreaType.TYPE_NAVIGATION_INDICATOR;
let avoidArea = windowClass.getWindowAvoidArea(type);
let bottomRectHeight = avoidArea.bottomRect.height;
AppStorage.setOrCreate('bottomRectHeight', bottomRectHeight);
type = window.AvoidAreaType.TYPE_SYSTEM;
avoidArea = windowClass.getWindowAvoidArea(type);
let topRectHeight = avoidArea.topRect.height;
AppStorage.setOrCreate('topRectHeight', topRectHeight);
```

（3）注册监听函数，动态获取避让区的实时数据，代码如下。常见的触发避让区回调的场景有应用窗口在全屏模式、悬浮模式、分屏模式之间切换；应用窗口旋转；多折叠设备在屏幕折叠态和展开态之间切换；应用窗口在多台设备之间流转。

```
// EntryAbility.ets 文件
// 注册监听函数，动态获取避让区的实时数据
windowClass.on('avoidAreaChange', (data) => {
  if (data.type === window.AvoidAreaType.TYPE_SYSTEM) {
    let topRectHeight = data.area.topRect.height; //获取系统顶部状态栏的高度
    AppStorage.setOrCreate('topRectHeight', topRectHeight);//保存高度
  } else if (data.type == window.AvoidAreaType.TYPE_NAVIGATION_INDICATOR) {
    let bottomRectHeight = data.area.bottomRect.height;//获取系统底部导航栏的高度
    AppStorage.setOrCreate('bottomRectHeight', bottomRectHeight);//保存高度
  }});
```

（4）布局中的 UI 元素需要避让状态栏和导航栏，否则可能产生 UI 元素重叠等情况。下面对顶部设置 padding 属性（具体数字与状态栏的高度一致），实现对状态栏的避让；对底部设置 padding 属性（具体数字与底部导航栏的高度一致），实现对导航栏的避让，代码如下。如果去掉对顶部和底部的 padding 属性的设置，即不避让状态栏和导航栏，那么 UI 元素会重叠。

```
// Index.ets 文件
@Entry
@Component
struct Index {
  @StorageProp('bottomRectHeight')
  bottomRectHeight: number = 0;
  @StorageProp('topRectHeight')
```

```
topRectHeight: number = 0;
build() {
  Row() {
    Column() {
      Row() {
        Text('DEMO-ROW1')
         .fontSize(40)
      }
        .backgroundColor(Color.Orange)
        .padding(20)
     … //此处省略重复多个同样 Row 的部分代码
    }
    .width('100%')
    .height('100%')
    .alignItems(HorizontalAlign.Center)
    .justifyContent(FlexAlign.SpaceBetween)
    .backgroundColor('#008000')
    // 参数 top 的值与状态栏的高度一致；参数 bottom 的值与导航栏的高度一致
    .padding({top:px2vp(this.topRectHeight)
    , bottom: px2vp(this.bottomRectHeight) })}}}
```

运行模拟器，输出结果如图 7.22 和图 7.23 所示。其中，图 7.22 未设置 padding 属性，产生了 UI 元素重叠的情况；图 7.23 设置了 padding 属性，未产生 UI 元素重叠的情况。

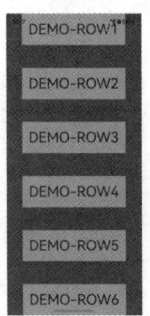

图 7.22　输出结果 2

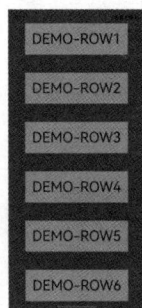

图 7.23　输出结果 3

习　题

1. 选择题

（1）在 HarmonyOS 中，以下接口中用于设置应用主窗口的全屏布局的是（　　　）。

　　A. setWindowSystemBarEnable　　　　　　　B. setWindowLayoutFullScreen

　　C. setWindowTouchable　　　　　　　　　　D. setWindowBrightness

（2）一个元服务下所有包的大小总和（　　　）。

　　A. 不能超过 5MB　　　B. 不能超过 10MB　　　C. 不能超过 2GB　　　D. 无限制

（3）在 HarmonyOS 中，元服务与传统应用的主要区别是（　　　）。

　　A. 元服务需要安装后才能使用

　　B. 元服务具备秒开直达、服务相伴、即用即走等特征，而传统应用需要安装

C. 元服务支持卡片作为入口，而传统应用不支持卡片作为入口

D. 元服务不能独立上架、分发、运行

（4）以下关于 HarmonyOS 的卡片开发的说法中错误的是（　　　）。

A. 卡片可以嵌入其他应用作为其页面显示的一部分

B. 卡片提供方控制卡片的显示内容、控件布局，以及控件点击事件

C. 卡片使用方可以是任何应用

D. 卡片管理服务提供卡片的管理与使用，以及卡片周期性刷新等能力

2. 判断题

（1）应用子窗口在 HarmonyOS 中会被显示在任务管理页面中，其生命周期独立于应用主窗口。　　　　　　　　　　　　　　　　　　　　　　　　　　　　　　　　（　　　）

（2）在 HarmonyOS 中实现窗口沉浸式效果时，可以通过获取当前布局遮挡区域并存储在 AppStorage 中，动态获取避让区的实时数据，以实现对状态栏和导航栏的避让。（　　　）

（3）在 HarmonyOS 中，调用 setWindowTouchable(false)会禁用窗口的所有触控事件，包括子组件的点击。　　　　　　　　　　　　　　　　　　　　　　　　　　　　（　　　）

（4）更新卡片可以通过 updateForm 接口或 requestForm 接口来实现，卡片框架还会通过开发者声明的定时信息按需通知卡片提供方进行卡片内容的刷新。　　　　　（　　　）

（5）卡片生命周期管理由 FormExtensionAbility 提供，需要继承并复写对应的生命周期函数。　　　　　　　　　　　　　　　　　　　　　　　　　　　　　　　　　（　　　）

（6）每个元服务都包含一张 2×2 的卡片，同时有且仅有一张默认卡片。整个元服务内最多允许添加 16 张卡片。　　　　　　　　　　　　　　　　　　　　　　　　　　（　　　）

（7）元服务支持多个 Ability，且必须包含至少一个 feature。　　　　　　　（　　　）

（8）在 HarmonyOS 中，要实现窗口沉浸式效果可以通过调用 setWindowLayoutFullScreen 接口设置窗口全屏，并通过调用 setSpecificSystemBarEnabled 接口设置状态栏和导航栏的具体显示/隐藏状态。　　　　　　　　　　　　　　　　　　　　　　　　　　（　　　）

第8章

数据存储技术

学习目标

- 了解数据存储技术的基本概念。
- 掌握使用文件存储数据的方法。
- 掌握使用关系数据库存储数据的方法。
- 掌握使用分布式数据服务的方法。
- 掌握使用用户首选项实现数据持久化的方法。

8.1 数据存储技术基础

ArkData（方舟数据管理）不仅为开发者提供数据存储、数据管理和数据同步能力，比如联系人应用数据可以被保存到数据库中，还提供数据库的安全、可靠，以及共享访问等管理机制，也支持与手表同步联系人信息。

- 标准化数据定义：提供 HarmonyOS 跨应用、跨设备的统一数据类型标准，包含标准化数据类型和标准化数据结构。
- 数据存储：提供通用数据持久化能力。根据数据特点，数据存储分为用户首选项、键值型数据库、关系数据库和图数据库（仅对系统应用开放）。
- 数据管理：提供高效的数据管理能力，包括权限管理、数据备份恢复、数据共享框架等。
- 数据同步：提供跨设备数据同步能力，比如分布式数据对象支持内存对象跨设备共享能力，分布式数据库支持跨设备数据库访问能力。

8.2 应用文件

8.2.1 应用文件概述

应用文件包括应用安装文件、应用资源文件、应用缓存文件等。

- 设备上应用所使用及存储的数据，以文件、键值对、数据库等形式被保存在一个应用的专属目录内。该专属目录被称为应用文件目录，该目录下的所有数据以不同的文件格式存放，这些文件即应用文件。

- 应用文件目录与一部分系统文件（应用运行必须使用的文件）所在的目录组成了一个集合，该集合被称为应用沙箱目录，代表应用可见的所有目录范围。应用文件目录是在应用沙箱目录内的。
- 系统文件及其目录对于应用是只读的；应用仅能保存文件到应用文件目录下，根据目录的使用规范和注意事项来选择将数据保存到不同的子目录下。

8.2.2　应用沙箱目录

应用沙箱是一种以安全防护为目的的保护机制，避免数据受到恶意路径穿越访问。在这种保护机制下，应用可见的目录范围即应用沙箱目录。

- 对于每个应用，系统都会在内部存储空间中映射出一个专属的应用沙箱目录，它是应用文件目录与一部分系统文件（应用运行必需的少量系统文件）所在的目录组成的集合。
- 应用沙箱限制了应用可见的数据范围。在应用沙箱目录下，应用仅能看到自己的应用文件，以及少量的系统文件（应用运行必需的少量系统文件）。因此，本应用的文件也不为其他应用可见，从而保护了应用文件的安全。
- 应用可以在应用文件目录下保存和处理自己的应用文件；系统文件及其目录对于应用是只读的；而应用若需访问用户文件，则需要通过特定 API 同时经过用户的相应授权才能进行。应用沙箱文件访问关系如图 8.1 所示。

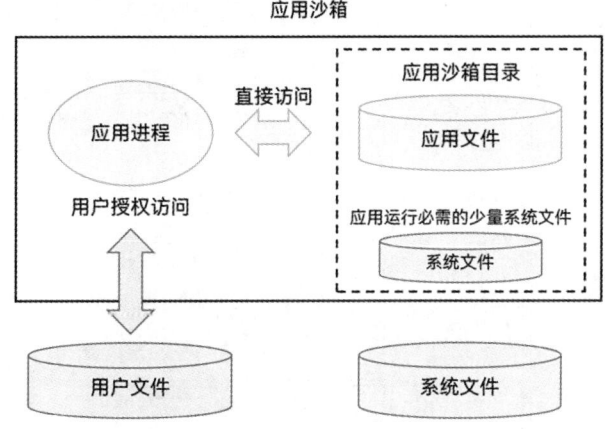

图 8.1　应用沙箱文件访问关系

1. 应用沙箱目录与应用沙箱路径

在应用沙箱保护机制下，应用无法获知除自身应用文件目录之外的其他应用或用户的数据目录位置及存在。同时，所有应用的目录可见范围均经过权限隔离与文件路径挂载隔离，形成了独立的路径视图，屏蔽了实际物理路径。

- 如图 8.2 所示，在普通应用（也称三方应用）视角下，不仅可见的目录与文件数量限制了范围，而且可见的目录与文件路径也与系统进程等其他进程不同。我们将普通应用视角下看到的应用沙箱目录下某个文件或某个具体目录的路径称为应用沙箱路径。

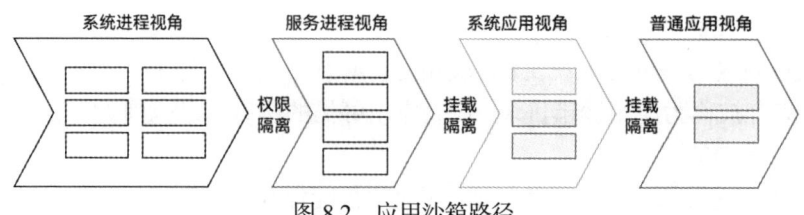

图 8.2　应用沙箱路径

- 开发者在应用开发调试时,可能需要向应用沙箱下推送一些文件以期望在应用内访问或测试。可以通过 DevEco Studio 向应用安装路径中放入目标文件。
- 实际物理路径与沙箱路径之间并非 1 : 1 的映射关系,沙箱路径总少于系统进程视角下可见的物理路径。部分调试进程视角下的物理路径在对应的应用沙箱目录下没有对应的路径。

2. 应用文件目录与应用文件路径

如前文所述,应用沙箱目录包括应用文件目录和系统文件目录。系统文件目录对应用的可见范围由 HarmonyOS 预置,开发者无须关注。在此主要介绍应用文件目录。应用文件目录结构如图 8.3 所示。应用文件目录下某个文件或某个具体目录的路径被称为应用文件路径。应用文件目录下的各个文件路径具备不同的属性和特征。

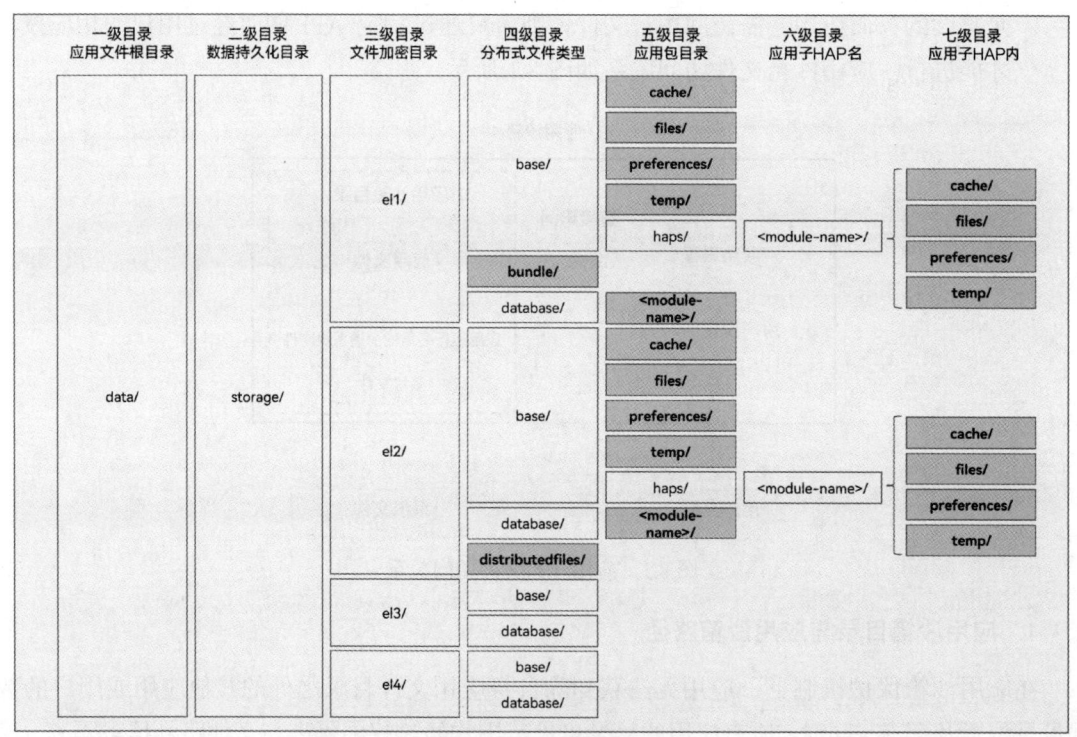

图 8.3　应用文件目录结构

前五级目录的路径都是固定的,各级目录所代表的含义如下。

- 一级目录 data/:代表应用文件根目录。
- 二级目录 storage/:代表数据持久化文件目录。
- 三级目录 el1/~el4/:代表不同文件加密目录。

以下是 HarmonyOS 的应用文件目录加密类型说明。

EL1（Encryption Level 1）：保护设备上的所有文件的基础安全能力。设备开机后，不需要用户先完成身份认证即可访问 EL1 保护的文件。如无特殊必要，不推荐使用该方式。

如果直接窃取设备存储介质上的密文，那么攻击者无法脱机进行解密。

EL2（Encryption Level 2）：在 EL1 的基础上，增加首次认证后的文件保护能力。设备开机后，用户通过首次认证后，只有通过 EL2 能力保护的文件才能被访问。此后只要设备没有关机，通过 EL2 能力保护的文件一直可以被访问。推荐使用该方式。

如果在关机后丢失手机，那么攻击者无法读取通过 EL2 能力保护的文件。

EL3（Encryption Level 3）：与 EL4（Encryption Level 4）整体能力类似，和 EL4 的区别是，在锁屏状态下可以创建新的文件，但无法读取。如无特殊必要，无须使用该方式。

EL4：在 EL2 的基础上，增加设备锁屏时的文件保护能力。在设备锁屏时，通过 EL4 能力保护的数据将无法被访问。如无特殊必要，无须使用该方式。

如果设备在锁屏状态下被盗，那么攻击者无法读取通过 EL4 能力保护的文件。

EL5（Encryption Level 5）：在 EL2 的基础上，增加设备锁屏时的文件保护能力。设备锁屏后，满足一定条件时，通过 EL5 能力保护的数据将无法被访问，但可以继续创建和读写新的文件。如无特殊必要，无须使用该方式。

默认情况下不会生成 EL5 的相关目录，需要配置访问 E 类加密数据库的相关权限。

注意，如无特殊必要，应用应将数据存放在 el2/ 目录下，以尽可能保证数据安全。但是对于某些场景，一些应用文件需要在用户首次认证前就可被访问，如时钟、闹铃、壁纸等，此时应用需要将这些文件存放到设备级加密区。

- 四级、五级目录：通过 ApplicationContext 可以获取 distributedfiles/ 目录或 base/ 目录下的 files/、cache/、preferences/、temp/ 等目录的应用文件路径，应用全局信息可以被存放在这些目录下。通过 UIAbilityContext、AbilityStageContext、ExtensionContext 可以获取 HAP 级别应用文件路径。HAP 信息可以被存放在这些目录下，存放在这些目录下的文件会随 HAP 的卸载而删除，不会影响 App 级别目录下的文件。

在平时开发中，存储的数据都放在四级、五级目录下，下面对四级、五级目录的应用文件路径及生命周期进行详细介绍。

- base：本设备文件路径。它应用在本设备上存放持久化数据的目录下，子目录包含 files/、cache/、temp/ 和 haps/ 等；随应用卸载而清理。通过 ApplicationContext 的 NA 属性可以获取目录。

- bundle：安装文件路径。它应用在安装后的 App 的 HAP 资源包所在目录下；随应用卸载而清理，不能通过拼接路径访问资源文件，而需要通过资源管理接口访问资源。它可以用于存储应用的代码资源数据，主要包括应用安装的 HAP 资源包、可重复使用的库文件，以及插件资源等。此路径下存储的代码资源数据可以用于动态加载。通过 ApplicationContext 的 bundleCodeDir 属性可以获取目录。

- database：数据库路径。它应用在 EL2 加密条件下存放通过分布式数据库操作的文件目录下；随应用卸载而清理。它仅用于保存应用的私有数据库数据，主要包括数据库文件等。此路径仅适用于存储分布式数据库相关文件数据。通过 ApplicationContext 的

databaseDir 属性可以获取目录。

- distributedfiles：分布式文件路径。它应用在 EL2 加密条件下存放分布式文件的目录下，应用将文件放入该目录可分布式跨设备直接访问；随应用卸载而清理。它可以用于保存应用分布式场景下的数据，主要包括应用多设备共享文件、应用多设备备份文件、应用多设备群组协助文件。此路径下存储这些数据，使得应用更加适合多设备使用场景。通过 ApplicationContext 的 distributedFilesDir 属性可以获取目录。

- files：应用通用文件路径。它应用在本设备内部存储中通用的存放默认长期保存的文件路径下；随应用卸载而清理。它可以用于保存应用的任何私有数据，主要包括用户持久性文件、图片、媒体文件，以及日志文件等。此路径下存储这些数据，使得数据保持私有、安全且持久有效。通过 ApplicationContext 的 filesDir 属性可以获取目录。

- cache：应用缓存文件路径。它应用在本设备内部存储中用于缓存下载的文件或可重新生成的缓存文件的路径下，在应用目录大小超过配额或者系统空间达到一定条件时，自动触发清理该目录下的文件；用户通过系统空间管理类应用也可能触发清理该目录。应用需判断文件是否仍存在，决策是否需重新缓存该文件；随应用卸载而清理。它可以用于保存应用的缓存数据，主要包括离线数据、图片缓存、数据库备份，以及临时文件等。由于此路径下存储的数据可能会被系统自动清理，因此建议不要存储重要数据。通过 ApplicationContext 的 cacheDir 属性可以获取目录。

- preferences：应用首选项文件路径。它应用在本设备内部存储中通过数据库 API 存储配置类或首选项的目录下；随应用卸载而清理。它可以用于保存应用的首选项数据，主要包括应用首选项文件，以及配置文件等。此路径仅适用于存储少量数据。通过 ApplicationContext 的 preferencesDir 属性可以获取目录。

- temp：应用临时文件路径。它应用在本设备内部存储中仅在应用运行期间产生和需要的文件中，应用退出后即清理。它可以用于保存应用临时生成的数据，主要包括数据库缓存、图片缓存、临时日志文件，以及下载的应用安装包文件等。此路径下存储使用后即可删除的数据。通过 ApplicationContext 的 tempDir 属性可以获取目录。

8.2.3　应用文件分享

应用文件分享是应用之间通过分享 URI（Uniform Resource Identifier，统一资源标识符）或 FD（File Descriptor，文件描述符）方式，进行文件共享的过程。

基于 URI 方式，应用可分享单个文件，通过 ohos.app.ability.wantConstant 的 wantConstant.Flags 接口以只读或读写权限授权给其他应用。应用可通过 ohos.file.fs 的 open 接口打开 URI，并进行读写操作。当前仅支持临时授权，分享给其他应用的文件在被分享应用退出时权限被收回。

基于 FD 方式，应用可分享单个文件，通过 ohos.file.fs 的 open 接口以指定权限授权给其他应用。应用从 Want 中解析拿到 FD 后可通过 ohos.file.fs 的读写接口对文件进行读写。由于基于 FD 方式分享的文件在关闭 FD 后，无法再打开分享的文件，因此不推荐使用，本节重点介绍基于 URI 方式分享文件给其他应用或使用其他应用分享的文件。

应用可分享目录如表 8.1 所示。

表 8.1　应用可分享目录

沙箱路径	物理路径	说明
/data/storage/el1/base	/data/app/el1/\<currentUserId>/base/\<PackageName>	应用 EL1 级别加密数据目录
/data/storage/el2/base	/data/app/el2/\<currentUserId>/base/\<PackageName>	应用 EL2 级别加密数据目录
/data/storage/el2/distributedfiles	/mnt/hmdfs/\<currentUserId>/account/device_view/ \<networkId>/data/\<PackageName>	应用 EL2 级别加密有账号分布式数据融合目录

文件 URI 的格式为：

```
file://<bundleName><path>
```

- file：文件 URI 的标志。
- bundleName：文件的属主。
- path：文件的沙箱路径。

1. 分享文件给其他应用

简单示例：分享文件给其他应用。

（1）获取文件的沙箱路径，并将其转换为 URI，代码如下。

```
import { UIAbility } from '@kit.AbilityKit';
import { fileUri } from '@kit.CoreFileKit';
import { window } from '@kit.ArkUI';
export default class EntryAbility extends UIAbility {
  onWindowStageCreate(windowStage: window.WindowStage) {
    // 获取文件的沙箱路径
    let pathInSandbox = this.context.filesDir + "/test1.txt";
    // 将沙箱路径转换为 URI
    let uri = fileUri.getUriFromPath(pathInSandbox);
    // 获取的 URI 为 "file://com.example.demo/data/storage/el2/base/files/test1.txt"
  }}
```

（2）设置获取文件的权限及选择要分享的应用。

分享文件给其他应用需要使用 startAbility 方法，填充获取的 URI，标注 URI 的文件类型，并通过设置 Want 的参数 flag 来获取对应的读写权限，将 action 字段的值配置为 "ohos.want.action.sendData"表示进行应用文件分享，代码如下。

```
import { fileUri } from '@kit.CoreFileKit';
import { window } from '@kit.ArkUI';
import { wantConstant } from '@kit.AbilityKit';
import { UIAbility } from '@kit.AbilityKit';
import { Want } from '@kit.AbilityKit';
import { BusinessError } from '@kit.BasicServicesKit';
export default class EntryAbility extends UIAbility {
  onWindowStageCreate(windowStage: window.WindowStage) {
    // 获取文件的沙箱路径
    let filePath = this.context.filesDir + '/test1.txt';
    // 将沙箱路径转换为 URI
    let uri = fileUri.getUriFromPath(filePath);
    let want: Want = {
      // 配置被分享文件的读写权限，例如对被分享文件进行读写授权
      flags:wantConstant.Flags.FLAG_AUTH_WRITE_URI_PERMISSION|wantConstant.Flags.
```

```
FLAG_AUTH_READ_URI_PERMISSION,
        // 配置分享应用的隐式拉起规则
        action: 'ohos.want.action.sendData',
        uri: uri,
        type: 'text/plain'
    }
    this.context.startAbility(want)
    .then(() => {
        console.info('Invoke getCurrentBundleStats succeeded.');
    })
    .catch((err: BusinessError) => {
        console.error('Invoke startAbility failed, code is
${err.code}, message is ${err.message}');});}
    …
}
```

运行模拟器，输出结果如图 8.4 所示。

图 8.4　输出结果

2. 使用其他应用分享的文件

简单示例：使用其他应用分享的文件。

（1）被分享应用需要将 module.json5 文件的 actions 字段的值配置为"ohos.want.action.sendData"，表示接收应用分享文件，配置 uris 字段，表示接收 URI 的类型，即只接收其他应用分享该类型的 URI，如下面的代码表示本应用只接收 scheme 字段的值为 file、type 字段的值为 txt 的文件。

```
{
    "module": {
        …
        "abilities": [
            {
                …
                "skills": [
                    {
                        …
                        "actions": [
                            "ohos.want.action.sendData"
                        ],
                        "uris": [
                            {
                                "scheme": "file",
                                "type": "text/plain"
                            }]}] }]}}
```

（2）启动被分享方的 UIAbility 后，可以在 onCreate 函数或 onNewWant 函数中获取传入的 Want 的参数。

通过 Want 的参数获取分享文件的 URI 后，通过 open 接口打开文件，获取对应的 file 对象后，即可对文件进行读写操作，代码如下。

```
// xxx.ets 文件
import { fileIo as fs } from '@kit.CoreFileKit';
import { Want } from '@kit.AbilityKit';
```

```
import { BusinessError } from '@kit.BasicServicesKit';
function getShareFile() {
  try {
    // 此处实际使用时应该修改为获取的分享方传递过来的 Want 的参数
    let want: Want = {};
    // 通过 Want 的参数获取分享文件的 URI
    let uri = want.uri;
    if (uri == null || uri == undefined) {
      console.info('uri is invalid');
      return;
    }
    try {
      let file = fs.openSync(uri, fs.OpenMode.READ_WRITE);
      console.info('open file successfully!');
    } catch (err) {
      let error: BusinessError = err as BusinessError;
      console.error('Invoke openSync failed, code is ${error.code}, message is
${error.message}');
    }
  } catch (error) {
    let err: BusinessError = error as BusinessError;
    console.error('Invoke openSync failed, code is ${err.code}, message is
${err.message}');}}
```

8.3　使用文件存储数据

应用需要对应用文件目录下的应用文件属性进行查看、创建、读写、删除、移动、复制、获取等访问操作。开发者通过基础文件操作接口（ohos.file.fs）来实现应用文件访问能力。基础文件操作接口如表 8.2 所示。

表 8.2　基础文件操作接口

接口	描述
access	检查文件是否存在
close	关闭文件
copyFile	复制文件
createStream	基于文件路径打开文件流
listFile	列出文件夹下的所有文件名
mkdir	创建目录
moveFile	移动文件
open	打开文件
read	从文件中读取数据
rename	重命名文件或文件夹
rmdir	删除整个目录
stat	获取文件的详细属性信息
unlink	删除单个文件
write	将数据写入文件

接口	描述
Stream.close	关闭文件流
Stream.flush	刷新文件流
Stream.write	将数据写入流文件
Stream.read	从流文件中读取数据
File.fd	获取 FD
OpenMode	设置文件打开标签
Filter	设置文件过滤配置项
closeSync	以同步方法关闭文件
openSync	以同步方法打开文件

在使用基础文件操作接口时，对于耗时较长的操作（读写等），建议使用异步接口，避免应用崩溃。

8.3.1 文件的读取

Example 8_1：文件的读取。

（1）在开始访问应用文件前，开发者需要获取应用文件路径，代码如下。

```
import { fileIo as fs, ReadOptions } from '@kit.CoreFileKit';
import { common } from '@kit.AbilityKit';
import { buffer } from '@kit.ArkTS';
// 获取应用文件路径
let context = getContext(this) as common.UIAbilityContext;//获取应用上下文
let filesDir = context.filesDir;//获取应用文件目录
```

（2）新建一个文件并对其进行读写，代码如下。

```
function createFile(): void {
  // 当文件不存在时新建并打开文件，当文件存在时打开文件
  let file = fs.openSync(filesDir + '/test.txt', fs.OpenMode.READ_WRITE | fs.OpenMode.CREATE);
  // 写入一段内容至文件中
  let writeLen = fs.writeSync(file.fd, "hello world.");
  console.info("内容长度: " + writeLen);
  // 创建一个大小为 1024 字节的 ArrayBuffer（缓冲区数组），用于存储从文件中读取的数据
  let arrayBuffer = new ArrayBuffer(1024);
  // 设置读取的偏移量和长度
  let readOptions: ReadOptions = {
    offset: 0,
    length: arrayBuffer.byteLength
  };
  // 读取文件内容到 ArrayBuffer 中，并返回实际读取的字节数
  let readLen = fs.readSync(file.fd, arrayBuffer, readOptions);
  // 将 ArrayBuffer 转换为 Buffer，并以字符串形式输出
  let buf = buffer.from(arrayBuffer, 0, readLen);
  console.info("文件内容: " + buf.toString());
  // 关闭文件
  fs.closeSync(file);}
```

（3）新建一个测试页面，在 build 函数中添加按钮，实现点击按钮新建文件并读取其中的

内容，代码如下。

```
…
Button("新建文件并读取其中的内容")
    .onClick(()=>{
      createFile()})
…
```

日志输出结果如图 8.5 所示。

```
2533-2533    A03d00/JSAPP              com.example.filedemo  I    内容长度: 12
2533-2533    A03d00/JSAPP              com.example.filedemo  I    文件内容: hello world.
```

图 8.5　日志输出结果

8.3.2　文件的写入

简单示例：文件的写入。

```
function readWriteFile(): void {
  // 打开文件
  let srcFile = fs.openSync(filesDir + '/test.txt', fs.OpenMode.READ_WRITE | fs.OpenMode.CREATE);
  let destFile = fs.openSync(filesDir + '/destFile.txt', fs.OpenMode.READ_WRITE |
fs.OpenMode.CREATE);
  // 读取文件内容并将其写入目的文件
  let bufSize = 4096;
  let readSize = 0;
  let buf = new ArrayBuffer(bufSize);
  let readOptions: ReadOptions = {
   offset: readSize,
   length: bufSize
  };
  let readLen = fs.readSync(srcFile.fd, buf, readOptions);
  while (readLen > 0) {
   readSize += readLen;
   let writeOptions: WriteOptions = {
    length: readLen
   };
   fs.writeSync(destFile.fd, buf, writeOptions);
   readOptions.offset = readSize;
   readLen = fs.readSync(srcFile.fd, buf, readOptions);
  }
  // 关闭文件
  fs.closeSync(srcFile);
  fs.closeSync(destFile);}
```

在使用读写接口时，需注意可选参数 offset 的设置。对于已存在且读写过的文件，文件偏移指针默认在上次读写操作的终止位置。

8.4　使用关系数据库存储数据

关系数据库基于 SQLite，用于存储包含复杂关系数据的场景，比如一个班级的学生信息，需要包括姓名、学号、各科成绩等，又如公司的雇员信息，需要包括姓名、工号、职位等，由于数据之间有较强的对应关系，复杂程度比键值型数据更高，因此需要使用关系数据库来持久化存储数据。

以下是关系数据库的一些基本概念。

- 谓词：数据库中用来代表数据实体的性质、特征或者数据实体之间关系的词项，主要用来定义数据库的操作条件。
- 结果集：用户查询之后的结果集合，可以对数据进行访问。结果集提供了灵活的数据访问方式，可以很方便地获取用户想要的数据。

关系数据库为应用提供通用的操作接口，底层使用 SQLite 作为持久化存储引擎，支持 SQLite 具有的数据库特性，包括但不限于事务、索引、视图、触发器、外键、参数化查询和预编译 SQL 语句。图 8.6 所示为关系数据库的运作机制。

关系数据库持久化功能的相关接口大部分为异步接口。异步接口均有 callback 和 Promise 两种返回形式。

- callback：异步编程的基本方式，通过将一个函数作为参数传递给另一个函数，异步操作完成后调用该函数来处理结果。
- Promise：与 callback 相比，Promise 易读，不需要层层传递。Promise 是一个对象，不同于函数，对象能保留状态，而函数在被调用时需要马上返回状态。

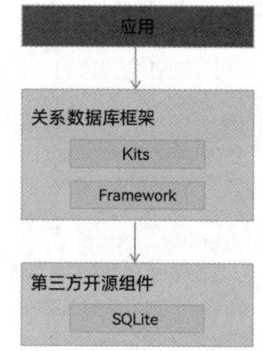

图 8.6　关系数据库的运作机制

表 8.3 以 callback 为例，列举了关系数据库持久化功能的相关接口。

表 8.3　关系数据库持久化功能的相关接口

接口	描述
getRdbStore(context:Context,config:StoreConfig,callback:AsyncCallback\<RdbStore\>): void	获取关系数据库
executeSql(sql: string, bindArgs: Array\<ValueType\>, callback: AsyncCallback\<void\>):void	执行指定参数的 SQL 语句
insert(table: string, values: ValuesBucket, callback: AsyncCallback\<number\>):void	向表中插入数据
update(values:ValuesBucket,predicates:RdbPredicates,callback:AsyncCallback\<number\>):void	更新数据库中的数据
delete(predicates: RdbPredicates, callback: AsyncCallback\<number\>):void	从数据库中删除数据
query(predicates:RdbPredicates,columns:Array\<string\>,callback:AsyncCallback\<ResultSet\>):void	查询数据库中的数据
deleteRdbStore(context: Context, name: string, callback: AsyncCallback\<void\>): void	删除数据库

8.4.1　创建数据库及表

应用创建的数据库与其上下文有关，即使使用同样的数据库名称，但不同的应用上下文，会产生多个数据库，如每个 UIAbility 都有各自的上下文。

简单示例：创建数据库及表。

（1）导入模块，代码如下。

```
import { relationalStore } from '@kit.ArkData'; // 导入模块
```

（2）创建数据库，代码如下。

```
const STORE_CONFIG :relationalStore.StoreConfig= {
    name: 'RdbTest.db', // 指定数据库文件名
    securityLevel: relationalStore.SecurityLevel.S3, // 指定数据库安全级别
    encrypt: false, // 可选参数，指定数据库是否加密，默认不加密
    customDir: 'customDir/subCustomDir', // 可选参数，指定数据库自定义路径
    isReadOnly: false // 可选参数，指定数据库是否以只读方式打开
};
```

（3）创建表，要使用关系数据库实现数据持久化需要获取 RdbStore 实例，代码如下。

```
// 判断数据库版本
// 假设当前数据库版本为 3，表结构为 EMPLOYEE (NAME, AGE, SALARY, CODES, IDENTITY)
//创建 SQL 语句
const SQL_CREATE_TABLE = 'CREATE TABLE IF NOT EXISTS EMPLOYEE
(ID INTEGER PRIMARY KEY AUTOINCREMENT, NAME TEXT NOT NULL,
AGE INTEGER, SALARY REAL, CODES BLOB, IDENTITY UNLIMITED INT)';
//获取数据库
relationalStore.getRdbStore(this.context, STORE_CONFIG, (err, store) => {
  if (err) {
    console.error('获取失败');
    return;
  }
  console.info('获取成功');
  // 在创建数据库时，数据库默认版本为 0
  if (store.version === 0) {
    store.executeSql(SQL_CREATE_TABLE); // 创建表
    store.version = 3}// 设置数据库版本，要求入参为大于 0 的整数
  // 如果数据库版本不为 0 且和当前数据库版本不匹配，那么需要进行升级或降级操作
  // 当数据库存在且版本为 1 时，如要使应用从某一版本升级到当前版本，需要将数据库版本从 1 升级到 2
  // version = 1: 表结构为 EMPLOYEE (NAME, SALARY, CODES, ADDRESS) => version= 2: 表结构为
EMPLOYEE (NAME, AGE, SALARY, CODES, ADDRESS)
  if (store.version === 1) {
    (store as relationalStore.RdbStore).executeSql('ALTER TABLE EMPLOYEE ADD COLUMN AGE
INTEGER');
    store.version = 2}
  // 当数据库存在且版本为 2 时，如应用从某一版本升级到当前版本，需要将数据库版本从 2 升级到 3
  // version = 2: 表结构为 EMPLOYEE (NAME, AGE, SALARY, CODES, ADDRESS) => version = 3: 表
结构为 EMPLOYEE (NAME, AGE, SALARY, CODES)
  if (store.version === 2) {
    (store as relationalStore.RdbStore).executeSql('ALTER TABLE EMPLOYEE DROP COLUMN
ADDRESS TEXT');
    store.version = 3}});
  // 确保获取 RdbStore 实例后，进行数据库的增删改查等操作
}}
```

8.4.2　操作数据库

简单示例：操作数据库。

（1）获取 RdbStore 实例后，调用插入方法插入数据，关系数据库不支持显式刷新操作实现持久化，数据插入后即被保存在持久化文件中，代码如下。

```
let store: relationalStore.RdbStore | undefined = undefined;
…//此处省略获取 RdbStore 实例的代码
```

```
let value1 = 'Lisa';
let value2 = 18;
let value3 = 100.5;
let value4 = new Uint8Array([1, 2, 3, 4, 5]);
let value5 = BigInt('15822401018187971961171');
//创建一个数据对象
const valueBucket1: relationalStore.ValuesBucket = {
  'NAME': value1,
  'AGE': value2,
  'SALARY': value3,
  'CODES': value4,
  'IDENTITY': value5,};
if (store !== undefined) {
  (store as relationalStore.RdbStore).insert('EMPLOYEE', valueBucket1, (err: BusinessError,
rowId: number) => {
    if (err) {
      console.error('插入数据失败');
      return;}
      console.info('插入数据成功')}})
```

（2）调用更新方法更新数据，代码如下。

```
//获取表
let predicates1 = new relationalStore.RdbPredicates('EMPLOYEE');
// 匹配表'EMPLOYEE'中'NAME'为'Lisa'的字段
predicates1.equalTo('NAME', 'Lisa');
if (store !== undefined) {
  //假设 valueBucket4 是新的数据对象
  (store as relationalStore.RdbStore).update(valueBucket4, predicates1, (err: BusinessError,
rows: number) => {
    if (err) {
      console.error('更新数据失败');
      return;}
      console.info('更新数据成功');}})
```

（3）调用删除方法删除数据，代码如下。

```
predicates1 = new relationalStore.RdbPredicates('EMPLOYEE');//获取表
predicates1.equalTo('NAME', 'Lisa');
if (store !== undefined) {
  (store as relationalStore.RdbStore).delete(predicates1, (err: BusinessError, rows: number) => {
    if (err) {
      console.error('删除数据失败');
      return;}
      console.info('删除行数: ${rows}');})}
```

（4）删除数据库，代码如下。

```
relationalStore.deleteRdbStore(this.context, 'RdbTest.db', (err: BusinessError) => {
  if (err) {
    console.error('删除数据库失败, message:${err.message}');
    return;}
    console.info('删除数据库成功')});
```

8.4.3 查询数据

简单示例：查询数据。

根据谓词指定的查询条件调用查询方法查询数据，返回一个结果集。

```
let predicates2 = new relationalStore.RdbPredicates('EMPLOYEE');//获取表
predicates2.equalTo('NAME','Rose');
if (store !== undefined) {
  (store as relationalStore.RdbStore).query(predicates2, ['ID', 'NAME', 'AGE', 'SALARY',
'IDENTITY'], (err: BusinessError, resultSet) => {
    if (err) {
      console.error('查询数据失败');
      return;
    }
    console.info('结果集名:${resultSet.columnNames},
                  列数: ${resultSet.columnCount}');
    // resultSet 是一个结果集的游标，默认指向第-1 个记录，有效数据从 0 开始
    while (resultSet.goToNextRow()) {
      const id = resultSet.getLong(resultSet.getColumnIndex('ID'));
      const name = resultSet.getString(resultSet.getColumnIndex('NAME'));
      const age = resultSet.getLong(resultSet.getColumnIndex('AGE'));
      const salary = resultSet.getDouble(resultSet.getColumnIndex('SALARY'));
      const identity = resultSet.getValue(resultSet.getColumnIndex('IDENTITY'));
      console.info('id=${id},name=${name},age=${age},salary=${salary},
            identity=${identity}');
}
    // 释放系统为结果集分配的内存
    resultSet.close();}})}
```

当应用完成查询数据操作，不再使用结果集时，应及时调用 close 方法关闭结果集，释放系统为其分配的内存。

8.5 使用分布式数据服务

分布式数据服务是指将数据同步到相同组网环境下的其他设备上，常用于用户应用数据在可信认证的不同设备之间进行自由同步、修改和查询。

例如，当设备 1 上的应用 A 在分布式数据库中增删改数据后，设备 2 上的应用 A 也可以获取该数据库的变化。分布式数据服务可以在分布式图库、备忘录、联系人、文件管理器等场景中使用。

8.5.1 分布式数据库介绍

在分布式场景中，会涉及多个设备，组网内设备之间看到的数据的一致性，被称为分布式数据库的一致性。

分布式数据库的一致性可以分为强一致性、弱一致性和最终一致性。

- 强一致性：是指某一设备成功增删改数据后，组网内任意设备均可立即读取数据，获得更新后的值。
- 弱一致性：是指某一设备成功增删改数据后，组网内设备不确定是否读取本次更新后的数据，不能保证在某段时间后各设备的数据一定是一致的。

- 最终一致性：是指某一设备成功增删改数据后，组网内设备可能读取不到本次更新后的数据，但在某个时间窗口之后组网内设备的数据能够达到一致。

强一致性对分布式数据的管理要求非常高，在服务端的分布式场景中可能会遇到。基于移动终端设备不常在线及无中心的特性，相同应用跨设备数据同步不支持强一致性，只支持最终一致性。

8.5.2 分布式数据对象跨设备数据同步

1. 场景介绍

传统方式下，设备之间的数据同步需要开发者完成消息处理逻辑，包括建立通信连接、收发消息、重试错误、解决数据冲突等操作，其工作量非常大。此外，设备越多，调试的复杂度越高。

分布式数据对象实现了对"变量"的"全局"访问。分布式数据对象向开发者提供内存对象的创建、查询、删除、修改、订阅等基本数据对象的管理能力，同时具备分布式能力。分布式数据对象为开发者在分布式应用场景下提供简单易用的 JS（JavaScript）接口，轻松实现多台设备间同应用的数据协同，同时设备间可以监听对象的状态和数据变更。满足超级终端场景下，相同应用多台设备间的数据对象协同需求。与传统方式相比，分布式数据对象大大减少了开发者的工作量。

2. 基本概念

- 分布式内存数据库：将数据缓存在内存中，以便应用获得更快的数据存取速度，不会对数据进行持久化。若关闭数据库，则不会保留数据。
- 分布式数据对象：JS 对象型封装。每个分布式数据对象实例都会创建一个分布式内存数据库中的表，各应用创建的内存数据库相互隔离，对分布式数据对象的"读取"或"赋值"会被自动映射到对应数据库的操作上。

分布式数据对象的生命周期包括以下状态。

- 未初始化：未实例化，或已被销毁。
- 本地数据对象：已创建对应的表，但是还无法进行数据同步。
- 分布式数据对象：已创建对应的表，设备在线且组网内设置同样 sessionId 的对象数≥ 2 个，可以跨设备同步数据。若设备掉线或将 sessionId 置为空，则分布式数据对象退化为本地数据对象。

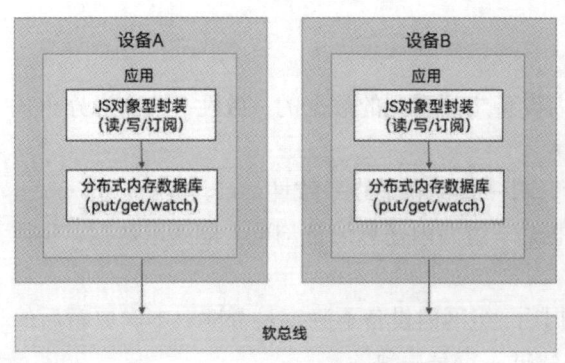

图 8.7　分布式数据对象的运作机制

3. 运作机制

分布式数据对象的运作机制如图 8.7 所示。

分布式数据对象生长在分布式内存数据库上，在分布式内存数据库上进行了 JS 对象型封装，开发者能像操作本地变量一样操作分布式数据对象，数据的跨设备同步由系统自动完成。

4. JS 对象型存储与封装机制

- 为每个分布式数据对象实例都创建一个内存数据库，通过 sessionId 标识，各应用创建的内存数据库相互隔离。
- 在分布式数据对象实例化的时候，（递归）遍历对象的所有属性，使用 Object.defineProperty 定义所有属性的 set 方法和 get 方法，set 方法和 get 方法分别对应数据库中一条记录的 put 操作和 get 操作，键对应属性名，值对应属性值。
- 在开发者对分布式数据对象进行"读取"或者"赋值"的时候，都会自动调用 set 方法和 get 方法，映射到对应数据库的操作上。

分布式数据对象和分布式数据库的对应关系如表 8.4 所示。

表 8.4 分布式数据对象和分布式数据库的对应关系

分布式数据对象实例	对象实例	属性名	属性值
分布式内存数据库	一个数据库（sessionId 标识）	一条数据库记录的键	一条数据库记录的值

5. 跨设备同步和数据变更通知机制

分布式数据对象一个十分重要的功能是对象之间的数据同步。可信组网内的设备可以在本地创建分布式数据对象，并设置 sessionId。不同设备上的分布式数据对象，通过设置相同的 sessionId 建立同步关系。

如图 8.8 所示，设备 A 和设备 B 上的分布式数据对象 1 的 sessionId 均为 session1，这两个对象建立了 session1 的同步关系。

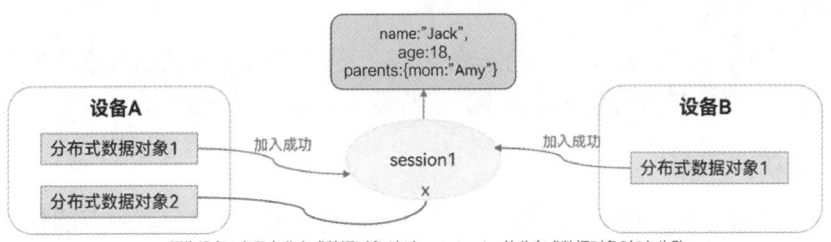

图 8.8 分布式数据对象的同步关系

在同步关系中，一个设备只能有一个对象加入。比如，在图 8.8 中，因为设备 A 的分布式数据对象 1 已经加入了 session1，所以设备 A 的分布式数据对象 2 就加入失败了。

建立同步关系后，每个 session 都有一份共享对象数据。加入了同一个 session 的对象，支持以下操作。

（1）读取/修改 session 中的数据。

（2）监听数据变更，感知其他设备对共享对象数据的修改。

（3）监听状态变更，感知其他设备的加入和退出。

在加入 session 时，如果分布式数据对象的数据与 session 中的数据不同，那么会更新 session 中的数据。如果希望分布式数据对象加入 sessionId 时不更新 session 中的数据，且得到 session 中的数据，那么需要将对象属性的值设置为 undefined（将资产类型的各属性的值设置为空字符串）。

6. 同步的最小单位

关于分布式数据对象的数据同步，值得注意的是，同步的最小单位是属性。比如，在图8.9中，对象1包含3个属性：name、age 和 parents。当变更其中1个属性时，数据同步时只需同步变更的属性。对象属性支持基本类型（数值类型、布尔类型、字符串类型），以及复杂类型（数组、基本类型嵌套）。数据同步视图如图8.9所示。

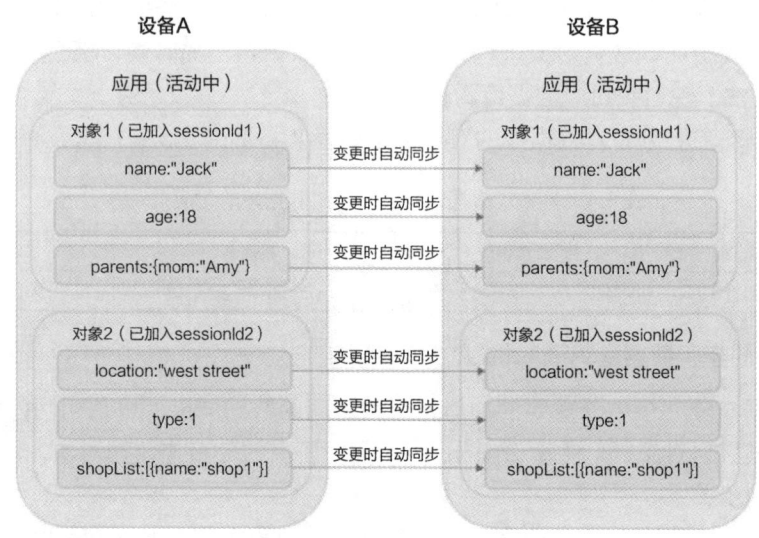

图 8.9　数据同步视图

7. 对象持久化缓存机制

分布式数据对象主要运行在应用的进程空间中。当调用分布式数据对象持久化接口时，通过分布式数据库对对象进行持久化和同步，进程退出后数据不会丢失。

8. 接口说明

表 8.5 所示为分布式数据对象跨设备数据同步功能的相关接口，其中大部分为异步接口。

表 8.5　分布式数据对象跨设备数据同步功能的相关接口

接口	描述
setSessionId(sessionId: string, callback: AsyncCallback<void>): void	设置同步的 sessionId
setSessionId(callback: AsyncCallback<void>): void	退出所有已加入的 session
on(type: 'change', callback: (sessionId: string, fields: Array<string>) => void): void	监听分布式数据对象的数据变更
off(type: 'change', callback?: (sessionId: string, fields: Array<string>) => void): void	取消监听分布式数据对象的数据变更
on(type: 'status', callback: (sessionId:string,networkId:string,status:'online'|'offline') =>void):void	监听分布式数据对象的上下线
off(type:'status',callback?:(sessionId:string,networkId:string,status:'online'|'offline') => void):void	取消监听分布式数据对象的上下线
save(deviceId: string, callback: AsyncCallback<SaveSuccessResponse>): void	保存分布式数据对象
revokcSave(callback: AsyncCallback<RevokeSaveSuccessResponse>): void	撤回保存的分布式数据对象
genSessionId(): string	创建一个 sessionId
create(context: Context, source: object): DataObject	创建一个分布式数据对象实例

简单示例：在多端协同中使用分布式数据对象。

（1）导入模块，定义分布式数据对象，代码如下。

```
import {AbilityConstant,Caller,common, UIAbility, Want } from '@kit.AbilityKit';
import { hilog } from '@kit.PerformanceAnalysisKit';
import { window } from '@kit.ArkUI';
import { distributedDataObject } from '@kit.ArkData';
import { distributedDeviceManager } from '@kit.DistributedServiceKit';
import { BusinessError } from '@kit.BasicServicesKit';
class Data {
  title: string | undefined;
  text: string | undefined;
  constructor(title: string | undefined, text: string | undefined) {
    this.title = title;
    this.text = text;}}
const TAG = '[DistributedDataObject]';
let sessionId: string;
let caller: Caller;
let dataObject: distributedDataObject.DataObject;
```

（2）调用端调用 startAbilityByCall 接口拉起对端 Ability，代码如下。

```
export default class EntryAbility extends UIAbility {
  //调用端调用 startAbilityByCall 接口拉起对端 Ability
  callRemote() {
    if (caller) {
      console.error(TAG + 'call remote already');
      return;
    }
    let context = getContext(this) as common.UIAbilityContext;
    // 调用 genSessionId 接口创建一个 sessionId
    // 通过分布式设备管理接口获取对端设备的 networkId
    sessionId = distributedDataObject.genSessionId();
    console.log(TAG + 'genSessionId: ${sessionId}');
    let deviceId = getRemoteDeviceId(); //获取可信组网中的设备
    if (deviceId == "") {
      console.warn(TAG + 'no remote device');
      return;
    }
    console.log(TAG + 'get remote deviceId: ${deviceId}');
    //组装 Want，并将 sessionId 放入 Want
    let want: Want = {
      bundleName: 'com.example.collaboration',
      abilityName: 'EntryAbility',
      deviceId: deviceId,
      parameters: {
        'ohos.aafwk.param.callAbilityToForeground': true, // 前台启动，非必须
        'distributedSessionId': sessionId}}
    try {
      //调用 startAbilityByCall 接口拉起对端 Ability
      context.startAbilityByCall(want).then((res) => {
        if (!res) {
          console.error(TAG + 'startAbilityByCall failed');
```

```
          }
      caller = res;})
    } catch (e) {
      let err = e as BusinessError;
      console.error(TAG + 'get remote deviceId error, error code: ${err.code},
                   error message: ${err.message}')}}
```

（3）创建分布式数据对象实例，代码如下。

```
//拉起对端Ability后创建分布式数据对象
createDataObject() {
  if (!caller) {
    console.error(TAG + 'call remote first');
    return;}
  if (dataObject) {
    console.error(TAG + 'create dataObject already');
    return;}
  let context = getContext(this) as common.UIAbilityContext;

  //创建分布式数据对象实例
  let data = new Data('The title', 'The text');
  dataObject = distributedDataObject.create(context, data);

  //注册数据变更监听
  dataObject.on('change', (sessionId: string, fields: Array<string>) => {
    fields.forEach((field) => {
      console.log(TAG + '${field}: ${dataObject[field]}')})})
  dataObject.setSessionId(sessionId);}//设置同步sessionId加入组网
```

（4）被调用端被拉起后创建和恢复分布式数据对象，代码如下。

```
//被调用端被拉起后创建和恢复分布式数据对象
onCreate(want: Want, launchParam: AbilityConstant.LaunchParam): void {
  if (want.parameters && want.parameters.distributedSessionId) {
    //创建分布式数据对象实例
    let data = new Data(undefined, undefined);
    dataObject = distributedDataObject.create(this.context, data);

    //注册数据变更监听
    dataObject.on('change', (sessionId: string, fields: Array<string>) => {
      fields.forEach((field) => {
        console.log(TAG + '${field}: ${dataObject[field]}')})})

    // 从Want中获取源端放入的sessionId，使用这个sessionId加入组网
    let sessionId = want.parameters.distributedSessionId as string;
    console.log(TAG + 'onCreate get sessionId: ${sessionId}');
    dataObject.setSessionId(sessionId)}}}
```

（5）获取可信组网中的设备，代码如下。

```
function getRemoteDeviceId() {
  let deviceId = "";
  try {
    let deviceManager= distributedDeviceManager.createDeviceManager('com.example.collaboration')
```

```
    let devices = deviceManager.getAvailableDeviceListSync();
    if (devices[0] && devices[0].networkId) {
      deviceId = devices[0].networkId;}
  } catch (e) {
    let err = e as BusinessError;
    console.error(TAG + 'get remote deviceId error, error code: ${err.code}, error
message: ${err.message}');}
    return deviceId;}
```

8.6 使用用户首选项实现数据持久化

8.6.1 使用用户首选项实现数据持久化介绍

1. 场景介绍

用户首选项为应用提供键值型的数据处理能力,支持应用持久化轻量级数据,并对其进行修改和查询。当用户希望有全局唯一存储的地方时,可以采用用户首选项来进行存储。用户首选项会将该数据缓存在内存中,当用户读取的时候,能够快速从内存中获取数据,当需要持久化时,可以调用 flush 方法将 Preferences 实例的数据写入持久化文件。对于用户首选项,存放的数据越多,应用占用的内存越大。因此,用户首选项不适合存放过多的数据,也不支持通过配置加密,适用场景一般为应用保存用户的个性化设置(文本大小、是否开启夜间模式)等。

2. 运作机制

用户程序通过 ArkTS 接口调用用户首选项读写对应的数据文件。开发者可以将用户首选项的持久化文件的内容加载到 Preferences 实例中,每个文件对应唯一的 Preferences 实例,系统会通过静态容器将该实例存储在内存中,直到主动从内存中移除该实例或删除用户首选项的持久化文件。用户首选项的持久化文件被保存在应用沙箱内部,可以通过上下文获取其路径。用户首选项的运作机制如图 8.10 所示。

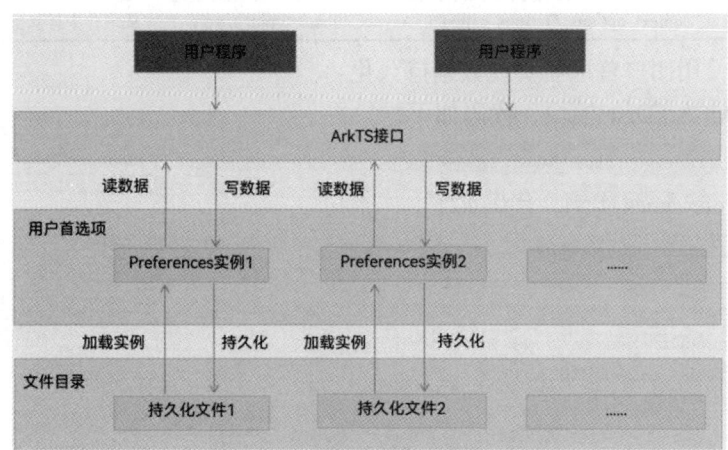

图 8.10 用户首选项的运作机制

3. 约束限制

- 用户首选项无法保证进程并发安全,会有文件损坏和数据丢失的风险,不支持多进程。

- 若键为字符串类型，则要求键非空且长度不超过 1024 字节。
- 若值为字符串类型，则建议使用 UTF-8 格式编码，当值不为空时，值不能超过 16MB。
- 当存储的数据中包含非 UTF-8 格式的字符串时，要求使用 Uint8Array 格式存储，否则持久化文件格式会发生错误，进而损坏文件。
- 调用 removePreferencesFromCache 方法或者 deletePreferences 方法后，变更的数据会被主动取消订阅，调用 getPreferences 方法后需要重新订阅变更的数据。
- 不允许并发调用 deletePreferences 方法与其他方法，否则会产生不可预期的行为。
- 因为内存会随着存储数据量的增加而增大，所以存储的数据量应该是轻量级的，建议存储的数据不超过一万条，否则会在内存方面产生较大的开销。

8.6.2 使用用户首选项实现数据持久化操作

表 8.6 所示为使用用户首选项实现数据持久化的相关接口。

表 8.6 使用用户首选项实现数据持久化的相关接口

接口	描述
getPreferencesSync(context: Context, options: Options): Preferences	获取 Preferences 实例。该接口存在异步接口
putSync(key: string, value: ValueType): void	将数据写入 Preferences 实例
hasSync(key: string): boolean	通过键查询键值对
getSync(key: string, defValue: ValueType): ValueType	获取键对应的值
deleteSync(key: string): void	通过键删除键值对
flush(callback: AsyncCallback<void>): void	将当前 Preferences 实例的数据异步存储到用户首选项的持久化文件中
on(type: 'change', callback: Callback<string>): void	订阅的数据发生变更后，在执行 flush 方法后，触发 callback 回调
off(type: 'change', callback?: Callback<string>): void	取消订阅数据变更
deletePreferences(context: Context, options: Options, callback: AsyncCallback<void>): void	从内存中移除指定的 Preferences 实例

简单示例：使用用户首选项实现数据持久化。

（1）导入 @kit.ArkData 模块，代码如下。

```
import { preferences } from '@kit.ArkData';
```

（2）获取 Preferences 实例，代码如下。

```
import { UIAbility } from '@kit.AbilityKit';
import { BusinessError } from '@kit.BasicServicesKit';
import { window } from '@kit.ArkUI';
let dataPreferences: preferences.Preferences | null = null;
class EntryAbility extends UIAbility {
  onWindowStageCreate(windowStage: window.WindowStage) {
    let options: preferences.Options = { name: 'myStore' };
    dataPreferences = preferences.getPreferencesSync(this.context, options);}}
```

（3）写入数据。

调用 putSync 方法保存数据到缓存的 Preferences 实例中。在写入数据后，如有需要，可调用 flush 方法将 Preferences 实例的数据存储到持久化文件中，代码如下。

```
import { util } from '@kit.ArkTS';
if (dataPreferences.hasSync('startup')) {
  console.info("The key 'startup' is contained.");
} else {
  console.info("The key 'startup' does not contain.");
  // 此处以此键值对不存在时写入数据为例
  dataPreferences.putSync('startup', 'auto');
  // 当想要获取的值带有特殊字符的字符串时，需要将其转换为 Uint8Array 格式存储
  let uint8Array1 = new util.TextEncoder().encodeInto("~! @#￥%……&* ( ) ——+? ");
  dataPreferences.putSync('uInt8', uInt8Array1);}
```

（4）读取数据。

调用 getSync 方法读取数据，即指定键对应的值。如果值为 null 或者非默认值类型，那么返回默认数据，代码如下。

```
let val = dataPreferences.getSync('startup', 'default');
console.info("The 'startup' value is " + val);
// 当想要获取的值为带有特殊编码的字符串时，需要先将其转换为 Uint8Array 格式，再解析为 UTF-8 格式的字符串存储
let uInt8Array2 : preferences.ValueType = dataPreferences.getSync('uInt8', new Uint8Array(0));
let textDecoder = util.TextDecoder.create('utf-8');
val = textDecoder.decodeToString(uInt8Array2 as Uint8Array);
console.info("The 'uInt8' value is " + val);
```

（5）删除数据。

调用 deleteSync 方法删除指定键值对，代码如下。

```
dataPreferences.deleteSync('startup');
```

（6）数据持久化。

存入数据到 Preferences 实例中后，调用 flush 方法实现数据持久化，代码如下。

```
dataPreferences.deleteSync('startup');
dataPreferences.flush((err: BusinessError) => {
  if (err) {
    console.error('Failed to flush. Code:${err.code}, message:${err.message}');
    return; }
  console.info('Succeeded in flushing.');})
```

（7）变更订阅数据。

变更订阅数据时需要指定 observer 作为回调方法。订阅的值发生变更后，当调用 flush 方法时，observer 被触发回调，代码如下。

```
let observer = (key: string) => {
  console.info('The key' + key + 'changed.');
}
dataPreferences.on('change', observer);
// 变更订阅数据，由'auto'变为'manual'
dataPreferences.put('startup', 'manual', (err: BusinessError) => {
  if (err) {
    console.error('Failed to put the value of'startup'.Code:${err.code},message:
${err.message}');
    return;
  }
  console.info("Succeeded in putting the value of 'startup'.");
```

```
if (dataPreferences !== null) {
  dataPreferences.flush((err: BusinessError) => {
    if (err) {
      console.error('Failed to flush. Code:${err.code}, message:${err.message }');
      return; }
    console.info('Succeeded in flushing.');})}})
```

（8）删除指定文件。

调用 deletePreferences 方法从内存中删除指定文件对应的 Preferences 实例，包括内存中的数据。若该 Preference 实例存在对应的持久化文件，则同时删除该持久化文件，包括指定文件及其备份文件、损坏文件，代码如下。

```
preferences.deletePreferences(this.context, options, (err: BusinessError) => {
  if (err) {
    console.error('Failed to delete preferences.code:${err.code},message:${err message}');
    return;}
  console.info('Succeeded in deleting preferences.');})
```

Example 8_2：封装用户首选项持久化工具类。

（1）新建一个 PreferencesUtil.ets 文件，导入模块，代码如下。

```
import { preferences } from '@kit.ArkData'
import { common } from '@kit.AbilityKit'
import { BusinessError } from '@kit.BasicServicesKit'
```

（2）在 Ability 中获取上下文，并使用 AppStorage 存储，以复用，代码如下。

```
export default class EntryAbility extends UIAbility {
  onCreate(want: Want, launchParam: AbilityConstant.LaunchParam): void {
    AppStorage.setOrCreate("context",this.context)
  …//省略其他代码
}}
```

（3）创建一个类，并初始化 Preferences 实例，代码如下。

```
class PreferencesUtil {
  static readonly preferencesName = 'Preferences1' //定义用户首选项名
  dataPreferences: preferences.Preferences | null = null
  constructor() {}
  initPreferences() {
    if (this.dataPreferences != null) {
      return}
    let context = AppStorage.get('context') as common.UIAbilityContext || getContext(this)
as common.UIAbilityContext
    this.dataPreferences = preferences.getPreferencesSync(context, { name:
PreferencesUtil.preferencesName })}}
```

（4）在类中实现读取、写入、删除、持久化等操作，代码如下。

```
//读取
get(key: string) {
  try {
    return this.dataPreferences?.getSync(key, '')
  } catch (e) {
    e = e as BusinessError
    console.log(e.message)
```

```
        return null}}
//写入
put(key: string, value: preferences.ValueType) {
    try {
        this.dataPreferences?.putSync(key, value)
        this.flush()
    } catch (e) {
        e = e as BusinessError
        console.log(e.message)}}
//删除
delete(key: string) {
    try {
        this.dataPreferences?.deleteSync(key)
        this.flush()
    } catch (e) {
        e = e as BusinessError
        console.log(e.message)}}
//持久化
flush() {
    try {
        this.dataPreferences?.flush()
    } catch (e) {
        e = e as BusinessError
        console.log(e.message)}
```

（5）在类外导出并创建用户首选项持久化工具类对象，代码如下。

```
export const preferencesUtil = new PreferencesUtil()
```

（6）在创建 Ability 时初始化用户首选项持久化工具类，代码如下。

```
export default class EntryAbility extends UIAbility {
  onCreate(want: Want, launchParam: AbilityConstant.LaunchParam): void {
    //获取上下文
    AppStorage.setOrCreate("context",this.context)
    //初始化用户首选项持久化工具类
    preferencesUtil.init()
    //省略其他代码
  }}
```

（7）测试用户首选项持久化工具类，依次点击"存储数据：{message}"按钮、"读取数据：{message}"按钮，把数据删除后再次点击"读取数据：{message}"按钮，代码如下。

```
@Entry
@Component
struct PreferencesDemo {
  @State message: string = 'Hello World';
  build() {
  Column({space: 10}){
    Button("存储数据：{message}")
      .onClick(()=>{
      preferencesUtil.put("message", this.message)})
    Button("读取数据：{message}")
      .onClick(()=>{
        if(preferencesUtil.get("message") != ""){
```

```
    console.log("读取数据为: "+preferencesUtil.get("message")?.toString())
  }else{
    console.log("数据不存在或者已被删除")
  }})
Button("删除数据: {message}")
  .onClick(()=>{
    preferencesUtil.delete("message")})}}}}
```

运行模拟器，输出结果如图 8.11 所示。

图 8.11　输出结果

日志输出结果如图 8.12 所示。

03-12 22:35:31.918 6649-6649 A03d00/JSAPP   com.examp...ncesdemo I   读取数据为: Hello World
03-12 22:35:34.503 6649-6649 A03d00/JSAPP   com.examp...ncesdemo I   数据不存在或者已被删除

图 8.12　日志输出结果

8.7　实战：使用数据库存储数据

Example 8_3：封装关系数据库工具类并在其他页面中调用。

（1）新建一个 DBUtil.ets 文件，封装关系数据库工具类，导入模块，并使用 initDb 方法和 createTable 方法分别创建数据库与表，代码如下。

```
import { relationalStore } from '@kit.ArkData';
import { common } from '@kit.AbilityKit';
import { BusinessError } from '@kit.BasicServicesKit';
export class DBUtil {
  store: relationalStore.RdbStore | null = null
  //创建数据库
  initDb() {
    const STORE_CONFIG: relationalStore.StoreConfig = {
      name: 'RdbTest.db', // 指定数据库文件名
      securityLevel: relationalStore.SecurityLevel.S1, // 指定数据库安全级别
      encrypt: false, // 可选参数，指定数据库是否加密，默认不加密
      isReadOnly: false}; // 可选参数，指定数据库是否以只读方式打开
    let context = getContext(this) as common.UIAbilityContext;
    relationalStore.getRdbStore(context, STORE_CONFIG, (err, store) => {
      if (err) {
        return
      }
      this.store = store
      this.createTable()})}
  //创建表
  createTable() {
```

180

```
const SQL_CREATE_TABLE = 'CREATE TABLE IF NOT EXISTS "user" (\n' +
  ' "name" TEXT,\n' +
  ' "age" INTEGER,\n' +
  ' "sex" TEXT\n' +
  ');';
this.store?.executeSql(SQL_CREATE_TABLE)}
```

（2）在类中封装插入方法，代码如下。

```
insert(name: string, age: number, sex: string) {
  const valueBucket1: relationalStore.ValuesBucket = {
    'name': name,
    'age': age,
    'sex': sex
  };
  this.store?.insert('user', valueBucket1, (err: BusinessError, rowId: number) => {
    if (err) {
      console.error('插入数据失败. Code:${err.code}, message:${err.message}');
      return; }
    console.info('插入数据成功. 行 ID:${rowId}');}})
```

（3）在类中封装查询方法，代码如下。

```
query() {
  let predicates2 = new relationalStore.RdbPredicates('user');
  this.store?.query(predicates2, ['name', 'age', 'sex'], (err: BusinessError, resultSet) => {
    if (err) {
      console.error('查询数据失败. Code:${err.code}, message:${err.message}');
      return;
    }
    console.info('列名: ${resultSet.columnNames},
                列数: ${resultSet.columnCount}');
    while (resultSet.goToNextRow()) {
      const name = resultSet.getString(resultSet.getColumnIndex('name'));
      const age = resultSet.getString(resultSet.getColumnIndex('age'));
      const sex = resultSet.getString(resultSet.getColumnIndex('sex'));
      console.info('name=${name}, age=${age}, sex=${sex}');}
    // 释放数据集的内存
    resultSet.close();}})
```

（4）在类中封装更新方法，代码如下。

```
updateByName(name: string, age: number, sex: string){
  const valueBucket4: relationalStore.ValuesBucket = {
    'name': name,
    'age': age,
    'sex': sex
  };
  let predicates1 = new relationalStore.RdbPredicates('user');
  predicates1.equalTo('name', name);
  this.store?.update(valueBucket4, predicates1, (err: BusinessError, rows: number) => {
    if (err) {
      console.error('更新数据失败. Code:${err.code}, message:${err.message}');
      return;
    }
    console.info('更新数据成功. 更新的行数: ${rows}');}})
```

（5）在类中封装删除方法，代码如下。

```
deleteByName(name:string){
    let predicates1 = new relationalStore.RdbPredicates('user');
    predicates1 = new relationalStore.RdbPredicates('user');
    predicates1.equalTo('name', name);
    this.store?.delete(predicates1, (err: BusinessError, rows: number) => {
      if (err) {
        console.error('删除数据失败. Code:${err.code}, message:${err.message}');
        return;
      }
      console.info('删除的行数: ${rows}');})}}
```

（6）在类外创建全局对象，要使在类外可以调用类方法，必须使用关键字 export，代码
如下。

```
export const dbUtil = new DBUtil()
```

（7）创建一个 Index.ets 文件，测试封装的关系数据库工具类。在生命周期函数中初始化关
系数据库工具类，代码如下。

```
import { dbUtil, DbUtil } from '../util/DBUtil' //导入封装的工具类
…
  @State name:string =""
  @State sex:string =""
  @State age:number =0
  aboutToAppear(): void {
    dbUtil.initDb()}
…
```

（8）测试关系数据库工具类，代码如下。

```
…
Column({space:20}){
    Row(){
      Text("姓名: ")
      TextInput()
      .onChange((value:string)=>{
      this.name = value})}
    Row(){
      Text("年龄: ")
      TextInput()
      .onChange((value:string)=>{
      this.age = parseInt(value,10)})}
    Row(){
      Text("性别: ")
      TextInput()
      .onChange((value:string)=>{
      this.sex = value})}
    Button("插入数据")
      .onClick(()=>{
      dbUtil.insert(this.name,this.age,this.sex)})
    Row(){
      Button("通过名字更新")
      .onClick(()=>{
```

```
        dbUtil.updateByName(this.name,this.age,this.sex)})}
    Row(){
      Button("通过名字删除")
      .onClick(()=>{
        dbUtil.deleteByName(this.name)})}
    Row(){
      Button("查询所有数据")
      .onClick(()=>{
        dbUtil.query()})}}}
```

运行模拟器，输出结果如图 8.13 所示。

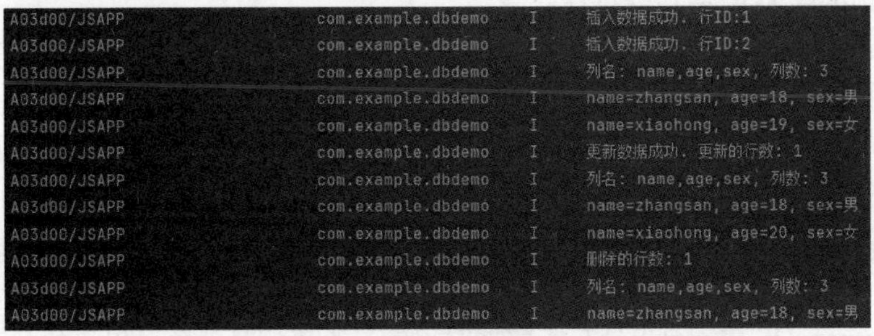

图 8.13　输出结果

习　题

1. 选择题

（1）设备上应用所使用及存储的数据，以文件、键值对、数据库等形式被保存在专属目录内，该专属目录被称为（　　）。

  A. 系统文件目录　　　　　　　　　　　B. 应用沙箱目录

  C. 应用文件目录　　　　　　　　　　　D. 用户文件目录

（2）以下方式中可以正确读取应用沙箱内私有文件的是（　　）。

  A. 直接通过绝对路径/data/app/files/test.txt 打开文件

  B. 使用拼接路径 context.filesDir + "/test.txt"打开文件

  C. 调用系统相册应用打开文件

  D. 通过 HTTP 下载文件

（3）在使用关系数据库进行数据持久化时，以下说法中正确的是（　　）。

  A. 数据库版本管理仅用于记录数据库创建时间，对表结构无影响

  B. 使用谓词可以定义数据库的操作条件，但无法查询数据

  C. 数据库的增删改查等操作必须在获取 RdbStore 实例后进行，否则操作无效

  D. 查询数据后，不需要手动关闭结果集，系统会自动释放其占用的内存

（4）在 HarmonyOS 项目的开发中，以下关于用户首选项的说法中正确的是（　　）。

  A. 用户首选项支持多进程并发安全访问，以保证数据的一致性

  B. 用户首选项的键的最大长度为 2048 字节，值可以是任意类型的数据，如对象、函数等

C. 调用 flush 方法可以将内存中的数据同步写入持久化文件，以防数据丢失

D. 调用 deletePreferences 方法会删除持久化文件及备份文件，同时移除内存中的 Preferences 实例

2. 判断题

（1）在使用基础文件操作接口时，所有读写操作都必须使用异步接口，以免应用崩溃。
（　　）

（2）在 HarmonyOS 中，关系数据库基于 SQLite，支持事务、索引、视图、触发器、外键、参数化查询和预编译 SQL 语句等特性。　　　　　　　　　　　　　　　（　　）

（3）在 HarmonyOS 中创建关系数据库时，如果未指定数据库自定义路径，那么数据库将默认在应用沙箱目录下创建。　　　　　　　　　　　　　　　　　　　　（　　）

（4）分布式数据对象在加入 session 时，如果其数据与 session 中的数据不同，那么会自动更新 session 中的数据。　　　　　　　　　　　　　　　　　　　　　　（　　）

（5）关系数据库的创建、表结构的定义和数据的增删改查操作，都需要在获取 RdbStore 实例后进行。　　　　　　　　　　　　　　　　　　　　　　　　　　　（　　）

（6）在 HarmonyOS 中，同步分布式数据对象的最小单位是整个对象，而不是对象的属性。
（　　）

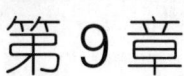

第 9 章

网络通信技术

学习目标

- 了解网络通信技术的基本概念。
- 掌握 HarmonyOS 中的 WebView 组件。
- 掌握利用 HTTP 接口开发 HTTP 程序的方法。
- 掌握利用 WebSocket 开发 HTTP 程序的方法。
- 掌握利用 Axios 开发 HTTP 程序的方法。

9.1 网络通信技术基础

HarmonyOS 的网络通信技术不仅支持传统的 TCP/IP 模型，还支持更为先进的网络通信协议，如 WebSocket，以实现实时通信。使用 HarmonyOS 的网络通信技术还可以实现对多种网络环境的智能适配，提高网络通信的稳定性和效率。

HarmonyOS 通过网络管理模块为用户提供网络通信服务，主要支持以下通信方式。

- Socket 通信：基于 TCP 和 UDP，通过 Socket（套接字）进行数据传输，适合低延迟、实时性强的场景。
- WebSocket 通信：基于 WebSocket，结合 HTTP（Hypertext Transfer Protocol，超文本传输协议）和 Socket 的优点，适合需要高效双向通信的场景，如即时聊天等。
- HTTP 通信：基于请求-响应模式，通过 HTTP 实现数据交互，是现代 Web 应用的核心通信方式。

9.2 HarmonyOS 中的 WebView 组件

在 App 开发过程中，有时需要打开或加载 H5 页面。ArkUI 提供了 WebView 组件用于加载页面，相当于在自己的应用中嵌入一个浏览器，从而展示各种各样的页面。

页面加载是 WebView 组件的基本功能。根据数据的来源，页面加载可以分为 3 种常用的场景，包括加载网络页面、加载本地页面、加载 HTML 格式的富文本。

1. 使用 WebView 组件加载网络页面

Example 9_1：使用 WebView 组件加载网络页面。

（1）在加载网络页面的过程中，若涉及网络资源的获取，则需要在 module.json5 文件中配置网络访问权限，代码如下。

```
"requestPermissions":[
  {
    "name" : "ohos.permission.INTERNET"}]
…
```

（2）开发者可以在创建 WebView 组件时，指定默认加载的网络页面。在网络页面加载完成后，如果开发者需要变更 WebView 组件显示的网络页面，那么可以通过调用 loadUrl 方法加载指定的网络页面。WebView 组件的第 1 个参数 src 不能通过状态变量动态更改地址，如需更改地址，应通过调用 loadUrl 方法重新加载。

在使用 Web 组件加载完 developer.huawei.com 页面后，开发者可以通过调用 loadUrl 方法将 WebView 组件显示页面更改为 developer.huawei.com 页面，代码如下。

```
import { webview } from '@kit.ArkWeb';
import { BusinessError } from '@kit.BasicServicesKit';
@Entry
@Component
struct WebComponent {
  controller: webview.WebviewController = new webview.WebviewController();
  build() {
    Column() {
      Button('loadUrl')
        .onClick(() => {
          try {
            // 在点击按钮时，通过调用 loadUrl 方法加载网络页面
            this.controller.loadUrl('developer.huawei.com');
          } catch (error) {
            console.error('ErrorCode: ${(error as
BusinessError).code}, Message: ${(error as
BusinessError).message}');}})
      // 在创建组件时，加载 developer.huawei.com 页面
      Web({ src: 'developer.huawei.com', controller:
this.controller })}}}
```

运行模拟器，输出结果如图 9.1 所示。

2. 使用 WebView 组件加载本地页面

Example 9_2：使用 WebView 组件加载本地页面。

（1）前面实现了使用 WebView 组件加载网络页面，使用 Web 组件同样可以加载本地页面。

在 rawfile 目录下创建一个 index.html 文件，如图 9.2 所示。

（2）通过 $rawfile 加载本地页面，代码如下。

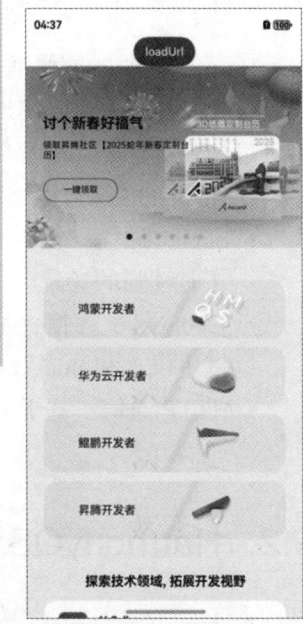

图 9.1　输出结果 1

```
Web({ src: $rawfile("index.html"), controller: this.controller })
```

运行模拟器，输出结果如图 9.3 所示。

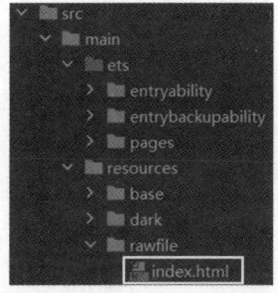

图 9.2　创建的 index.html 文件

图 9.3　输出结果 2

3. 使用 WebView 组件加载 HTML 格式的富文本

Example 9_3：使用 WebView 组件加载 HTML 格式的富文本。

（1）WebView 组件可以通过 loadData（data:string,mimeType:string,encoding:string,baseUrl?: string,historyUrl?:string）接口实现加载 HTML 格式的富文本。当开发者不需要加载整个页面，只需显示一些页面片段时，可以通过此功能来快速加载页面。

要加载 HTML 格式的富文本，需要设置参数 baseUrl 的值为"data"，代码如下。

```
@Entry
@Component
struct WebComponent {
  controller: webview.WebviewController = new webview.WebviewController();
  build() {
    Column() {
      Button('loadData')
        .onClick(() => {
          try {
            // 在点击按钮时，通过调用 loadData 方法加载 HTML 格式的富文本
            this.controller.loadData(
              "<html><body bgcolor=\"white\">Source:<pre>source</pre></body></html>", //富文本
              "text/html",   //解析格式
              "UTF-8"   );//解析编码
          } catch (error) {
            console.error('ErrorCode: ${(error as BusinessError).code}, Message: ${(error as
BusinessError).message}');}})
      // 在创建组件时，加载 www.example.com 页面
      Web({ src: 'www.example.com', controller: this.controller })}}}
}
```

（2）Web 组件可以通过使用富文本字符串 htmlStr 的方式直接加载 HTML 内容，代码如下。

```
…
  controller: webview.WebviewController = new webview.WebviewController();
  htmlStr: string = "data:text/html,
   <html><body bgcolor=\"grey\">Source:<pre>source</pre></body></html>";
    Web({ src: this.htmlStr, controller: this.controller })
…
```

运行模拟器，输出结果如图 9.4 所示。

图 9.4　输出结果 3

9.3　利用 HTTP 接口开发 HTTP 程序

在日常应用开发中需要从服务端中获取数据，这时通常发起一个数据请求，支持常见的 GET、POST、OPTIONS、PUT、DELETE、TRACE、CONNECT 等方法。

9.3.1　HTTP 接口基础

HTTP 请求包括发起请求、中断请求、订阅/取消订阅 HTTP 事件等，涉及的接口如表 9.1 所示。

表 9.1　HTTP 请求涉及的接口

接口	描述
createHttp	创建一个 HTTP 请求
request	根据 URL 发起 HTTP 请求
requestInStream	根据 URL 发起 HTTP 请求并返回流式响应
destroy	中断请求
on(type: 'headersReceive')	订阅 HTTP Response Header 事件
off(type: 'headersReceive')	取消订阅 HTTP Response Header 事件
once('headersReceive')	订阅 HTTP Response Header 事件，但只触发一次
on('dataReceive')	订阅 HTTP 流式响应数据接收事件
off('dataReceive')	取消订阅 HTTP 流式响应数据接收事件
on('dataEnd')	订阅 HTTP 流式响应数据接收完毕事件
off('dataEnd')	取消订阅 HTTP 流式响应数据接收完毕事件
on('dataReceiveProgress')	订阅 HTTP 流式响应数据接收进度事件
off('dataReceiveProgress')	取消订阅 HTTP 流式响应数据接收进度事件
on('dataSendProgress')	订阅 HTTP 请求数据发送进度事件
off('dataSendProgress')	取消订阅 HTTP 请求数据发送进度事件

简单示例：request 接口的开发。

（1）打开 module.json5 文件，代码如下。

```
"requestPermissions": [
  {
    "name": "ohos.permission.INTERNET"}]
```

（2）导入模块，调用 createHttp 方法，创建一个 HttpRequest 对象，每个 HttpRequest 对象

都对应一个 HTTP 请求。要发起多个 HTTP 请求,应为每个 HTTP 请求都创建对应的 HttpRequest 对象,代码如下。

```
import { http } from '@kit.NetworkKit';
httpRequest:http.HttpRequest = http.createHttp();
```

（3）调用 HttpRequest 对象的 request 方法,传入 HTTP 请求的 URL 和可选参数,发起网络请求,代码如下。

```
requestHttp(){
  //请求数据
  this.httpRequest.request(
    'https://www.huawei.com/',//指定 URL
    // 可选, 参数配置项
    {
      extraData:"",
      expectDataType: http.HttpDataType.STRING, // 可选, 指定返回数据的类型
      method:http.RequestMethod.GET,//可选, 指定请求方式
      header:{
        'Content-Type':'application/json' // 开发者根据自身业务需要添加 header 字段
      },
      usingCache:true,//指定是否开启缓存
      connectTimeout:60000,//指定连接服务端请求的超时时间,单位为 ms（毫秒）
      readTimeout:60000,//可选, 指定读取超时时间
      usingProtocol:http.HttpProtocol.HTTP1_1, //指定协议版本
      usingProxy:false  //指定是否开启代理
    },
    //接收服务端返回的数据
    (err:BusinessError,data:http.HttpResponse)=>{
      if(err){
        console.log(err.message)
        return
      }else{
        if(data && data.result){
          this.resultData = data.result.toString()//将返回的数据转换为字符串类型
          console.log("data:"+JSON.stringify(data.result))}}}})//输出返回的数据
```

（4）发起 GET 请求测试,定义状态变量 resultData 用于接收返回的数据,代码如下。

```
@Entry
@Component
struct HttpDemo{
  @State resultData:String ="";
  httpRequest:http.HttpRequest = http.createHttp();
  requestHttp(){
  …//此处省略步骤(3)的代码
  }
  build() {
    Column(){
      Button("请求数据").onClick(()=>{
        this.requestHttp()
        Text(this.result)}}}
```

运行模拟器,输出结果如图 9.5 所示。

图 9.5　输出结果

9.3.2　HTTP 接口使用示例

Example 9_4：封装 HTTP 请求工具类。

在日常应用开发中，HTTP 请求常用的是 GET 方法和 POST 方法，且传递的数据是不确定的，HttpResponse 返回的数据也是不确定的。下面根据业务需求封装一个通用的 HTTP 请求工具类，以减少代码冗余。

（1）新建一个 HttpUtil.ets 文件，导入模块，定义一个类，以及相关常量，并在构造方法中创建 HttpRequest 对象，代码如下。

```
class HttpUtil {
  apiUrl: string = 'http://xxxx.com:端口' //指定 API
  httpRequest: http.HttpRequest = {} as http.HttpRequest //指定对象变量
  public static readonly CONNECT_TIME_OUT = 60 * 1000 //指定连接服务端请求的超时时间
  public static readonly READ_TIME_OUT = 60 * 1000//指定读取超时时间
  public static readonly USING_PROTOCOL = http.HttpProtocol.HTTP1_1//指定协议版本
  constructor() { //指定构造方法
    if (Object.keys(this.httpRequest).length != 0) {
      return
    } else {
      this.httpRequest = http.createHttp()}} //创建 HttpRequest 对象
... //省略其他代码
```

（2）在类中封装 request(path,method,extraData,parameter,urlPath) 方法，返回类型为 Promise<T>，代码如下。该方法的参数说明如下。

- path：API 地址。
- method：请求方法。

- extraData：请求体数据，当请求方法为 GET 或 DELETE 时需要在请求地址上进行参数的拼接。
- parameter：请求参数，可选，GET 方法和 DELETE 方法需要在传递参数时使用。
- urlPath：完整的请求地址，可选，在特殊需求下使用。例如，当一个应用有多个服务端时，可以不使用 apiUrl，而直接使用 urlPath。

```
request<T>(path:string,method:http.RequestMethod,extraData?:Object, parameter?:
Record<string, string | number>,urlPath?:string): Promise<T> {
    let url = urlPath||'${this.apiUrl}${path}'
    if (parameter) {
        switch (method) {
        case http.RequestMethod.GET:
        case http.RequestMethod.DELETE: {
        //根据 Map 集合中的参数拼接，如 http://xxxx.com/? 参数 1&参数 2
         let urlParams =
        Object.keys(parameter).map(key => '${key}=${parameter[key]}').join("&")
          url = url.includes("?")?`${url}${urlParams}`:`${url}?${urlParams}`
        }}}
    return this.httpRequest.request(url, {
        method,//指定请求方法
        header: { 'Accept' : 'application/json' }, //指定请求头
        usingCache: true,//指定是否开启缓存
        extraData,
        connectTimeout: HttpUtil.CONNECT_TIME_OUT,//指定连接服务端请求的超时时间
        readTimeout: HttpUtil.READ_TIME_OUT,//指定读取超时时间
        usingProtocol: HttpUtil.USING_PROTOCOL, //指定协议版本
    }).then((data: http.HttpResponse) => {
        let result: T = JSON.parse(data.result.toString()) as T
        return result //返回响应体中的数据
    }).catch((reason: BusinessError) => {
        console.log(reason.message)
        throw new Error(reason.message)}})}
```

（3）在类中封装 GET 方法、POST 方法、PUT 方法、DELETE 方法，代码如下。

```
get<T>(path:string, parameter?: Record<string, string | number>):Promise<T>{
    return this.request<T>(path,http.RequestMethod.GET,undefined,parameter)
}
post<T>(path:string, extraData?: Object):Promise<T>{
    return this.request<T>(path,http.RequestMethod.POST,extraData)
}
put<T>(path:string, extraData?: Object):Promise<T>{
    return this.request<T>(path,http.RequestMethod.PUT,extraData)
}
delete<T>(path:string,parameter?: Record<string, string | number>):Promise<T>{
    Return this.request<T>(path,http.RequestMethod.DELETE,
      undefined,parameter)
}
```

（4）在类外创建一个 HttpUtil 对象，使用关键字 export 使该对象能够被外部调用，代码如下。

```
class HttpUtil{…}
export default new HttpUtil()
```

（5）测试请求获取教学系统的教师数据。在服务端已经封装好该接口，修改 apiUrl，代码如下。

```
apiUrl: string = 'http://服务端IP地址:端口/api/' //根据自己的服务端接口修改
```

（6）新建一个 ResponseVO.ets 文件，用于接收服务端返回的数据，具体格式与服务端协商确定，代码如下。

```
export interface ResponseVO<T>{
  code:number, //指定响应码
  msg:string, //指定返回的消息
  data:T //指定返回的数据
}
```

（7）在 Teacher.ets 文件中，创建请求方法，代码如下。

```
import { ResponseVO } from "./ResponseVO";
import HttpUtil from '../util/HttpUtil'
export class Teacher{
  tid:number =0 ;  //指定 ID
  username:string = ''
  userpassword:string = ''
  tno:string = '';   //指定编号
  tdate:string = '';  //指定出生日期
  tpic:string = '';//指定照片
  tdescript:string = '';}//指定简介
//发起请求
export function getTeacherList():Promise<ResponseVO<Teacher[]>>{
  return HttpUtil.get<ResponseVO<Teacher[]>>("teacher/list");
}
```

（8）新建一个测试页面，展示教师数据部分字段，代码如下。

```
struct TeacherList {
  @State Teachers: Teacher[] = [];
  async getTeacherList() {
    let Teachers: ResponseVO<Teacher[]> = await getTeacherList()
    if(Teachers.code == 0){
      this.Teachers = Teachers.data}}
build() {
  Column(){
    Button("请求数据")
    .onClick(()=>{
      this.getTeacherList()})
    ForEach(this.Teachers, (item: Teacher,index:number)=>{
      Text(JSON.stringify(item.username)+JSON.stringify(item.tdescript)+"\n")
})}}}
```

运行模拟器，输出结果如图 9.6 所示。

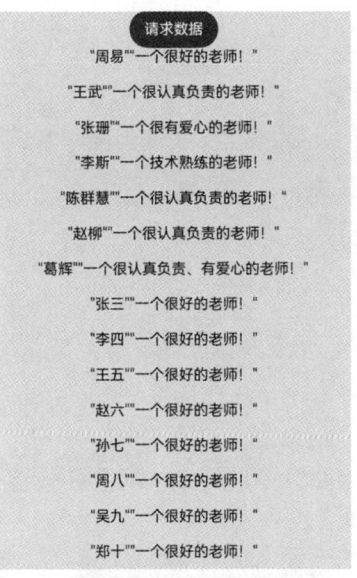

图 9.6　输出结果 1

Example 9_5：获取位置信息。

目前，移动终端设备已经深入人们日常生活的方方面面，如用于查看所在城市的天气、出行打车、旅行导航、运动记录等。这些习以为常的活动，都离不开定位移动终端设备。

（1）申请位置权限，在 model.json5 文件的 module 模块中添加请求权限，代码如下。

```
"requestPermissions": [
    {
    "name": "ohos.permission.LOCATION",       // 指定权限名称，为系统已定义的权限
    "reason": "$string:location_reason",        // 必选，指定申请权限的原因
    "usedScene": {     // 必选，指定权限使用场景
      "abilities": [
        "EntryAbility"
      ],
      "when": "inuse"      // 指定调用时机（值为 inuse，表示使用时；值为 always，表示始终）
      }
  },
    {
    "name": "ohos.permission.APPROXIMATELY_LOCATION",
    "reason": "$string:location_reason",
    "usedScene": {
      "abilities": [
        "EntryAbility"
      ],
      "when": "inuse"}}],
```

在 resources/base/element 目录下的 string.json 文件中添加申请权限的原因，代码如下。

```
{
    "name": "location_reason",
    "value": "在定位场景中，允许应用在前台运行时获取位置信息"}
```

（2）判断应用是否获取位置信息，代码如下。

```
isGetLocationPermission(permissions: Array<Permissions>){
```

```
let context = getContext(this) as common.UIAbilityContext;
let atManager = abilityAccessCtrl.createAtManager();
//通过判断权限的授权状态来决定是否唤起弹窗
return atManager.requestPermissionsFromUser(context, permissions).then((data) => {
  let grantStatus: Array<number> = data.authResults;
  let length: number = grantStatus.length;
  for (let i = 0; i < length; i++) {
    if (grantStatus[i] === 0) {
    return true// 用户授权，可以继续操作
    } else {
      // 用户拒绝授权，提示用户只有授权才能访问当前页面的功能
      return false}}
  return;
}).catch((err:BusinessError) => {
  console.error('获取失败，原因: ${err.code}, 信息: ${err.message}');}})
```

（3）获取当前位置，代码如下。

```
async getLocation(){
  let status= await this.isGetLocationPermission(['ohos.permission.LOCATION',
  'ohos.permission.APPROXIMATELY_LOCATION'])
  if(status){
    let location = geoLocationManager.getLastLocation()
    console.log('lucy',JSON.stringify(location))
    location['locale'] = 'zh'
    geoLocationManager.getAddressesFromLocation(location,(err,data: object)=>{ //逆地理编码服务
      if(!err){
        console.log('lucy--',JSON.stringify(data))
        this.latitude = data[0].latitude
        this.longitude = data[0].longitude;
        this.addresses = data[0].placeName
        this.country = data[0].countryName
        this.administrativeArea = data[0].administrativeArea
        this.locality = data[0].locality
        this.subLocality = data[0].subLocality}})}
```

（4）在进入页面时，判断是否获取位置权限，通过 geoLocationManager.on('locationChange')
来监听位置变化情况，并发起定位请求；在关闭页面时取消监听，代码如下。

```
async aboutToAppear(){
  let result= await this.isGetLocationPermission(['ohos.permission.LOCATION',
  'ohos.permission.APPROXIMATELY_LOCATION'])
  if(result){
    geoLocationManager.on('locationChange',{
      priority:geoLocationManager.LocationRequestPriority.ACCURACY,
      timeInterval:0
    },value=>{
      console.log('lucy',JSON.stringify(value))})}}
  aboutToDisappear(){ //取消监听
  geoLocationManager.off('locationChange')}
```

（5）测试页面，代码如下。

```
import abilityAccessCtrl, { Permissions } from '@ohos.abilityAccessCtrl';
import common from '@ohos.app.ability.common';
```

```
import geoLocationManager from '@ohos.geoLocationManager';
import { BusinessError } from '@kit.BasicServicesKit';
@Entry
@Component
struct LocationDemo {
  @State latitude: string = '' // 经度
  @State longitude: string = '' // 纬度
  @State addresses: string = '' // 地址
  @State country: string = '' // 国家
  @State administrativeArea: string = '' // 省份
  @State locality: string = '' // 市（地）
  @State subLocality: string = '' // 区（县）
  async aboutToAppear(){…}
  aboutToDisappear(){…}
  isGetLocationPermission(permissions: Array<Permissions>){…}
  async getLocation(){…}
  build() {
    Column({space:10}) {
      Text("经度: ${this.latitude}").width(150)
      Text("纬度: ${this.longitude}").width(150)
      Text("地址: ${this.addresses}").width(150)
      Text("区（县）: ${this.subLocality}").width(150)
      Text("市（地）: ${this.locality}").width(150)
      Text("省份: ${this.administrativeArea}").width(150)
      Text("国家: ${this.country}").width(150)
      Button("获取位置信息")
        .width('100%')
        .margin({ top: 10, bottom: 10 })
        .onClick(()=>{
          this.getLocation()})
    }.width('100%')
     .height('100%')
     .padding(10)}}
```

模拟器无法获取位置信息，需要手动设置经度和纬度（见图 9.7），模拟现实位置。

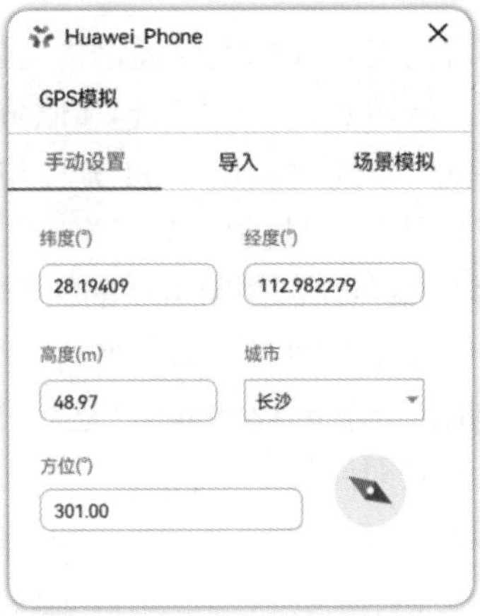

图 9.7　手动设置经度和纬度

运行模拟器，输出结果如图 9.8 所示。

（a）

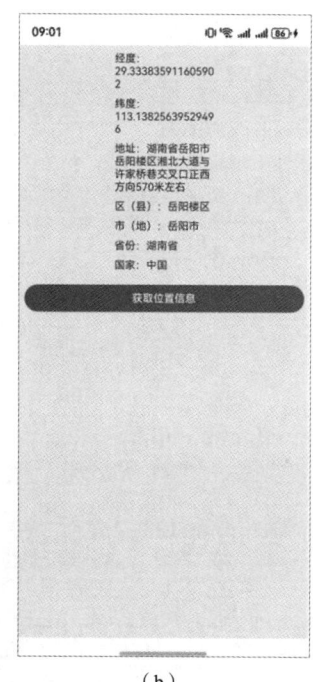
（b）

图 9.8　输出结果 2

9.4　利用 WebSocket 开发 HTTP 程序

WebSocket 是一种建立在单个 TCP 上的全双工通信协议，主要用于服务端与客户端之间的实时通信。WebSocket 连接是在 HTTP 请求的基础上建立完成的，通过特定的握手过程可以将 HTTP 连接升级为 WebSocket 连接。

9.4.1　WebSocket 基础

要使用 WebSocket 实现服务端与客户端的实时通信，需要先通过调用 createWebSocket 方法创建 WebSocket 对象，然后通过调用 connect 方法连接服务端。当连接成功后，客户端会收到打开事件的回调，之后客户端就可以通过调用 send 方法与服务端进行通信。服务端发送信息给客户端后，客户端会收到消息接收事件的回调。当客户端不要此连接时，可以通过调用 close 方法主动断开连接，之后客户端会收到关闭事件的回调。

若在上述任意一个过程中发生错误，则客户端会收到 error 事件的回调。WebSocket 支持心跳检测机制，在客户端和服务端之间建立 WebSocket 连接之后，每隔一段时间客户端会发送 Ping 帧给服务端，服务端收到后应立即回复 Pong 帧。

WebSocket 连接涉及的接口如表 9.2 所示。

表 9.2　WebSocket 连接涉及的接口

接口	描述
createWebSocket	创建 WebSocket 对象

接口	描述
connect	根据 URL 创建一个 WebSocket 连接
send	通过 WebSocket 连接发送数据
close	关闭 WebSocket 连接
on(type: 'open')	订阅 WebSocket 的打开事件
off(type: 'open')	取消订阅 WebSocket 的打开事件
on(type: 'message')	订阅 WebSocket 的消息接收事件
off(type: 'message')	取消订阅 WebSocket 的消息接收事件
on(type: 'close')	订阅 WebSocket 的关闭事件
off(type: 'close')	取消订阅 WebSocket 的关闭事件
on(type: 'error')	订阅 WebSocket 的 error 事件
off(type: 'error')	取消订阅 WebSocket 的 error 事件

注意，要实现 WebSocket 连接，需要申请 ohos.permission.INTERNET 权限。

9.4.2　WebSocket 使用示例

Example 9_6：封装 WebSocket 工具类。

（1）新建一个 WebSocketUtil.ets 文件，导入模块，代码如下。

```
import webSocket from '@ohos.net.webSocket';
```

（2）创建一个 WebSocket 对象，订阅 WebSocket 的打开事件、消息接收事件、关闭事件、error 事件，代码如下。

```
class WebSocketUtil{
  defaultIpAddress = "ws://ip:端口";
  ws:webSocket.WebSocket = {} as webSocket.WebSocket;
  constructor(url?:string) {
    if(!url){
      url = this.defaultIpAddress}
    this.initWebSocket(url)}
  initWebSocket(url:string){
    this.ws = webSocket.createWebSocket();
    this.ws.connect(url, (err, value) => {
      if (!err) {
        console.log("连接成功");
      } else {
        console.log("连接失败:" + JSON.stringify(err));} });
    this.ws.on('open', (err, value) => {
      console.log("打开, 状态:" + JSON.stringify(value)); });
    this.ws.on('message', (err, value) => {
      if(!err){
        console.log("收到服务端消息:" + value);
      }else{
        console.log("收到服务端消息失败:" + value); }});
    this.ws.on('close', (err, value) => {
      console.log("关闭, code is " + value.code + ", reason is " + value.reason);});
    this.ws.on('error', (err) => {
```

```
      console.log("失败, 错误:" + JSON.stringify(err));});
  }
//发送消息
  async sendMessage(message:Object){
    return await this.ws.send(JSON.stringify(message))}}


export default WebSocketUtil
```

（3）新建一个页面测试 WebSocket 工具类，由于本书的重点不是讨论服务端的开发，因此这里不介绍服务端代码，客户端代码如下。

```
import WebSocketUtil from '../util/WebSocket'

@Entry
@Component
struct WebSocketPage {
  webSocket:WebSocketUtil = new WebSocketUtil()
  aboutToAppear(): void {
    this.webSocket.ws.on("message",(err,data)=>{
      console.log("服务端接收的请求"+JSON.stringify(data))}}
  build() {
    Button("给服务端发送消息").onClick(()=>{
      this.webSocket.sendMessage("你好服务端! ")})}}
```

客户端的日志输出结果如图 9.9 所示。

9938-9938	A03d00/JSAPP	apppool	I	连接成功
9938-9938	A03d00/JSAPP	apppool	I	on open, status:{"status":101,"message":""}
9938-9938	A03d00/JSAPP	apppool	I	服务端接收的请求"欢迎连接WebSocket! "
9938-9938	A03d00/JSAPP	com.examp...cketdemo	I	服务端接收的请求"你发送的消息是: \"你好服务器! \""

图 9.9　客户端的日志输出结果

服务端的日志输出结果如图 9.10 所示。

新连接建立: cf5009bf-6ce2-e453-29a7-c0d25cee0aac
收到消息: "你好服务器! "

图 9.10　服务端的日志输出结果

9.5　利用 Axios 开发 HTTP 程序

Axios 是一个基于 Promise 的网络请求库，可在 Node.js 和浏览器中运行。该库适配 OpenHarmony，这使其可以在 HarmonyOS 设备上使用。

9.5.1　Axios 基础

简单示例：Axios 的开发。

（1）要使用 Axios，需要先对其进行安装。选择 DevEco Studio 底部的"终端"选项，在打开的"终端"界面中输入如下命令，安装 Axios 时会自动导入 Axios。

在项目根目录下的 oh-package.json5 文件中管理第三方库，代码如下。

```
ohpm install @ohos/axios
```

（2）导入模块，代码如下。

```
import axios, { AxiosResponse } from '@ohos/axios';
```

（3）发起请求，代码如下。

```
const url = ""//请求接口
axios.get(url).then((res:AxiosResponse)=>{
  console.log(res.data)  //返回的数据
})
//请求拦截器
axios.interceptors.request.use((config:InternalAxiosRequestConfig) => {
  //发起请求前对请求数据进行一些处理
  return config;
}, (error:AxiosError) => {
  // 对请求错误采取一些措施
  return Promise.reject(error);
});
axios.interceptors.response.use((response:AxiosResponse)=> {
  // 对响应数据进行一些处理
  return response;
}, (error:AxiosError)=> {
  // 对响应错误采取一些措施
  return Promise.reject(error);
});
```

9.5.2　Axios 使用示例

Example 9_7：使用 Axios 请求获取教学系统的教师数据。

新建一个测试页面，展示教师数据部分字段，代码如下。

```
import axios, { AxiosResponse } from '@ohos/axios';
import { ResponseVO, Teacher } from './Teacher';
import { JSON } from '@kit.ArkTS';
@Entry
@Component
struct TeacherList {
  @State Teachers: Teacher[] = [];
  getTeacherList() {
    const url = "http://172.31.32.1:8102/api/teacher/list"
    axios.get(url).then((res:AxiosResponse<ResponseVO<Teacher[]>>)=>{
      this.Teachers = res.data.data
      console.log(JSON.stringify(res))}}
  build() {
    Column(){
      Button("请求数据").onClick(()=>{
        this.getTeacherList()
      })
      ForEach(this.Teachers, (item: Teacher,index:number)=>{
       Text(JSON.stringify(item.username)+
          JSON.stringify(item.tdescript)+"\n")})
  }
  .height("100%")
  .width("100%")}}
```

运行模拟器，输出结果如图 9.11 所示。

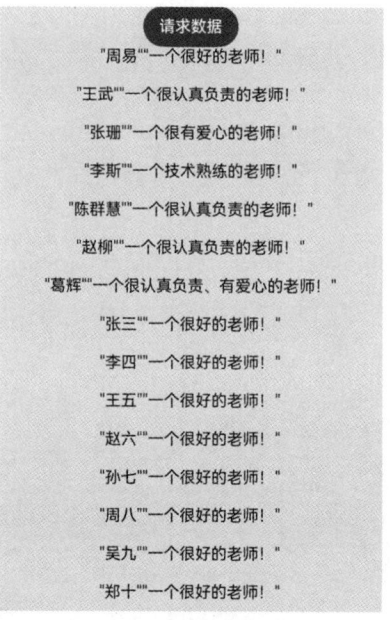

图 9.11　输出结果

9.6　实战：网络应用开发

Example 9_8：使用 Axios 进行数据文件的上传与下载。

1. 数据文件的上传

HarmonyOS 有应用沙箱保护机制，文件的上传与下载需要在沙箱内进行。在这种保护机制下，应用可见的目录范围即应用沙箱目录，能够避免数据受到恶意路径穿越访问。

（1）新建一个 UpLoadDemo.ets 文件，导入模块，创建一个 upLoad 方法，代码如下。

```
import axios, { AxiosError,AxiosProgressEvent,AxiosResponse } from '@ohos/axios'
import { FormData } from '@ohos/axios'
import fs from '@ohos.file.fs';
@Entry
@Component
struct UpLoadDemo {
  upLoad(){}
  build(){…}}
```

（2）先通过 getContext(this).cacheDir 获取应用沙箱目录，然后创建一个 Buffer 模拟需要上传的数据文件，代码如下。

```
    let formData = new FormData()
    let cacheDir = getContext(this).cacheDir //获取应用沙箱目录
    try {
      // 写入
      let path = cacheDir + '/hello.txt';
      let file = fs.openSync(path, fs.OpenMode.CREATE | fs.OpenMode.READ_WRITE)
```

```
    fs.writeSync(file.fd, "hello, world"); // 以同步方法将数据写入文件
    fs.fsyncSync(file.fd); // 以同步方法同步文件数据
    fs.closeSync(file.fd);
    // 读取
    let file2 = fs.openSync(path, 0o2);
    let stat = fs.lstatSync(path);
    let buf2 = new ArrayBuffer(stat.size);
    fs.readSync(file2.fd, buf2); // 以同步方法从文件中读取数据
    fs.fsyncSync(file2.fd);
    fs.closeSync(file2.fd);
    formData.append('file', buf2);
  } catch (err) {
    console.info('err:' + JSON.stringify(err));}
```

（3）通过 Axios 向服务端发起 POST 请求上传文件，代码如下。

```
axios.post<string,AxiosResponse<string>,FormData>
("http://172.23.240.1:8102/api/files/upload", formData,
    {
    headers: { 'Content-Type': 'multipart/form-data' },
    context: getContext(this),
    onUploadProgress: (progressEvent: AxiosProgressEvent): void => {
      console.info(progressEvent&&progressEvent.loaded&& progressEvent.total?Math.ceil
(progressEvent.loaded/ progressEvent.total * 100)+'%':'0%'); //计算上传进度
    },
  }).then((res: AxiosResponse) => {
    console.info("result" + JSON.stringify(res.data));
  }).catch((error: AxiosError) => {
    console.error("error:" + JSON.stringify(error));}})
```

（4）测试上传的文件，代码如下。

```
build() {
  Button("上传文件")
    .onClick(()=>{
      this.upLoad()})}}
```

客户端的日志输出结果如图 9.12 所示。

```
com.examp...loaddemo  I    100%
com.examp...loaddemo  I    result"文件上传成功. 路径: E:\\Code\\Java\\TeachSystem\\src\\main\\resources\\uploads\\default1736346600593"
```

图 9.12　客户端的日志输出结果 1

服务端的日志输出结果如图 9.13 所示。

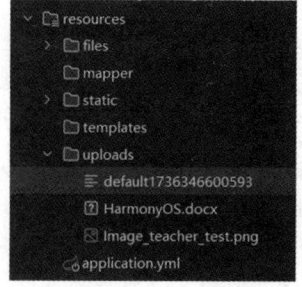

图 9.13　服务端的日志输出结果 1

2. 数据文件的下载

（1）创建一个 downLoad 方法，先判断应用沙箱目录下是否已存在需要下载的文件，若文件已存在，则删除该文件，代码如下。

```
downLoad(){
    let filePath = getContext(this).cacheDir + '/demo.text'
    try {
      fs.accessSync(filePath);
      fs.unlinkSync(filePath);
    } catch(err) {}
```

（2）通过 Axios 向服务端发起 GET 请求，将需要下载的文件名作为请求参数，代码如下。

```
axios({
    url: 'http://172.23.240.1:8102/api/files/download?filename=demo.txt',
    method: 'get',
    filePath: filePath,
    onDownloadProgress: (progressEvent: AxiosProgressEvent): void => {
      console.info(("progress: " + progressEvent && progressEvent.loaded &&
                  progressEvent.total ? Math.ceil(progressEvent.loaded /
                  progressEvent.total * 100) : 0).toString()) //计算下载进度
    }
  }).then((res:AxiosResponse)=>{
    console.info("result:"+      JSON.stringify(res.data)+JSON.stringify(res.headers));
  }).catch((error:BusinessError)=>{
    console.error("error:" + JSON.stringify(error));})}
```

（3）测试下载的文件，代码如下。

```
build() {
  Button("下载文件")
    .onClick(()=>{
      this.upLoad()})}}
```

客户端的日志输出结果如图 9.14 所示。

```
100
result: "download success!"{"accept-ranges":"bytes","content-disposition":"attachment; filename=\"demo.txt\"","content-length":"7"
```

图 9.14　客户端的日志输出结果 2

Example 9_9：使用 HTTP 实现教学系统登录逻辑。在 4.2.1 节的 Example 4_1 中实现了教学系统用户登录界面，接下来使用封装好的 HTTP 请求工具类实现登录逻辑。本示例只涉及登录逻辑的相关代码，不再重复演示 UI 代码。

（1）定义用户信息实体类和登录类，代码如下。

```
export class UserInfo{
  uid: number = 0; //定义用户 ID
  username: string = ""; //定义账号
  userpassword: string = ""; //定义密码
  usersex: string = ""; //定义性别
  userno: string = "";//定义电话号码
  userdescript: string = "";//定义描述
  class_id: number = 0;//定义班级 ID
  upic:string ='''//定义专业
```

```
  youxiuok: boolean = false;//定义是否优秀
  checkedok: boolean = false;//定义测试是否通过
  classname: string = "";//定义班级名称
}
export class LoginUser{
  username: string = ""
  userpassword: string = ""}
```

（2）使用 HttpUtil 类封装登录接口，接口请求为 POST 请求，由于服务端接收的参数是 JSON 形式的，因此需要把 LoginUser 类序列化，代码如下。

```
export function userLogin(loginUser:LoginUser):Promise<ResponseVO<UserInfo>>
{ return HttpUtil.post<ResponseVO<UserInfo>>("user/login",JSON.stringify(login
User))}
```

（3）定义状态变量，通过 TextInput 组件的 onChange 事件获取账号与密码，代码如下。

```
@State loginUser:LoginUser = new LoginUser();
TextInput({placeholder:"账号"})
     .borderRadius(5)
     .onChange((value:string)=>{
      this.loginUser.username = value})
TextInput({placeholder:"密码"})
     .onChange((value:string)=>{
      this.loginUser.userpassword = value})
```

（4）封装登录方法，代码如下。

```
async onClickLogin(){
   let res:ResponseVO<UserInfo> =await userLogin(this.loginUser)
   //代码为 0 表示响应成功，具体和后端商量
   if(res.code == 0) {
    promptAction.showToast({message:"登录成功"})
    router.back({
     url: '',
     params: {"userInfo": res.data}}) //携带用户信息参数返回
   }else{
    promptAction.showToast({message:"登录失败，请检查账号与密码是否正确"})}}
```

（5）通过 Button 组件的 onClick 事件发起登录请求，代码如下。

```
Button("登录")
     .onClick(()=>{
      if(this.loginUser.username== '' || this.loginUser.userpassword == ''){
       promptAction.showToast({message:"账号与密码不能为空"})
      }else{
       this.onClickLogin()}})
```

运行模拟器，输出结果如图 9.15 所示。

图 9.15　输出结果

服务端的日志输出结果如图 9.16 所示。

```
==> Preparing: SELECT uid,username,userpassword,usersex,userno,userdescript,upic,class_id,youxiuok,checkedok,classname FROM user WHERE (username = ?
==> Parameters: 张三(String), 123456(String)
<==    Columns: uid, username, userpassword, usersex, userno, userdescript, upic, class_id, youxiuok, checkedok, classname
<==        Row: 1, 张三, 123456, 男, 14162101850, 共青团员, 电气工程, 1, 0, 0, 信息工程16-1BF
<==      Total: 1
```

图 9.16　服务端的日志输出结果 2

在上述代码中，只通过 router.back 方法返回了用户信息，如果其他页面要在免登录的情况下使用用户信息，那么该怎么办呢？

可以使用 8.6.2 节的 Example 8_2 中封装的用户首选项持久化工具类保存服务端返回的 token，每次需要用户信息时都可以通过 token 请求服务端获取用户信息。当登录成功时将 token 保存，从而在其他页面中使用，代码如下。

```
async onClickLogin(){
    let res:ResponseVO<UserInfo> =await userLogin(this.loginUser)
    if(res.code == 0) {  //代码为 0 表示响应成功，具体和后端商量
    promptAction.showToast({message:"登录成功"})
    preferencesUtil.put("token",res.token)//假设服务端会返回 token
    router.back({
      url: '',
      params: {"userInfo": res.data}}) //携带用户信息参数返回
    }else{
    promptAction.showToast({message:"登录失败，请检查账号与密码是否正确"})}}
```

习　题

1. 选择题

（1）HarmonyOS 提供了一种访问控制机制，即应用权限，用来避免数据或功能被不当使用或恶意使用。要发起 HTTP 请求，需要以下权限中的（　　　）。

    A. ohos.permission.USE_BLUETOOTH　　　　B. ohos.permission.INTERNET

    C. ohos.permission.REQUIRE_FORM　　　　D. ohos.permission.LOCATION

（2）以下协议中提供了全双工通信功能的是（　　　）。

    A. HTTP　　　　　　B. WebSocket　　　　C. Socket　　　　　D. 以上都对

（3）以下 HTTP 请求的 request 接口中属于请求可选参数的是（　　　）（多选）。

    A. method　　　　　　　　　　　　　　B. extraData

    C. expectDataType　　　　　　　　　　　D. readTimeout

（4）以下关于 HTTP 模块的描述中正确的是（　　　）（多选）。

    A. HTTP 请求支持 GET、POST、PUT 等常用的请求方法

    B. 可以使用 on('headersReceive')订阅请求响应头

    C. POST 请求的参数可以在 extraData 字段中指定

    D. 成功调用 createHttp 方法后，返回一个 HttpRequest 对象，其中包括 request 方法、destroy 方法、on 方法和 off 方法。

（5）以下关于 HTTP 请求的可选参数的说法中正确的是（　　　）（多选）。

A. 参数 method 表示请求方式，默认值为 POST。

B. 参数 method 的值为 GET 时，extraData 字段为 HTTP 请求可选参数的补充，参数的值会被拼接到 URL 中发送

C. 参数 expectDataType 用于指定返回数据的类型，系统一定会返回指定的类型

D. 参数 readTimeout 用于指定读取超时时间，默认值为 60000ms。值为 0 表示不会出现超时情况

2. 判断题

（1）当使用 WebView 组件访问在线页面时，需添加网络权限。　　　　　　（　　）

（2）WebView 组件是一种提供具有页面显示能力的组件，传入地址可以是本地资源也可以是网络资源。　　　　　　　　　　　　　　　　　　　　　　　　　　　　（　　）

（3）HTTP 请求在使用完成后，需调用 destroy 方法主动销毁 HttpRequest 对象。（　　）

（4）要向服务端提交表单数据，使用 GET 方法比较合适。　　　　　　（　　）

（5）在 HTTP 模块中，多个请求可以使用同一个 HttpRequest 对象，HttpRequest 对象可以复用。　　　　　　　　　　　　　　　　　　　　　　　　　　　　　　　　（　　）

（6）在需要使用 OpenHarmony 的第三方库时，打开"终端"界面，输入"ohpm install <package_name>"进行安装，在不用时输入"ohpm uninstall <package_name>"进行卸载。

（　　）

第 10 章

多媒体开发与动画设计

学习目标

- 了解多媒体子系统的基本概念。
- 掌握 HarmonyOS 中的音频播放服务。
- 掌握 HarmonyOS 中的视频播放与录制服务。
- 掌握 HarmonyOS 中的相机服务。
- 掌握 HarmonyOS 中的图片服务。
- 掌握 HarmonyOS 中的媒体文件管理服务。
- 掌握 HarmonyOS 中的动画设计。

10.1 多媒体子系统概述

多媒体子系统提供用户视觉、听觉信息的处理能力，如音/视频信息的采集、压缩存储、解压缩播放等。在操作系统的实现中，通常基于不同的媒体信息处理内容，将媒体分为不同的模块，包括音频、视频、图片等。

多媒体子系统面向应用开发提供音/视频应用等的编程框架接口；面向设备开发提供对接不同硬件芯片适配的加速功能；以服务形态提供媒体核心功能和管理机制。

10.2 音频播放服务

10.2.1 音频播放服务开发基础

多媒体子系统通过提供多样化的 API 来帮助开发者完成音频播放服务的开发，不同的 API 适用于不同的音频数据格式、来源、使用场景，甚至是不同的开发语言。因此，选择合适的音频播放 API，有助于减少音频播放服务开发的工作量，实现更佳的音频播放效果。音频播放 API 如表 10.1 所示。

表 10.1　音频播放 API

接口	描述
AVPlayer	集成流媒体和本地资源解析、媒体资源解封装、音频解码和音频输出功能，可用于直接播放 MP3 等格式的音频文件，不支持直接播放 PCM 格式的音频文件
AudioRenderer	仅支持 PCM 格式，需要应用持续写入音频数据进行工作。应用可以在输入前预处理数据，如设定音频文件的采样率、位宽等，要求开发者具备音频处理的基础知识，适用于更专业、更多样化的音频播放服务的开发
SoundPool	提供低时延的短音频播放功能，适用于播放急促简短的音效，如相机快门音效、按键音效、游戏射击音效等。当前支持播放大小为 1MB 及以下的短音频，对于大小超过 1MB 的长音频，将截取 1MB 大小进行播放

10.2.2　使用 AVPlayer 播放音频

1. AVPlayer 概述

AVPlayer 的主要工作是将音频转码为可供渲染的图像和可听见的音频模拟信号，并通过输出设备进行播放。

AVPlayer 提供功能完善的一体化播放功能，应用只需提供流媒体来源，不负责数据解析和解码即可达成播放效果。

（1）当使用 AVPlayer 开发应用播放音频时，应用将媒体资源传递给 AVPlayer。

（2）先由 Player Framework 将 PCM（Pulse Code Modulation，脉冲编码调制）格式的音频数据流输出给 Audio Framework，再由 Audio Framework 输出给音频 HDI（Hardware Device Interface，硬件设备接口）。

AVPlayer 支持的音频播放格式如表 10.2 所示。

表 10.2　AVPlayer 支持的音频播放格式

类型	音频播放格式
m4a	AAC
aac	AAC
mp3	MP3
ogg	VORBIS
wav	PCM
amr	AMR

2. AVPlayer 的状态变化

使用 AVPlayer 播放音频的全流程包括创建实例、设置业务所需的监听事件、设置播放资源、准备播放、控制播放状态（播放、暂停、跳转、停止）、退出播放。

在应用开发过程中，开发者可以通过 AVPlayer 的 state 属性主动获取当前状态或使用 on('stateChange')方法监听播放状态的变化。如果应用在 AVPlayer 处于错误状态下时执行操作，那么系统可能会抛出异常或生成其他未定义的行为。AVPlayer 的状态变化如图 10.1 所示。

3. AVPlayer 音频播放服务的开发

以下为 AVPlayer 音频播放服务的开发步骤。

（1）调用 createAVPlayer 方法创建实例，将 AVPlayer 初始化，进入 idle 状态。

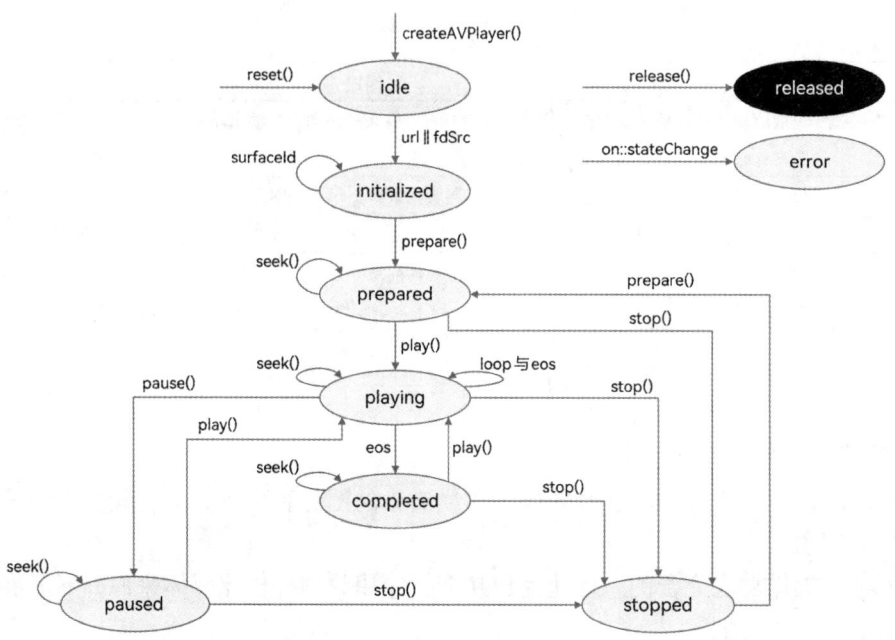

图 10.1　AVPlayer 的状态变化

（2）设置业务所需的监听事件，搭配全流程场景使用。AVPlayer 支持的监听事件如表 10.3 所示。

表 10.3　AVPlayer 支持的监听事件

事件	描述
stateChange	必要事件，监听播放器的 state 属性的变化
error	必要事件，监听播放器的错误信息
durationUpdate	监听进度条的长度，刷新资源时长
timeUpdate	监听进度条的当前位置，刷新当前时间
seekDone	当使用 seek 方法跳转到指定播放位置后，如果 seek 操作成功，那么上报该事件
speedDone	当使用 setSpeed 方法设置播放倍速后，如果 setSpeed 操作成功，那么上报该事件
volumeChange	当使用 setVolume 方法调节播放音量后，如果 setVolume 操作成功，那么上报该事件
bufferingUpdate	监听网络播放的缓冲信息，用于上报缓冲百分比，以及缓存播放进度
audioInterrupt	监听音频焦点的切换信息，搭配 audioInterruptMode 属性使用

（3）设置播放资源：设置 URL，AVPlayer 进入 initialized 状态。

（4）准备播放：调用 prepare 方法，AVPlayer 进入 prepared 状态，此时可以获取持续时间、设置音量等。

（5）控制播放状态：调用 play 方法播放，调用 pause 方法暂停，调用 seek 方法跳转，调用 stop 方法停止。

（6）退出播放：调用 release 方法销毁实例，AVPlayer 进入 released 状态，退出播放。

Example 10_1：AVPlayer 音频播放服务的开发。

（1）调用 createAVPlayer 方法创建实例，将 AVPlayer 初始化，进入 idle 状态，代码如下。

```
import { BusinessError } from '@kit.BasicServicesKit';
```

```
import { audio } from '@kit.AudioKit';
import { media } from '@kit.MediaKit';
export class AVPlayerDemo {
  private count: number = 0;
  public avplayer: media.AVPlayer | null = null;
  private isSeek: boolean = true; // 区分模式是否支持 seek 操作
   async avPlayerLiveDemo() {
    // 创建实例
    this.avplayer = await media.createAVPlayer();
    return this.avplayer;}}
```

（2）在 setAVPlayerCallback 方法中设置业务所需的监听事件，代码如下。

```
// 监听状态机变化方法
 setAVPlayerCallback(avPlayer: media.AVPlayer) {
  // seek 操作结果回调函数
  avPlayer.on('seekDone', (seekDoneTime: number) => {
    console.info('AVPlayer seek succeeded, seek time is ${seekDoneTime}');
  });
  // error 回调监听函数，当变量 avPlayer 在操作过程中出现错误时调用 reset 方法触发重置流程
  avPlayer.on('error', (err: BusinessError) => {
  console.error('Invoke avPlayer failed, code is ${err.code}, message is ${err.message}');
    avPlayer.reset(); // 调用 reset 方法重置资源，触发 idle 状态
  });
  // 状态机变化回调函数
  avPlayer.on('stateChange',async (state: string,
              reason: media.StateChangeReason) => {
    switch (state) {
      case 'idle': // 成功调用 reset 方法后触发状态机上报
        console.info('AVPlayer state idle called.');
        avPlayer.release(); // 调用 release 方法销毁实例
        break;
      case 'initialized': // 设置播放源后触发状态机上报
        console.info('AVPlayer state initialized called.');
        avPlayer.audioRendererInfo = {
          usage: audio.StreamUsage.STREAM_USAGE_MUSIC,
          rendererFlags: 0
        };
        avPlayer.prepare();
        break;
      case 'prepared': // 成功调用 prepare 方法后，进入 prepared 状态，并上报当前状态机
        console.info('AVPlayer state prepared called.');
        avPlayer.play();
        break;
      case 'playing': // 成功调用 play 方法后，进入 playing 状态，并触发状态机上报
        console.info('AVPlayer state playing called.');
        if (this.count !== 0) {
          if (this.isSeek) {
            console.info('AVPlayer start to seek.');
            avPlayer.seek(avPlayer.duration);
          } else {
            // 当播放模式不支持 seek 操作时继续播放到末尾
            console.info('AVPlayer wait to play end.');
```

```
            }
          } else {
            console.info('AVPlayer is playing wait to pause');
            avPlayer.play();
          }
          this.count++;
          break;
        case 'paused': // 成功调用 pause 方法后，进入 paused 状态，并触发状态机上报
          console.info('AVPlayer paused wait to play again');
          avPlayer.pause();
          break;
        case 'completed': // 播放结束后，进入 completed 状态，并触发状态机上报
          console.info('AVPlayer state completed called.');
          avPlayer.stop();
          break;
        case 'stopped': // 成功调用 stop 方法后，进入 stopped 状态，并触发状态机上报
          console.info('AVPlayer state stopped called.');
          avPlayer.reset(); // 调用 reset 方法，初始化变量 avPlayer 的状态
          break;
        case 'released':
          console.info('AVPlayer state released called.');
          break;
        default:
          console.info('AVPlayer state unknown called.');
          break;}})}
```

（3）在 avPlayerLiveInit 方法中设置 URL，AVPlayer 进入 initialized 状态，代码如下。

```
// 通过设置 URL 来播放直播码流的 demo.mp3
async avPlayerLiveInit() {
  // 创建实例
  this.avplayer = await media.createAVPlayer();
  // 创建状态机变化回调函数
  this.setAVPlayerCallback(this.avplayer);
  this.isSeek = false;// 不支持 seek 操作
  avPlayer.url = 'http://192.168.31.75/demo.mp3' //根据自己的需求设置
  return this.avplayer;}
```

（4）新建播放音频、暂停播放音频测试用例，代码如下。

```
@Entry
@Component
export struct AVPlayerDemo{
//创建对象并初始化
  private avplayer = new AVPlayerDemo().avPlayerLiveInit();
  build(){
  Column({space:10}){
    Button("播放视频")
      .onClick(()=>{
      this.avplayer.then((avplayer)=>{
        avplayer.play()})})
    Button("暂停播放音频")
      .onClick(()=>{
        this.avplayer.then((avplayer)=>{
```

```
avplayer.pause() })})}}}}
```

依次点击按钮，播放时将听到音频。日志输出结果如图 10.2 所示。

```
03-13 11:15:35.978    5918-5918    A03d00/JSAPP              com.examp...ation123  I    AVPlayer state prepared called.
03-13 11:15:35.993    5918-5918    A03d00/JSAPP              com.examp...ation123  I    AVPlayer state playing called.
03-13 11:15:35.993    5918-5918    A03d00/JSAPP              com.examp...ation123  I    AVPlayer paused wait to play again
03-13 11:16:35.435    5918-5918    A03d00/JSAPP              com.examp...ation123  I    AVPlayer is playing wait to pause
03-13 11:16:38.916    5918-5918    A03d00/JSAPP              com.examp...ation123  I    AVPlayer state playing called.
03-13 11:16:38.916    5918-5918    A03d00/JSAPP              com.examp...ation123  I    AVPlayer wait to play end.
```

图 10.2   日志输出结果

10.2.3   使用 AudioRenderer 播放音频

1. AudioRenderer 概述

AudioRenderer 是音频渲染器，用于播放 PCM 格式的音频。与 AVPlayer 相比，AudioRenderer 可以在输入前对数据进行预处理，这更适合有音频开发经验的开发者使用，以实现更灵活的音频播放功能。

2. AudioRenderer 的状态变化

图 10.3 展示了 AudioRenderer 的状态变化。在创建实例后，调用对应的方法可以进入指定的状态实现对应的行为。需要注意的是，在指定的状态下执行不合适的方法可能导致 AudioRenderer 发生错误，建议开发者在调用状态转换的方法前检查状态，避免程序运行产生预期以外的结果。为了保证 UI 线程不被阻塞，大部分 AudioRenderer 调用都是异步的。对于每个 API 均提供了 callback 和 Promise 两种返回形式，以下示例采用 callback。

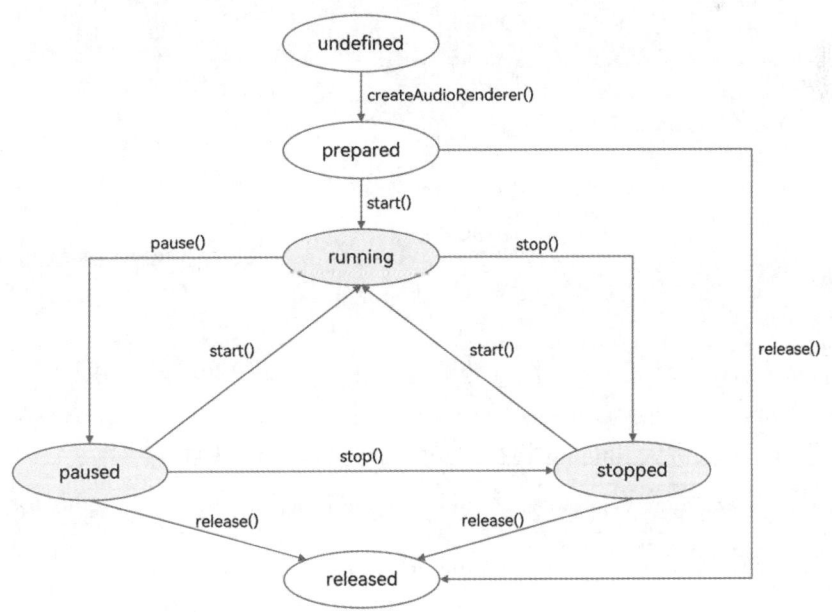

图 10.3   AudioRenderer 的状态变化

在应用开发过程中，建议开发者使用 on('stateChange')方法监听播放状态的变化。对于某些操作，AudioRenderer 仅在固定状态下才能执行。如果应用在 AudioRenderer 处于错误状态下时执行操作，那么系统可能会抛出异常或生成其他未定义的行为。

- prepared 状态：通过调用 createAudioRenderer 方法进入此状态。
- running 状态：正在播放音频。在 prepared 状态下通过调用 start 方法进入此状态；同理，在 paused 状态和 stopped 状态下通过调用 start 方法进入此状态。
- paused 状态：在 running 状态下通过调用 pause 方法暂停音频的播放，进入此状态，暂停音频的播放之后，通过调用 start 方法可以继续音频的播放。
- stopped 状态：在 paused 状态或 running 状态下通过调用 stop 方法停止音频的播放，进入此状态。
- released 状态：在 paused、stopped 等状态下通过调用 release 方法释放所有占用的硬件和软件资源，不会再进入其他的任何一种状态。

3. AudioRenderer 音频播放服务的开发

简单示例：AudioRenderer 音频播放服务的开发。

（1）配置音频渲染参数并创建 AudioRenderer 实例。代码如下。

```
let audioStreamInfo: audio.AudioStreamInfo = {
  samplingRate: audio.AudioSamplingRate.SAMPLE_RATE_48000, // 配置采样率
  channels: audio.AudioChannel.CHANNEL_2, // 配置通道
  sampleFormat: audio.AudioSampleFormat.SAMPLE_FORMAT_S16LE, // 配置采样格式
  encodingType: audio.AudioEncodingType.ENCODING_TYPE_RAW // 配置编码格式
};
let audioRendererInfo: audio.AudioRendererInfo = {
  usage: audio.StreamUsage.STREAM_USAGE_MUSIC,
  rendererFlags: 0
};
let audioRendererOptions: audio.AudioRendererOptions = {
  streamInfo: audioStreamInfo,
  rendererInfo: audioRendererInfo
};
audio.createAudioRenderer(audioRendererOptions, (err, data) => {
  if (err) {
console.error('Invoke createAudioRenderer failed, code is ${err.code}, message is
${err.message}');
    return;
  } else {
    console.info('Invoke createAudioRenderer succeeded.');
    let audioRenderer = data;}});
```

（2）调用 start 方法进入 running 状态，开始渲染音频，代码如下。

```
audioRenderer.start((err: BusinessError) => {
  if (err) {
    console.error('Renderer start failed, code is ${err.code}, message is ${err.message}');
  } else {
    console.info('Renderer start success.');}});
```

（3）调用 stop 方法，停止渲染音频，代码如下。

```
audioRenderer.stop((err: BusinessError) => {
  if (err) {
```

```
    console.error('Renderer stop failed, code is ${err.code}, message is ${err.message}');
  } else {
    console.info('Renderer stopped.');}}});
```

（4）调用 release 方法销毁实例，释放资源，代码如下。

```
audioRenderer.release((err: BusinessError) => {
  if (err) {
    console.error('Renderer release failed, code is ${err.code}, message is ${err.message}');
  } else {
    console.info('Renderer released.');}}});
```

Example 10_2：AudioRenderer 音频播放服务的开发。

（1）新建一个 AudioRenderer.ets 文件，导入模块，在 rawfile 目录下存放要测试的 demo.pcm 文件，代码如下。

```
import { BusinessError } from '@kit.BasicServicesKit';
import { fileIo as fs } from '@kit.CoreFileKit';
import common from '@ohos.app.ability.common';
import { audio } from '@kit.AudioKit';
```

（2）创建一个方法，将 demo.pcm 文件复制到应用沙箱目录下，代码如下。

```
function RawfileCopy(context: common.UIAbilityContext) {
  context.resourceManager.getRawFileContent('demo.pcm', (err: BusinessError, data: Uint8Array)
=> {
    if (err != null) {
      console.error('open file failed: ' + err.message)
    } else {
      let buffer = data.buffer
      let sandboxPath = context.cacheDir
      console.info('cacheDir path' + sandboxPath)
      let file = fs.openSync(context.cacheDir + '/demo.pcm', fs.OpenMode.CREATE |
fs.OpenMode.READ_WRITE)
      try {
        // 将 demo.pcm 文件复制到应用沙箱目录下
        fs.writeSync(file.fd, buffer)
        fs.close(file.fd)
      } catch (err) {
        console.info('Copy error')}}})}
RawfileCopy(getContext(this) as common.UIAbilityContext)
```

（3）配置音频渲染参数并创建 AudioRenderer 实例，代码如下。

```
class Options {
  offset?: number;
  length?: number;}
let bufferSize: number = 0;
let renderModel: audio.AudioRenderer | undefined = undefined;
let audioStreamInfo: audio.AudioStreamInfo = {
  samplingRate: audio.AudioSamplingRate.SAMPLE_RATE_48000, // 配置采样率
  channels: audio.AudioChannel.CHANNEL_2, // 配置通道
  sampleFormat: audio.AudioSampleFormat.SAMPLE_FORMAT_S16LE, // 配置采样格式
  encodingType: audio.AudioEncodingType.ENCODING_TYPE_RAW // 配置编码格式
};
let audioRendererInfo: audio.AudioRendererInfo = {
```

```
    usage: audio.StreamUsage.STREAM_USAGE_MUSIC, // 配置音频流使用类型
    rendererFlags: 0 // 配置音频渲染器标志
};
let audioRendererOptions: audio.AudioRendererOptions = {
    streamInfo: audioStreamInfo,
    rendererInfo: audioRendererInfo
};
let path = getContext().cacheDir;
// 确保应用沙箱路径下存在该资源
let filePath = path + '/demo.pcm';
let file: fs.File = fs.openSync(filePath, fs.OpenMode.READ_ONLY);
let writeDataCallback = (buffer: ArrayBuffer) => {
    let options: Options = {
        offset: bufferSize,
        length: buffer.byteLength};
    try {
        fs.readSync(file.fd, buffer, options);
        bufferSize += buffer.byteLength;
        // API 11 不支持返回回调结果, 从 API 12 开始支持返回回调结果
        return audio.AudioDataCallbackResult.VALID;
    } catch (error) {
        console.error('Error reading file:', error);
        return audio.AudioDataCallbackResult.INVALID;}};
// 初始化, 创建实例, 设置监听事件
function init() {
    // 创建 AudioRenderer 实例
    audio.createAudioRenderer(audioRendererOptions, (err, renderer) => {
        if (!err) {
            console.info('creating AudioRenderer success');
            renderModel = renderer;
            if (renderModel !== undefined) {
                (renderModel
                    as audio.AudioRenderer).on('writeData', writeDataCallback);
            }
        } else {
            console.info('creating AudioRenderer failed, error: ${err.message}')}}})
```

（4）配置启动、暂停、停止等渲染音频的方法，代码如下。

```
// 开始一次音频渲染
function start() {
    if (renderModel !== undefined) {
let stateGroup=[audio.AudioState.STATE_PREPARED,audio.AudioState.STATE_PAUSED,
audio.AudioState.STATE_STOPPED];
    if (stateGroup.indexOf((renderModel as audio.AudioRenderer).state.valueOf()
    ) === -1) { // 当且仅当状态为 prepared、paused 和 stopped 之一时启动渲染
        console.error('start failed');
        return;
    }
    // 启动渲染
    (renderModel as audio.AudioRenderer).start((err: BusinessError) => {
        if (err) {
            console.error('Renderer start failed.');
```

```
    } else {
      console.info('Renderer start success.'); }}); }}
// 暂停渲染
function pause() {
  if (renderModel !== undefined) {
    // 只有渲染器状态为 running 时才可以暂停渲染
if ((renderModel as audio.AudioRenderer).state.valueOf()
      !== audio.AudioState.STATE_RUNNING) {
    console.info('Renderer is not running');
    return;
  }
    // 暂停渲染
    (renderModel as audio.AudioRenderer).pause((err: BusinessError) => {
      if (err) {
        console.error('Renderer pause failed.');
      } else {
        console.info('Renderer pause success.');}}); }}
// 停止渲染
async function stop() {
  if (renderModel !== undefined) {
    // 只有渲染器状态为 running 或 paused 时才可以停止渲染
    if ((renderModel as audio.AudioRenderer).state.valueOf() !==
        audio.AudioState.STATE_RUNNING &&
        (renderModel as audio.AudioRenderer).state.valueOf() !==
        audio.AudioState.STATE_PAUSED) {
      console.info('Renderer is not running or paused.');
      return;
    }
    // 停止渲染
    (renderModel as audio.AudioRenderer).stop((err: BusinessError) => {
      if (err) {
        console.error('Renderer stop failed.');
      } else {
        fs.close(file);
        console.info('Renderer stop success.');}}); }}
// 销毁实例，释放资源
async function release() {
  if (renderModel !== undefined) {
    // 只有渲染器状态不为 released 时才可以释放资源
    if (renderModel.state.valueOf() === audio.AudioState.STATE_RELEASED) {
      console.info('Renderer already released');
      return;
    }
    // 释放资源
    (renderModel as audio.AudioRenderer).release((err: BusinessError) => {
      if (err) {
        console.error('Renderer release failed.');
      } else {
        console.info('Renderer release success.');} }); }}
```

（5）新建测试用例，代码如下。

```
@Entry
```

```
@Component
struct AudioRendererDemo{
 build() {
   Column({space:10}){
     Button("初始化")
       .onClick(()=>{
         init()})
     Button("播放")
       .onClick(()=>{
         start()})
     Button("暂停播放")
       .onClick(()=>{
         pause()})
     Button("停止播放")
       .onClick(()=>{
         stop()})
   }
   .height("100%")
   .width("100%")
   .justifyContent(FlexAlign.Start)
   .alignItems(HorizontalAlign.Center)}}
```

（6）依次点击按钮，播放时将能听到音频。日志输出结果如图 10.4 所示。

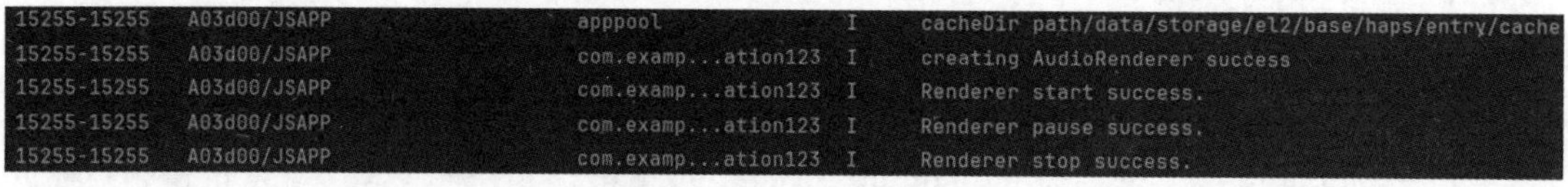

图 10.4　日志输出结果

10.3　视频播放与录制服务

10.3.1　视频播放服务开发基础

应用在调用 JS 接口层提供的 AVPlayer 接口实现相应功能时，框架层会通过 Player Framework 将输入的视频解析成单独的音频数据流和视频数据流，音频数据流经过软件解码先输出至 Audio Framework，再输出至硬件接口层的音频 HDI，完成音频播放；视频数据流经过硬件（推荐）或软件解码先输出至 Graphic Framework，再输出至硬件接口层的显示 HDI，完成图形渲染。当前提供以下两种视频播放服务开发方案。

- AVPlayer：功能较完善的音/视频播放 ArkTS/JS API，集成了流媒体和本地资源解析、媒体资源解封装、视频解码和渲染功能，适用于对媒体资源进行端到端播放的场景，可直接播放 mp4、mkv 等类型的视频。
- Video 组件：封装了视频播放的基础能力，设置数据源及基础信息后即可播放视频，但相对扩展能力较弱。Video 组件由 ArkUI 提供能力。

10.3.2 使用 AVPlayer 播放视频

1. AVPlayer 概述

当使用 AVPlayer 播放视频时，AVPlayer 与外部模块的交互关系如图 10.5 所示。

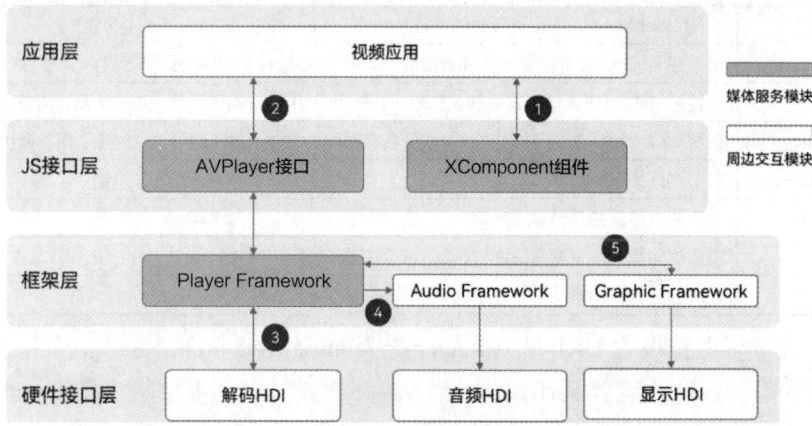

图 10.5 AVPlayer 与外部模块的交互关系

AVPlayer 支持的视频播放格式及对应的主流分辨率如表 10.4 所示。

表 10.4 AVPlayer 支持的视频播放格式及对应的主流分辨率

类型	视频播放格式	主流分辨率
mp4	视频格式：H26510+/H264 音频格式：AAC/MP3	4K/1080P/720P/480P/270P
mkv	视频格式：H26510+/H264 音频格式：AAC/MP3	4K/1080P/720P/480P/270P
ts	视频格式：H26510+/H264 音频格式：AAC/MP3	4K/1080P/720P/480P/270P

2. AVPlayer 的状态变化

AVPlayer 的状态变化具体参见 10.2.2 节。

3. AVPlayer 视频播放服务的开发

虽然使用 AVPlayer 能播放视频，但是无法将渲染画面呈现到屏幕上。因此，需要结合 XComponent 组件进行视频播放服务的开发，以下是开发步骤。

（1）调用 createAVPlayer 方法创建实例，将 AVPlayer 初始化，进入 idle 状态。

（2）设置业务所需的监听事件，搭配全流程场景使用。AVPlayer 支持的监听事件如表 10.5 所示。

表 10.5 AVPlayer 支持的监听事件

事件	描述
stateChange	必要事件，监听播放器的 state 属性的变化
error	必要事件，监听播放器的错误信息

事件	说明
durationUpdate	监听进度条的长度，刷新资源时长
timeUpdate	监听进度条的当前位置，刷新当前时间
seekDone	当使用 seek 方法跳转到指定播放位置后，如果 seek 操作成功，那么上报该事件
speedDone	当使用 setSpeed 方法设置播放倍速后，如果 setSpeed 操作成功，那么上报该事件
volumeChange	当使用 setVolume 方法调节播放音量后，如果 setVolume 操作成功，那么上报该事件
bitrateDone	当使用 setBitrate 方法指定播放比特率后，如果 setBitrate 操作成功，那么上报该事件
availableBitrates	监听 HLS 资源（按照 HLS 协议规范分割和组织的媒体资源）的可选比特率，用于调用 setBitrate 方法
bufferingUpdate	监听网络播放的缓冲信息
startRenderFrame	监听视频播放的首帧渲染时间
videoSizeChange	监听视频播放的宽度和高度信息，用于调整窗口大小、比例
audioInterrupt	监听音频焦点的切换信息，搭配 audioInterruptMode 属性使用

（3）设置播放资源：设置 URL，AVPlayer 进入 initialized 状态。

（4）设置窗口：获取并设置 surfaceId，用于显示画面，应用需要从 XComponent 组件中获取 surfaceId。

（5）准备播放：调用 prepare 方法，AVPlayer 进入 prepared 状态，此时可以获取持续时间，设置音量等。

（6）控制播放状态：调用 play 方法播放，调用 pause 方法暂停，调用 seek 方法跳转，调用 stop 方法停止。

（7）更换资源 URL：调用 reset 方法重置资源，AVPlayer 重新进入 idle 状态，允许更换资源 URL。

（8）退出播放：调用 release 方法销毁实例，AVPlayer 进入 released 状态，退出播放。

10.3.3　XComponent 组件

1. XComponent 组件概述

XComponent 组件作为一种渲染组件，可用于 EGL/OpenGLES 的渲染和媒体数据的写入，使用 XComponent 组件特有的 NativeWindow 可以渲染画面。XComponent 组件通常用于满足较为复杂的自定义渲染需求，如相机预览流的显示和游戏画面的渲染。其可通过指定 type 字段的值来实现不同的渲染方式，分别为 XComponentType.SURFACE 和 XComponentType.TEXTURE。对于 XComponentType.SURFACE，开发者可以将定制的绘制内容单独展示到屏幕上。对于 XComponentType.TEXTURE，开发者可以将定制的绘制内容和 XComponent 组件的内容合成后展示到屏幕上。

目前，XComponent 组件主要有两个应用场景。一个是 Native XComponent 场景，在 Native 层获取 Native XComponent 实例，在 Native 侧触发 Native XComponent 的生命周期回调，以及触摸、鼠标、按键等事件回调；另一个是 ArkTS XComponent 场景，在 ArkTS 侧获取 surfaceId，生命周期回调及触摸、鼠标、按键等事件回调等均在 ArkTS 侧触发。本书聚焦于 ArkTS 侧，接下来介绍 ArkTS 侧的相关知识。

2. ArkTS XComponent 场景

与 Native XComponent 场景不同，ArkTS XComponent 场景不再需要参数 libraryname。在 ArkTS 侧获取 surfaceId，生命周期回调及触摸、鼠标、按键等事件回调均在 ArkTS 侧触发，开发者按需将数据传递到 Native 侧进行处理。ArkTS 侧的 XComponentController 接口如表 10.6 所示。

表 10.6　ArkTS 侧的 XComponentController 接口

接口	描述
getXComponentSurfaceId(): string	获取 XComponent 组件对应的 surfaceId
onSurfaceCreated(surfaceId: string): void	创建 XComponent 组件特有的 Surface 后进行该回调
onSurfaceChanged(surfaceId: string, rect: SurfaceRect): void	音频格式：MP3
onSurfaceDestroyed(surfaceId: string): void	销毁 XComponent 组件特有的 Surface 后进行该回调

XComponent 组件生命周期事件如表 10.7 所示。

表 10.7　XComponent 组件生命周期事件

事件	描述
onLoad	XComponent 组件准备好 Surface 后触发
onDestroy	XComponent 组件被销毁时触发，与一般 ArkUI 组件的销毁时机一致

3. XComponent 组件的开发

在 ArkTS 侧使用 XComponent 组件进行 EGL/OpenGLES 的渲染，代码如下。

```
@Builder
function myComponent() {
  XComponent({ id: 'xcomponentId1', type: XComponentType.SURFACE, libraryname: 'nativerender' })
    .onLoad((context) => {})
    .onDestroy(() => {})}
```

Example 10_3：使用 AVPlayer 和 XComponent 组件创建自定义播放器。

（1）创建一个 AVPlayerVideo 类，定义 init 方法，并在该方法中调用 createAVPlayer 方法创建实例。将要播放的视频放到 rawfile 目录下，并通过文件方式读取视频，代码如下。

```
import { media } from '@kit.MediaKit';
import { common } from '@kit.AbilityKit';
export class AVPlayerVideo{
  private count:number = 0
  private isSeek:boolean= true
  static player:media.AVPlayer
  async init(){
    //创建实例，默认是异步的
    let avPlayer:media.AVPlayer = await media.createAVPlayer();
    //调用 getContext 方法获取应用上下文
    let context = getContext(this) as common.UIAbilityContext
    //默认也是异步的
    let avFile = context.resourceManager.getRawFdSync("VideoDemo.mp4")
    let avFileDescriptor:media.AVFileDescriptor = {
      fd:avFile.fd,offset:avFile.offset,length:avFile.length
```

```
    }
    //存储实例
    AVPlayerVideo.player = avPlayer
    // this.isSeek = false
    avPlayer.fdSrc =avFileDescriptor}}
```

（2）创建状态监听方法，代码如下。

```
import { media } from '@kit.MediaKit';
import { common } from '@kit.AbilityKit';
export class AVPlayerVideo{
  private surfaceId:string = ''
  private count:number = 0
  static player:media.AVPlayer
  constructor(surfaceId:string) {
    //定义surfaceId
    this.surfaceId = surfaceId
  }
  setAVPlayerCallBack(avPlayer:media.AVPlayer){
   avPlayer.on('stateChange',(state:string,reason:media.StateChangeReason)=>{
     switch (state){
       case 'idle':
         //销毁与当前AVPlayer关联的播放引擎
         console.log("闲置状态:idle")
         avPlayer.release()
         break;
       case 'initialized': 当视频设置完成后，进入initialized状态
         console.log("初始化资源:initialized")
         //通过surfaceId即可知道在哪个窗口播放
         avPlayer.surfaceId = this.surfaceId
         avPlayer.prepare()
         break;
       case 'prepared':
         console.log("已准备状态:prepared")
         avPlayer.play()
         break;
       case 'playing':
         console.log("播放中:playing")
         this.count++
         break;
       case 'completed':
         console.log("播放结束:completed")
         break;
       case 'paused':
         console.log("暂停:paused")
         break;
       case 'stopped':
         console.log("停止:stopped")
         break;
       case 'released':
         console.log("release")
         break;
       default:
```

```
                console.log("没匹配到状态")
                break;}}}}
    async initAVPlayer(){
        //创建实例，默认是异步的
        let avPlayer:media.AVPlayer = await media.createAVPlayer();
        //创建状态机变化回调函数
        this.setAVPlayerCallBack(avPlayer)
        let context = getContext(this) as common.UIAbilityContext
        //默认也是异步的
        let avFile =  context.resourceManager.getRawFdSync("VideoDemo.mp4")
        let avFileDescriptor:media.AVFileDescriptor = {
            fd:avFile.fd,offset:avFile.offset,length:avFile.length
        }
        //存储实例
        AVPlayerVideo.player = avPlayer
        this.isSeek = false
        avPlayer.fdSrc =avFileDescriptor}}
```

（3）新建一个 AVPlayerVideoDemo.ets 文件，创建自定义播放器，代码如下。

```
@Entry
@Component
struct AVPlayerVideoDemo{
private xComponentController:XComponentController = new XComponentController()
    @Builder
    myComponent() {
        //定义组件
        Column(){
        XComponent({type:XComponentType.SURFACE,
        controller:this.xComponentController})
            .onLoad(()=>{
                //获取 XComponent 组件的 surfaceId
            let surfaceId:string = this.xComponentController.getXComponentSurfaceId()
                //创建对象
                let avPlayerVideo =new AVPlayerVideo(surfaceId)
                //初始化
                avPlayerVideo.initAVPlayer()
            })
            .width("100%")
            .height(600)
            Row(){
            Button("播放")
                .onClick(()=>{
                    AVPlayerVideo.player.play()
                })
            Button("暂停")
                .onClick(()=>{
                    AVPlayerVideo.player.pause()})}}}
    build() {
        Column(){
            this.myComponent()
        }
        .height("100%")
```

```
.width("100%")}}
```

运行模拟器，输出结果如图 10.6 所示。

图 10.6　输出结果

10.3.4　使用 Video 组件播放视频

Video 组件用于播放视频并控制其播放状态，常应用于短视频和应用内部的视频列表中。当视频完整出现时会自动播放，当用户点击视频时会暂停播放，同时显示播放进度条，通过拖动播放进度条可以指定视频播放到的具体位置。

Video 组件中的 VideoOptions 接口参数如表 10.8 所示。

表 10.8　Video 组件中的 VideoOptions 接口参数

参数	描述
src	设置视频的数据源，支持本地视频和网络视频
currentProgressRate	设置视频播放倍速
previewUri	设置视频未播放时的预览图片路径，默认不显示图片
controller	设置视频控制器，用于控制视频的播放状态

除支持通用属性外，Video 组件还支持一些常见属性，如表 10.9 所示。

表 10.9　Video 组件支持的常见属性

属性	描述
muted	设置是否静音
autoPlay	设置是否自动播放
loop	设置是否为单个视频循环播放

除支持通用事件外，Video 组件还支持一些常见事件，如表 10.10 所示。通过 onStart 事件、onPause 事件和 onFinish 事件可以处理相关操作。

表 10.10　Video 组件支持的常见事件

事件	描述
onStart	播放时触发该事件
onPause	暂停时触发该事件
onFinish	播放结束时触发该事件

简单示例：创建一个 VideoController 对象，通过该对象控制视频播放状态。

```
@Component
struct VideoExemple {
 @State videoSrc: Resource = $r("app.media.video1")  //定义视频资源
 @State previewUri: Resource = $r('app.media.startIcon')
 @State curRate: PlaybackSpeed = PlaybackSpeed.Speed// 定义播放速率
 @State isAutoPlay: boolean = false // 定义是否自动播放
 @State showControls: boolean = true  //定义是否显示控制栏
 controller: VideoController = new VideoController()
 build() {
  Column() {
    Video({
      src: this.videoSrc,
      previewUri: this.previewUri,
      currentProgressRate: this.curRate,
      controller: this.controller }
      )
      .width('100%')
      .height(600)
      .autoPlay(this.isAutoPlay)
      .controls(this.showControls)
    Row() {
     Button('开始播放')
       .onClick(() => {this.controller.start()}).margin(2)
     Button('暂停播放')
       .onClick(() => {this.controller.pause()}).margin(2)
     Button('结束播放')
       .onClick(() => {this.controller.stop()}).margin(2)}}}}
```

运行模拟器，输出结果如图 10.7 所示。

图 10.7　输出结果

10.3.5 使用 AVRecorder 录制视频

1. AVRecorder 概述

当前仅支持使用 AVRecorder 录制视频，AVRecorder 集成了音频捕获、音/视频编码、音/视频封装功能，适用于实现简单视频录制并直接得到本地视频文件的场景。

2. AVRecorder 的状态变化

在应用开发过程中，开发者可以通过 AVRecorder 的 state 属性主动获取当前状态，或使用 on('stateChange')方法监听播放状态的变化。在应用开发过程中，开发者应该严格遵循状态机的要求，如只能在 paused 状态下调用 resume 方法。图 10.8 展示了 AVRecorder 的状态变化。

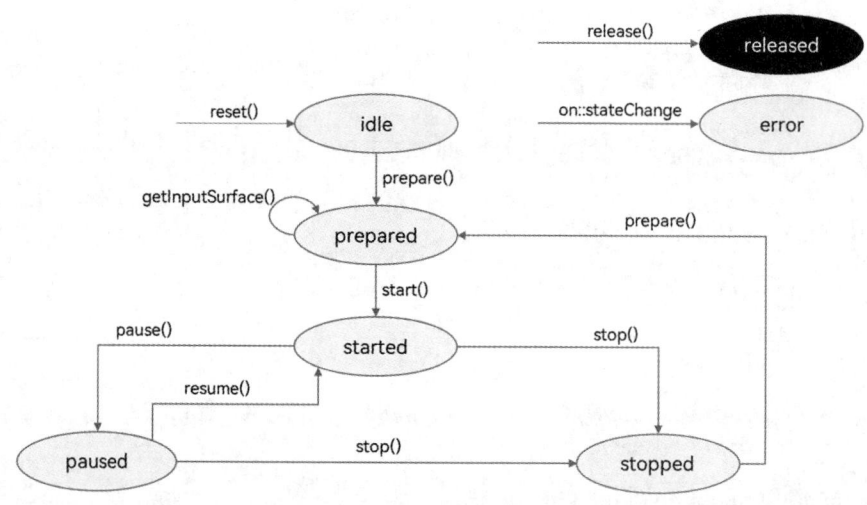

图 10.8　AVRecorder 的状态变化

3. AVRecorder 视频录制开发

AVRecorder 只负责视频数据的处理，只有与视频数据采集模块配合才能完成视频的录制。视频数据采集模块需要通过 Surface 将视频数据传递给 AVRecorder 进行处理。当前，常用的数据采集模块为相机模块。

在开发此功能前，开发者应根据实际需求申请相关权限。

- 当需要使用麦克风时，需要申请麦克风权限 ohos.permission.MICROPHONE。
- 当需要使用相机拍摄时，需要申请相机权限 ohos.permission.CAMERA。

（1）创建 AVRecorder 实例，进入 idle 状态，代码如下。

```
import { media } from '@kit.MediaKit';
import { BusinessError } from '@kit.BasicServicesKit';
let avRecorder: media.AVRecorder;
media.createAVRecorder().then((recorder: media.AVRecorder) => {
  avRecorder = recorder;
}, (error: BusinessError) => {
  console.error('createAVRecorder failed');})
```

（2）设置业务所需的监听事件，监听播放状态的变化及上报错误，代码如下。

```
import { media } from '@kit.MediaKit';
```

```
import { BusinessError } from '@kit.BasicServicesKit';
// 状态上报回调函数
this.avRecorder.on('stateChange', (state: media.AVRecorderState, reason:
media.StateChangeReason) => {
  console.info('current state is: ' + state);})
// 错误上报回调函数
this.avRecorder.on('error', (err: BusinessError) => {
  console.error('error happened, error message is ' + err);})
```

（3）配置视频录制参数，调用 prepare 方法，进入 prepared 状态，代码如下。

```
import { media } from '@kit.MediaKit';
import { BusinessError } from '@kit.BasicServicesKit';
import { fileIo as fs } form '@kit.CoreFileKit';
let avProfile: media.AVRecorderProfile = {
  fileFormat : media.ContainerFormatType.CFT_MPEG_4, // 配置封装格式
  videoBitrate : 200000, // 配置比特率
  videoCodec : media.CodecMimeType.VIDEO_AVC, // 配置编码格式
  videoFrameWidth : 640,  // 配置分辨率的宽度
  videoFrameHeight : 480, // 配置分辨率的高度
  videoFrameRate : 30 // 配置帧率
};
const context: Context = getContext(this);
let filePath: string = context.filesDir + '/example.mp4';
let videoFile: fs.File = fs.openSync(filePath, fs.OpenMode.READ_WRITE | fs.OpenMode.CREATE);
let fileFd = videoFile.fd; // 获取 FD
let avConfig: media.AVRecorderConfig = {
  videoSourceType : media.VideoSourceType.VIDEO_SOURCE_TYPE_SURFACE_YUV, // 配置视频源类型，支
//持 YUV 和 ES 两种类型
  profile : avProfile,
  url: 'fd://' + fileFd.toString(), // 新建并读写一个视频文件
  rotation : 0 // 配置旋转角度，默认值为 0 表示不旋转，支持的值有 0、90、180、270
};
this.avRecorder.prepare(avConfig).then(() => {
  console.info('avRecorder prepare success');
}, (error: BusinessError) => {
  console.error('avRecorder prepare failed');})
```

（4）获取录制视频所需的 surfaceId。调用 getInputSurface 方法，其返回值 surfaceId 被传递给视频数据输入源模块。常用的视频数据输入源模块为相机模块。以采用相机作为视频数据输入源模块为例，通过 surfaceId 获取 Surface，通过 Surface 将视频数据流传递给 AVRecorder，由 AVRecorder 进行视频数据的处理，代码如下。

```
import { BusinessError } from '@kit.BasicServicesKit';
this.avRecorder.getInputSurface().then((surfaceId: string) => {
  console.info('avRecorder getInputSurface success');
}, (error: BusinessError) => {
  console.error('avRecorder getInputSurface failed');})
```

（5）在视频数据输入源模块中初始化视频数据输入源。以采用相机作为视频数据输入源模块为例，创建录像输出流，包括获取相机列表、创建相机的输入流等。

（6）录制视频，代码如下。

```
// 一个完整的录制示例
async videoRecorderDemo() {
  // 开始录制
  await this.startRecordingProcess();
  // 此处用户可以自行设置录制时长
  // 暂停录制
  await this.pauseRecordingProcess();
  // 恢复录制
  await this.resumeRecordingProcess();
  // 停止录制
  await this.stopRecordingProcess();
  // 使用安全控件保存媒体资源至媒体库中
  await this.saveRecorderAsset();}
```

10.4 相机服务

10.4.1 相机服务开发基础

开发者通过调用相机服务提供的接口可以开发相机应用，通过访问和操作相机可以完成基础操作，如预览、拍照和录像等；通过接口组合还可以完成更多操作，如配制闪光灯、曝光时间、对焦和调焦等参数。

1. 相机的工作流程

相机的工作流程如图 10.9 所示。

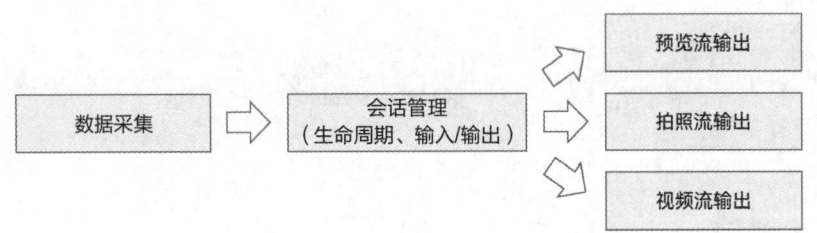

图 10.9　相机的工作流程

- 相机调用摄像头采集数据，作为输入流。
- 在进行会话管理时，可以配置输入流，即选择镜头进行拍摄。另外，还可以配置闪光灯、曝光时间、对焦和调焦等参数，实现不同效果的拍摄，从而适配不同的业务场景。可以通过切换会话满足不同场景的拍摄需求。
- 配置相机的输出流，即将内容通过预览流、拍照流或视频流输出。

2. 相机开发模型

相机应用通过控制相机，实现预览、拍照和录像等基础操作。在实现基础操作的过程中，相机服务会控制相机采集和输出数据，采集的图像数据位于底层的相机 HDI，直接通过 BufferQ（数据缓冲队列）被传递到具体的功能模块上进行处理。在应用开发中无须关注 BufferQ，BufferQ 用于将底层处理的数据及时传送到上层以图像形式显示。

以视频录制为例进行说明，在使用相机录制视频的过程中，先使用媒体录制服务创建一个视频 Surface 用于传递数据，并提供给相机服务，再使用相机服务控制相机采集视频数据，生成视频流。采集的数据经底层的相机 HDI 处理后，通过 Surface 将视频流传递给媒体录制服务，媒体录制服务对数据进行处理后，将其保存为视频文件，完成视频录制。图 10.10 所示为相机开发模型。

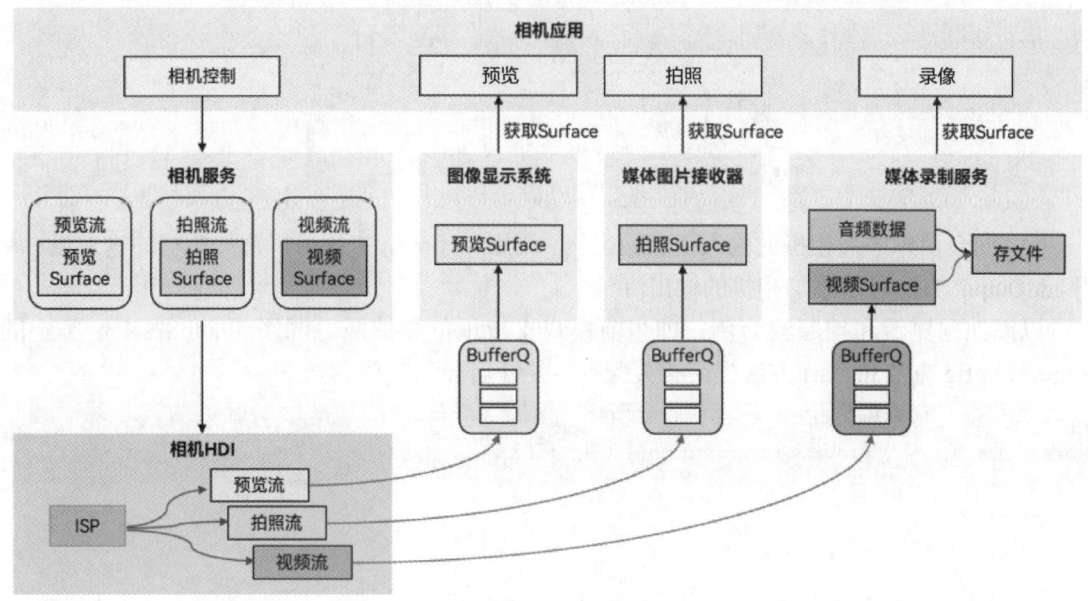

图 10.10　相机开发模型

3. 相机的会话管理

在使用相机的预览、拍照、录像功能前，均需要创建会话。在会话中，可以实现以下功能。

- 配置相机的输入流和输出流。在使用相机拍摄前，必须完成输入流和输出流的配置。
- 配置输入流，即添加设备输入，对用户而言，相当于选择设备的某个摄像头拍摄；配置输出流，即选择数据将以什么形式输出。当需要拍照时，输出流应被配置为预览流和拍照流，预览流的数据将被显示在 XComponent 组件上，拍照流的数据将通过 ImageReceiver 接口被保存到相册中。
- 添加闪光灯、调整焦距等。
- 会话切换控制。通过移除和添加输出流可以切换相机模式。例如，假设当前会话的输出流为拍照流，可以将拍照流移除，并添加视频流作为输出流，这样即完成了从拍照到录像的切换。

配置完成后，提交和开启会话，即可开始调用相机的相关功能。

（1）导入相关接口，代码如下。

```
import { camera } from '@kit.CameraKit';
import { BusinessError } from '@kit.BasicServicesKit';
```

（2）调用 CameraManager 类中的 createSession 方法创建会话，代码如下。

```
function getSession(cameraManager: camera.CameraManager): camera.Session | undefined {
  let session: camera.Session | undefined = undefined;
```

```
  try {session = cameraManager.createSession(camera.SceneMode.NORMAL_PHOTO) as
camera.PhotoSession;
    } catch (error) {
      let err = error as BusinessError;
      console.error('Failed to create the session instance. error: ${JSON.stringify(err)}');}
    return session;}
```

（3）调用 PhotoSession 类中的 beginConfig 方法配置会话，代码如下。

```
function beginConfig(photoSession: camera.PhotoSession): void {
  try {
    photoSession.beginConfig();
  } catch (error) {
    let err = error as BusinessError;
    console.error('Failed to beginConfig. error: ${JSON.stringify(err)} ')}}
```

（4）向会话中添加相机的输入流和输出流，调用 addInput 方法可以添加相机的输入流；调用 addOutput 方法可以添加相机的输出流。

以添加预览流和拍照流为例，即当前模式支持预览和拍照。调用 PhotoSession 类中的 commitConfig 方法和 start 方法提交相关配置，并开启会话，代码如下。

```
async function startSession(photoSession: camera.PhotoSession, cameraInput:
camera.CameraInput, previewOutput: camera.PreviewOutput, photoOutput: camera.PhotoOutput):
Promise<void> {
    try {
      photoSession.addInput(cameraInput);
    } catch (error) {
      let err = error as BusinessError;
      console.error('Failed to addInput. error: ${JSON.stringify(err)}');
    }
    try {
      photoSession.addOutput(previewOutput);
    } catch (error) {
      let err = error as BusinessError;
      console.error('Failed to add previewOutput. error: ${JSON.stringify(err)} ');
    }
    try {
      photoSession.addOutput(photoOutput);
    } catch (error) {
      let err = error as BusinessError;
      console.error('Failed to add photoOutput. error: ${JSON.stringify(err)} ');
    }
    try {
      await photoSession.commitConfig();
    } catch (error) {
      let err = error as BusinessError;
      console.error('Failed to commitConfig. error: ${JSON.stringify(err)}');
    }

    try {
      await photoSession.start();
    } catch (error) {
      let err = error as BusinessError;
```

```
      console.error('Failed to start. error: ${JSON.stringify(err)}')}}
```

（5）调用 PhotoSession 类中的 stop 方法可以停止当前会话。调用 removeOutput 方法和 addOutput 方法可以实现会话控制。从会话中移除拍照流和向会话中添加视频流，代码如下。

```
async function switchOutput(photoSession: camera.PhotoSession, videoOutput:
camera.VideoOutput, photoOutput: camera.PhotoOutput): Promise<void> {
  try {
    await photoSession.stop();
  } catch (error) {
    let err = error as BusinessError;
    console.error('Failed to stop. error: ${JSON.stringify(err)}');
  }

  try {
    photoSession.beginConfig();
  } catch (error) {
    let err = error as BusinessError;
    console.error('Failed to beginConfig. error: ${JSON.stringify(err)}');
  }
  // 从会话中移除拍照流
  try {
    photoSession.removeOutput(photoOutput);
  } catch (error) {
    let err = error as BusinessError;
  console.error('Failed to remove photoOutput. error: ${JSON.stringify(err)}')}
  // 向会话中添加视频流
  try {
    photoSession.addOutput(videoOutput);
  } catch (error) {
    let err = error as BusinessError;
    console.error('Failed to add videoOutput. error: ${JSON.stringify(err)}')}}
```

10.4.2　使用相机的预览功能

预览是指启动相机后观看，预览功能通常在拍照和录像前执行。

简单示例：使用相机的预览功能。

（1）打开 module.json5 文件，在 requestPermissions 标签中添加相机权限，代码如下。

```
"requestPermissions": [
    {
      "name": 'ohos.permission.CAMERA',
      "reason": "$string:reason",            // 指定申请权限的原因
      "usedScene": {                          // 指定权限使用场景
        "abilities": [
          "EntryAbility"
        ],                                    // 指定使用权限的 Ability
        "when": "inuse"                       // 指定调用时机
      }
    },
]
```

（2）在 resources/base/element 目录下的 string.json 文件中添加权限申请原因，代码如下。

```
{
  "string": [
    {
      "name": "reason",
      "value": "请求申请相应权限"  //可自定义
    }
  ]
}
```

（3）导入接口，该接口中提供了与相机相关的属性和方法，代码如下。

```
import { camera } from '@kit.CameraKit';
import { BusinessError } from '@kit.BasicServicesKit';
```

（4）创建 Surface。XComponent 组件为预览流提供 Surface。

（5）通过 CameraOutputCapability 类中的 previewProfiles 属性获取当前设备支持的预览功能，返回 previewProfilesArray。通过 createPreviewOutput 方法创建预览流，其中，createPreviewOutput 方法中的两个参数分别是 previewProfilesArray 中的第 1 项和 surfaceId，代码如下。

```
function getPreviewOutput(cameraManager: camera.CameraManager,
 cameraOutputCapability: camera.CameraOutputCapability, surfaceId: string)
      : camera.PreviewOutput | undefined {
  let previewProfilesArray: Array<camera.Profile> =
cameraOutputCapability.previewProfiles;
  let previewOutput: camera.PreviewOutput | undefined = undefined;
  try {
    previewOutput = cameraManager.createPreviewOutput(previewProfilesArray[0], surfaceId);
  } catch (error) {
    let err = error as BusinessError;
    console.error("Failed to create the PreviewOutput instance. error code:"
+ err.code);
  }
  return previewOutput;}
```

（6）通过 session.start 方法输出预览流，若接口调用失败，则返回相应的错误码，代码如下。

```
  async function startPreviewOutput(cameraManager: camera.CameraManager, previewOutput:
camera.PreviewOutput): Promise<void> {
    let cameraArray: Array<camera.CameraDevice> = [];
    cameraArray = cameraManager.getSupportedCameras();
    if (cameraArray.length == 0) {
      console.error('no camera.');
      return;
    }
    // 获取支持的模式类型
    let sceneModes: Array<camera.SceneMode> =
cameraManager.getSupportedSceneModes(cameraArray[0]);
    let isSupportPhotoMode: boolean =
sceneModes.indexOf(camera.SceneMode.NORMAL_PHOTO) >= 0;
    if (!isSupportPhotoMode) {
      console.error('photo mode not support');
```

```
    return;
  }
  let cameraInput: camera.CameraInput | undefined = undefined;
  cameraInput = cameraManager.createCameraInput(cameraArray[0]);
  if (cameraInput === undefined) {
    console.error('cameraInput is undefined');
    return;
  }
  // 打开相机
  await cameraInput.open();
  let session: camera.PhotoSession=cameraManager.createSession(camera.SceneMo
de.NORMAL_PHOTO) as camera.PhotoSession;
  session.beginConfig();
  session.addInput(cameraInput);
  session.addOutput(previewOutput);
  await session.commitConfig();
  await session.start();
}
```

Example 10_4：使用相机的预览功能。

（1）按照上述步骤设置好相关权限。创建一个方法，通过 CameraOutputCapability 类中的 previewProfiles 属性获取当前设备支持的预览功能，通过 createPreviewOutput 方法创建预览流，代码如下。

```
async function previewCamera(baseContext: common.BaseContext, surfaceId: string): Promise<void>
{
  //获取 CameraManager 对象
  let cameraManager: camera.CameraManager =
  camera.getCameraManager(baseContext);
  //获取相机列表
  let cameraArray: Array<camera.CameraDevice> =
  cameraManager.getSupportedCameras();
  //创建相机的输入流
  let cameraInput: camera.CameraInput | undefined = undefined;
  try{
    cameraInput = cameraManager.createCameraInput(cameraArray[0]);

    cameraInput.on('error', cameraArray[0], (error: BusinessError) => {
      console.error('Camera input error code: ${error.code}');
    });
    await cameraInput.open();
  } catch (e) {
    let error:BusinessError = e as BusinessError;
    console.error('${error.code}:${error.message}')
  }
  let cameraOutputCap: camera.CameraOutputCapability =
  cameraManager.getSupportedOutputCapability(cameraArray[0]);
  let previewProfilesArray: Array<camera.Profile> =
  cameraOutputCap.previewProfiles;
  if (!previewProfilesArray) {
    console.error("cameraManager.getSupportedOutputCapability error");
```

```
      return undefined;
    }
  //创建预览流
  let previewOutput: camera.PreviewOutput | undefined = undefined;
  previewOutput = cameraManager.createPreviewOutput(previewProfilesArray[0], surfaceId);
  //创建会话
  let captureSession: camera.PhotoSession | undefined = undefined;
  captureSession = cameraManager.createSession(camera.SceneMode.NORMAL_PHOTO) as
camera.PhotoSession;
  try {
    captureSession.beginConfig();
    captureSession.addInput(cameraInput);
    captureSession.addOutput(previewOutput);
    await captureSession.commitConfig();
    await captureSession.start();
  } catch (e) {
    let error: BusinessError = e as BusinessError;
    console.error('${error.code}:${error.message}')}}
```

（2）新建一个 PreviewCameraDemo.ets 文件，要求当打开该文件时向用户申请相机权限，代码如下。

```
requestCameraPermission(): void {
  let permission: Permissions[] = ['ohos.permission.CAMERA'];
  let context: Context = getContext(this) as Context;
  let atManager: abilityAccessCtrl.AtManager =
   abilityAccessCtrl.createAtManager();
  atManager.requestPermissionsFromUser(context,
  permission).then((data: PermissionRequestResult) => {
    let grantStatus: Array<number> = data.authResults;
    let length: number = grantStatus.length;
    for (let i = 0; i < length; i++) {
      if (grantStatus[i] != 0) {
        // 用户拒绝授权，提示用户只有授权才能访问当前页面的功能，并引导用户到系统设置中打开相应的权限
        return;}}
      // 授权成功
  }).catch((err: BusinessError) => {
    console.error('${err.code}:${err.message}')})}
  //定义生命周期函数
  async aboutToAppear(): Promise<void> {
    this.requestCameraPermission()}    //当打开页面时向用户发起授权请求
```

（3）创建 Surface。XComponent 组件为预览流提供 Surface，代码如下。

```
@Entry
@Component
  struct PreviewCameraDemo {
  private xComponentController: XComponentController = new XComponentController;
  private surfaceId: string = '';
  requestCameraPermission(): void {
  … //省略其他代码
  }
  async aboutToAppear(): Promise<void> {
  … //省略其他代码
```

```
    }
    build() {
    Column() {
      Row() {
        XComponent({
          id: 'xComponent',
          type: XComponentType.SURFACE,
          controller: this.xComponentController
        })
          .onLoad(() => {
            this.xComponentController.setXComponentSurfaceRect({ surfaceWidth: 1920,
surfaceHeight: 1080 });
            this.surfaceId = this.xComponentController.getXComponentSurfaceId()
          })
          .width('500vp')
          .height('500vp')
      }
        .backgroundColor(Color.Black)
      Button("开始预览")
        .onClick(() => {
          previewCamera(getContext(this), this.surfaceId);})}}}
```

模拟器无法使用相机。运行真机，输出结果如图 10.11 所示。

图 10.11 输出结果

10.4.3 使用系统相机的拍照和录像功能

应用可使用系统相机（CameraPicker）拍照或录像，无须申请相机权限。系统相机的交互页面由系统提供，在用户点击"拍摄"按钮和"确认"按钮后，使用系统相机可以获取对应的照片或视频。

开发者若只需获取即时拍摄的照片或视频，则可以使用系统相机来轻松实现。由于照片的拍摄和确认都是由用户主动实现的，因此开发者可以不用申请相机权限。

简单示例：使用系统相机的拍照和录像功能。

（1）导入相关接口，代码如下。

```
import { camera, cameraPicker as picker } from '@kit.CameraKit'
import { fileIo, fileUri } from '@kit.CoreFileKit'
```

（2）配置 PickerProfile 接口，代码如下。

```
let pathDir = getContext().filesDir;
let fileName = '${new Date().getTime()}'
let filePath = pathDir + '/${fileName}.tmp'
fileIo.createRandomAccessFileSync(filePath, fileIo.OpenMode.CREATE);
let uri = fileUri.getUriFromPath(filePath);
let pickerProfile: picker.PickerProfile = {
cameraPosition: camera.CameraPosition.CAMERA_POSITION_BACK,
saveUri: uri};
```

表 10.11 所示为 PickerProfile 接口参数。其中，saveUri 为可选参数，如果未配置该参数，那么拍摄的照片和视频默认被存入媒体库。如果不想将照片和视频存入媒体库，那么请自行为文件配置应用沙箱路径。应用沙箱内的文件必须是一个存在的、可写的文件。这个文件的 URI 被传入 picker 接口之后，相当于系统相机授予该文件读写权限。系统相机在拍摄结束之后，会对该文件进行覆盖写入。

表 10.11　PickerProfile 接口参数

参数	描述
cameraPosition	定义相机的位置
saveUri	定义保存配置信息的 URI
videoDuration	定义录制的最大时长

（3）调用 picker 接口获取拍摄结果，代码如下。

```
let result: picker.PickerResult =
  await picker.pick(getContext(),
[picker.PickerMediaType.PHOTO, picker.PickerMediaType.VIDEO],pickerProfile);

console.info('picker resultCode: ${result.resultCode},resultUri:
            ${result.resultUri},mediaType: ${result.mediaType}');
```

Example 10_5：使用系统相机的拍照和录像功能。

```
@Entry
@Component
struct SystemCameraDemo {
  @State imgSrc: string = '';
  @State videoSrc: string = '';
  build() {
    RelativeContainer() {
    Column(){
        Image(this.imgSrc)
        .width(200)
        .height(200)
        .backgroundColor(Color.Black)
        .margin(5);
        Video({ src: this.videoSrc})
        .width(200)
        .height(200)
        .autoPlay(true);
        Button("测试系统相机拍照和录像")
          .fontSize(20)
```

```
        .fontWeight(FontWeight.Bold)
        .onClick(async () => {
          let pathDir = getContext().filesDir;
          let fileName = '${new Date().getTime()}'
          let filePath = pathDir + '/${fileName}.tmp'
          fileIo.createRandomAccessFileSync(filePath,fileIo.OpenMode.CREATE)
          let uri = fileUri.getUriFromPath(filePath);
          let pickerProfile: picker.PickerProfile = {
            cameraPosition: camera.CameraPosition.CAMERA_POSITION_BACK,
            saveUri: uri
          };
          let result: picker.PickerResult = await picker.pick(getContext(),
[picker.PickerMediaType.PHOTO, picker.PickerMediaType.VIDEO],pickerProfile);
          console.info('picker resultCode: ${result.resultCode},resultUri:
${result.resultUri},mediaType: ${result.mediaType}');
          if (result.resultCode == 0) {
            if (result.mediaType === picker.PickerMediaType.PHOTO) {
              this.imgSrc = result.resultUri;
            } else {
              this.videoSrc = result.resultUri;
            }
          }
        }).margin(5);
    }
    .alignRules({
      center: { anchor: '__container__', align: VerticalAlign.Center },
      middle: { anchor: '__container__', align: HorizontalAlign.Center }});
  }
  .height('100%')
  .width('100%')}}
```

模拟器无法使用相机。运行真机，输出结果如图 10.12 所示。当点击"测试系统相机录像和拍照"按钮时，应用会打开系统相机，拍照和录像后会把结果返回给应用。

图 10.12　输出结果

10.5 图片服务

应用开发中的图片服务开发是对图片像素数据进行解析、处理、构造的过程，以实现目标图片效果，这主要涉及图片解码、图片处理、图片编码等。在学习图片开发前，读者需要熟悉以下基本概念。

图片服务开发的主要流程如图 10.13 所示。

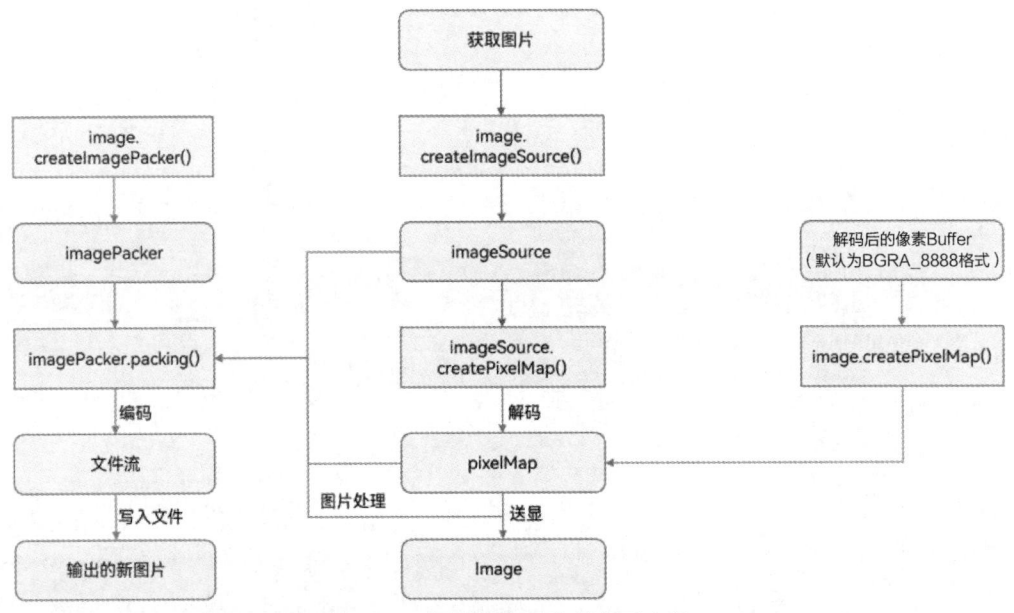

图 10.13　图片服务开发的主要流程

- 获取图片：通过应用沙箱路径获取原始图片。
- 创建 ImageSource：ImageSource 是图片解码出来的图片源类，用于获取或修改图片相关信息。
- 图片解码：通过 ImageSource 解码生成 PixelMap。
- 图片处理：对 PixelMap 进行处理，更改图片属性，实现图片的旋转、缩放、裁剪等效果。通过 Image 组件显示图片。
- 图片编码：使用图片打包器类 ImagePacker，对 PixelMap 或 ImageSource 进行压缩与编码，输出新的图片。

1. 使用 ImageSource 完成图片解码

图片解码是指将所支持格式的存档图片解码成统一的 PixelMap，以便在应用中显示或处理图片。当前支持的存档图片格式包括 JPEG、PNG、GIF、WebP、BMP、SVG、ICO、DNG、HEIF 等。不同硬件设备支持的格式不同。

简单示例：使用 ImageSource 完成图片解码。

（1）全局导入模块，代码如下。

```
import { image } from '@kit.ImageKit';
```

（2）获取图片，代码如下。

```
//方法一：获取应用沙箱路径
const context : Context = getContext(this);
const filePath : string = context.cacheDir + '/test.jpg';
//方法二：通过应用沙箱路径获取图片的 FD。需要先导入@kit.CoreFileKit 模块，然后调用 fs.openSync 方法
import { fileIo as fs } from '@kit.CoreFileKit';
const context = getContext(this);
const filePath = context.cacheDir + '/test.jpg';
const file : fs.File = fs.openSync(filePath, fs.OpenMode.READ_WRITE);
const fd : number = file?.fd;
//方法三：通过资源管理器获取资源文件的 ArrayBuffer
// 导入资源管理器
import { resourceManager } from '@kit.LocalizationKit';
const context : Context = getContext(this);
// 获取资源管理器
const resourceMgr : resourceManager.ResourceManager = context.resourceManager;
//方法四：通过资源管理器获取资源文件的 RawFileDescriptor
// 导入资源管理器
import { resourceManager } from '@kit.LocalizationKit';
const context : Context = getContext(this);
// 获取资源管理器
const resourceMgr : resourceManager.ResourceManager = context.resourceManager;
```

（3）创建 ImageSource，代码如下。

```
//方法一：通过应用沙箱路径创建 ImageSource。应用沙箱路径可以通过步骤（2）的方法一获取
// path 为已获取的应用沙箱路径
const imageSource : image.ImageSource = image.createImageSource(filePath);
//方法二：通过 FD 创建 ImageSource。FD 可以通过步骤（2）的方法二获取
// fd 为已获取的 FD
const imageSource : image.ImageSource = image.createImageSource(fd);
//方法三：通过 ArrayBuffer 创建 ImageSource。ArrayBuffer 可以通过步骤（2）的方法三获取
const imageSource : image.ImageSource = image.createImageSource(buffer);
//方法四：通过资源文件的 RawFileDescriptor 创建 ImageSource。RawFileDescriptor 可以通过步骤（2）的方法
//四获取
const imageSource : image.ImageSource =image.createImageSource(rawFileDescript
or);
```

（4）设置解码参数 DecodingOptions，解码获取 PixelMap，获取 PixelMap 后即可进行后续操作，代码如下。

```
//设置期望的格式进行解码
import { BusinessError } from '@kit.BasicServicesKit';
import { image } from '@kit.ImageKit';
let img = awaitgetContext(this).resourceManager.getMediaContent($r('app.media.
image'));
let imageSource:image.ImageSource =
 image.createImageSource(img.buffer.slice(0));
let decodingOptions : image.DecodingOptions = {
editable: true,
desiredPixelFormat: 3,
}
// 创建 PixelMap
imageSource.createPixelMap(decodingOptions).then((pixelMap : image.PixelMap) => {
console.log("Succeeded in creating PixelMap")
```

```
}).catch((err : BusinessError) => {
console.error("Failed to create PixelMap")});
//解码 HDR 格式的图片
import { BusinessError } from '@kit.BasicServicesKit';
import { image } from '@kit.ImageKit';
let img = await
 getContext(this).resourceManager.getMediaContent($r('app.media.CUVAHdr'));
let imageSource:image.ImageSource =
 image.createImageSource(img.buffer.slice(0));
let decodingOptions : image.DecodingOptions = {
//设置为 AUTO，会根据图片格式解码，如果图片格式为 HDR，那么会解码为 HDR 格式的 PixelMap
desiredDynamicRange: image.DecodingDynamicRange.AUTO,
}
// 创建 PixelMap
imageSource.createPixelMap(decodingOptions).then((pixelMap:image.PixelMap) => {
console.log("Succeeded in creating PixelMap")
// 判断 PixelMap 是否为 HDR 格式
let info = pixelMap.getImageInfoSync();
console.log("pixelmap isHdr:" + info.isHdr);
}).catch((err : BusinessError) => {
console.error("Failed to create PixelMap")});
```

（5）释放 PixelMap 和 ImageSource。需确认 PixelMap 和 ImageSource 异步方法已经执行完成，不再使用该变量后，可按需手动调用下面的方法释放 PixelMap 和 ImageSource，代码如下。

```
pixelMap.release();
imageSource.release();
```

2. 使用 PixelMap 完成图像变换

图片处理是指对 PixelMap 进行相关的操作，如获取图片信息、裁剪、缩放、偏移、旋转、翻转、设置透明度、读写像素数据等。图片处理主要包括图像变换、位图操作，这里介绍图像变换。

简单示例：使用 PixelMap 完成图像变换。

（1）获取 PixelMap。

（2）获取图片信息，代码如下。

```
import { BusinessError } from '@kit.BasicServicesKit';
// 获取图片大小
pixelMap.getImageInfo().then( (info : image.ImageInfo) => {
console.info('info.width = ' + info.size.width);
console.info('info.height = ' + info.size.height);
}).catch((err : BusinessError) => {
console.error("Failed to obtain the image pixel map information.And
the error is: " + err);});
```

（3）进行变换操作。

变换效果如图 10.14 所示。

（4）进行裁剪操作，代码如下。

```
//x: 裁剪起始点横坐标 0
//y: 裁剪起始点纵坐标 0
```

图 10.14　变换效果

```
// height: 裁剪高度为 400，方向为从上往下（裁剪后的图片高度为 400px）
// width: 裁剪宽度为 400，方向为从左到右（裁剪后的图片宽度为 400px）
pixelMap.crop({x: 0, y: 0, size: { height: 400, width: 400 } });
```

裁剪效果如图 10.15 所示。

（5）进行缩放操作，代码如下。

```
// 宽度为原来的 0.5
// 高度为原来的 0.5
pixelMap.scale(0.5, 0.5);
```

缩放效果如图 10.16 所示。

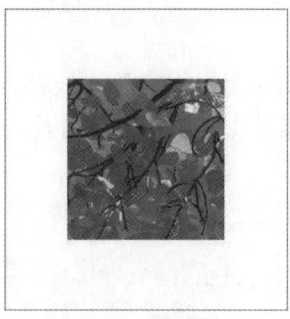

图 10.15　裁剪效果

图 10.16　缩放效果

（6）进行偏移操作，代码如下。

```
// 向下偏移 100
// 向右偏移 100
pixelMap.translate(100, 100);
```

偏移效果如图 10.17 所示。

（7）进行旋转操作，代码如下。

```
// 顺时针旋转 90°
pixelMap.rotate(90);
```

旋转效果如图 10.18 所示。

图 10.17　偏移效果

图 10.18　旋转效果

（8）修改透明度，代码如下。

```
// 修改透明度为 0.5
pixelMap.opacity(0.5);
```

修改透明度后的效果如图 10.19 所示。

图 10.19　修改透明度后的效果

3. 使用 PixelMap 完成位图操作

当需要对目标图片中的部分区域进行处理时，可以使用位图操作实现。此功能常用于美化图片。如图 10.20 所示，在一张图片中，将目标区域的像素数据读取出来，对其进行修改后，将其写入原图的对应区域。

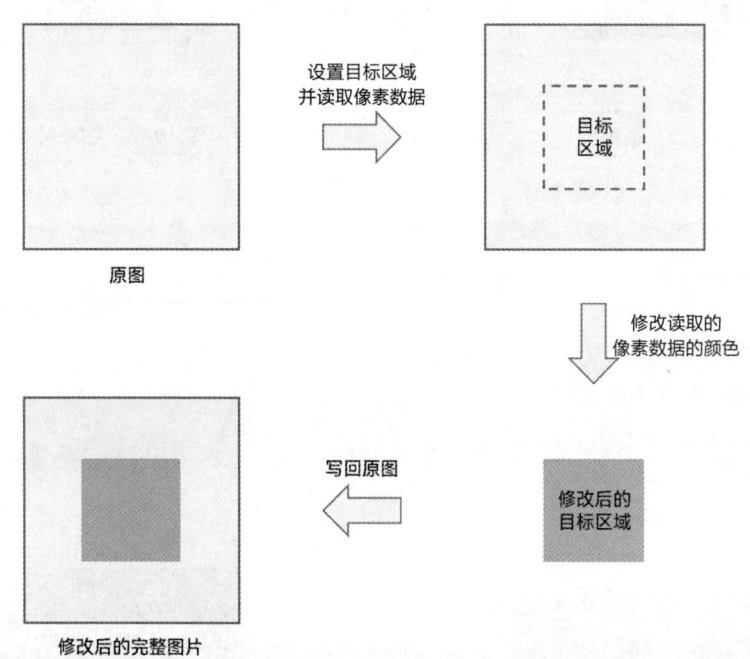

图 10.20　位图操作示例

简单示例：使用 PixelMap 完成位图操作。

（1）完成图片解码，获取 PixelMap，代码如下。

```
import { image } from '@kit.ImageKit';
// 获取图像像素的总字节数
let pixelBytesNumber : number = pixelMap.getPixelBytesNumber();
// 获取图像像素的每行字节数
let rowBytes : number = pixelMap.getBytesNumberPerRow();
// 获取当前图像的像素密度。像素密度是指每英寸图片所拥有的像素数量。像素密度越大，图片越精细
let density : number = pixelMap.getDensity();
```

（2）读取并修改目标区域的像素数据后，将其写入原图，代码如下。

```
import { BusinessError } from '@kit.BasicServicesKit';
//读取并修改整张图片数据
// 按照 PixelMap 的像素格式, 读取 PixelMap 的像素数据, 并将其写入 Buffer
const buffer = new ArrayBuffer(pixelBytesNumber);
pixelMap.readPixelsToBuffer(buffer).then(() => {
  console.info('Succeeded in reading image pixel data.');
}).catch((error : BusinessError) => {
  console.error('Failed to read image pixel data. The error is: ' + error);
})
// 按照 PixelMap 的像素格式, 读取 Buffer 的像素数据, 并将其写入 PixelMap
pixelMap.writeBufferToPixels(buffer).then(() => {
  console.info('Succeeded in writing image pixel data.');
}).catch((error : BusinessError) => {
  console.error('Failed to write image pixel data. The error is: ' + error);})
```

4. 使用 ImagePacker 完成图片编码

图片编码是指将 PixelMap 编码成不同格式的存档图片, 当前支持的存档图片格式包括 JPEG、WebP、PNG 和 HEIF 等, 用于后续处理, 如保存、传输等。

简单示例: 使用 ImagePacker 完成图片编码。

（1）获取 ImagePacker, 代码如下。

```
import { image } from '@kit.ImageKit';
const imagePackerApi = image.createImagePacker();
```

（2）设置编码输出流和编码参数, 代码如下。

```
//quality 用于设置图片质量, 值的范围从 0~100, 值为 100 表示质量最佳
let packOpts : image.PackingOption = { format:"image/jpeg", quality:98 };
```

（3）创建 PixelMap 或 ImageSource。

（4）进行图片编码, 并保存编码后的图片, 代码如下。

```
//方法一: 通过 PixelMap 进行编码
// data 用于设置打包后获取的文件流, 写入文件后即可得到一张图片
imagePackerApi.packing(pixelMap, packOpts).then( (data : ArrayBuffer) => {
}).catch((error : BusinessError) => {
console.error('Failed to pack the image. And the error is: ' + error); })
//方法二: 通过 ImageSource 进行编码
// data 用于设置打包后获取的文件流, 写入文件后即可得到一张图片
imagePackerApi.packing(imageSource, packOpts).then( (data : ArrayBuffer) => {
}).catch((error : BusinessError) => {
console.error('Failed to pack the image. And the error is: ' + error); })
```

10.6 媒体文件管理服务

媒体文件管理服务提供了管理相册和媒体文件的功能, 有助于为应用快速构建展示和播放图片与视频的能力。

1. 保存媒体库资源

当用户需要保存图片、视频等资源到媒体库中时, 应用可以通过安全控件或授权弹窗的方式, 将用户指定的媒体资源保存到媒体库中, 无须申请相册管理模块权限

ohos.permission.WRITE_IMAGEVIDEO。

简单示例：保存媒体库资源。

（1）导入模块，代码如下。

```
import { photoAccessHelper } from '@kit.MediaLibraryKit';
```

（2）设置按钮属性，代码如下。

```
saveButtonOptions: SaveButtonOptions = {
    icon: SaveIconStyle.FULL_FILLED,
    text: SaveDescription.SAVE_IMAGE,
    buttonType: ButtonType.Capsule} // 设置按钮属性
```

（3）创建按钮，代码如下。

```
SaveButton(this.saveButtonOptions) // 创建按钮
```

（4）调用 MediaAssetChangeRequest.createImageAssetRequest 方法和 photoAccessHelper.applyChanges 方法创建图片、视频等资源，代码如下。

```
let context = getContext();
let phAccessHelper =
photoAccessHelper.getPhotoAccessHelper(context);
// 需要确保 fileUri 对应的资源存在
let fileUri =
'file://com.example.temptest/data/storage/el2/base/haps/entry/files/test.jpg';
let assetChangeRequest:photoAccessHelper.MediaAssetChangeRequest =
photoAccessHelper.MediaAssetChangeRequest.createImageAssetRequest(context, fileUri);
await photoAccessHelper.applyChanges(assetChangeRequest);
```

Example 10_6：保存媒体库资源。

（1）导入模块，设置按钮属性，代码如下。

```
import { photoAccessHelper } from '@kit.MediaLibraryKit';
import { BusinessError } from '@kit.BasicServicesKit';
import { fileIo as fs } from '@kit.CoreFileKit';
@Entry
@Component
struct SaveMediaDemo {
  saveButtonOptions: SaveButtonOptions = {
    icon: SaveIconStyle.FULL_FILLED,
    text: SaveDescription.SAVE_IMAGE,
    buttonType: ButtonType.Capsule} } // 设置按钮属性
```

（2）创建按钮，把 rawfile 目录下的测试图片保存到应用沙箱目录下，代码如下。

```
Button("把 Raw 资源保存到应用沙箱目录下").onClick(()=>{ //此处省略 build 函数
        let context = getContext(this)
        context.resourceManager.getRawFileContent('test.png',
        (err: BusinessError, data: Uint8Array) => {
         if (err != null) {
          console.error('open file failed: ' + err.message)
         } else {
          let buffer = data.buffer
          let sandboxPath = context.filesDir
          console.info('myRawfileCopy path' + sandboxPath)
          let file = fs.openSync(context.filesDir +'/test.png',
```

```
fs.OpenMode.CREATE | fs.OpenMode.READ_WRITE)
                try {
                    fs.writeSync(file.fd, buffer)// 把测试图片保存到应用沙箱目录下
                    fs.close(file.fd)
                } catch (err) {
                    console.info('myRawfileCopy error')}}}})
```

启动 DevEco Studio，选择 "Device File Browser" 选项，查看模拟器的应用沙箱目录，如图 10.21 所示。

在 base 文件夹中找到对应应用的包名，entry 目录下的所有子目录均为应用沙箱目录，如图 10.22 所示。

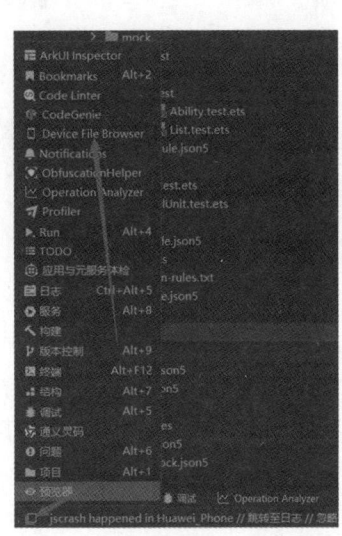

图 10.21　查看模拟器的应用沙箱目录

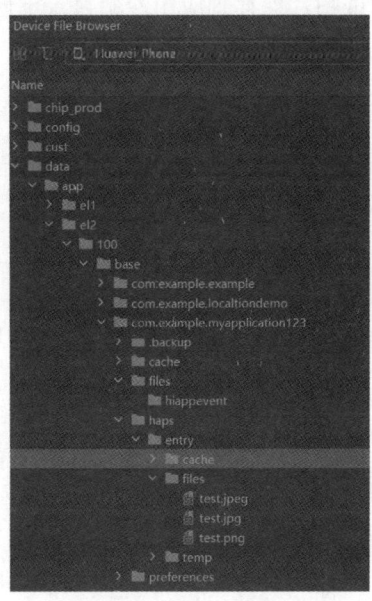

图 10.22　应用沙箱目录

（3）创建按钮，调用相应方法创建图片、视频等资源，代码如下。

```
SaveButton(this.saveButtonOptions) // 创建按钮
        .onClick(async (event, result: SaveButtonOnClickResult) => {
            if (result == SaveButtonOnClickResult.SUCCESS) {
                try {
                    let context = getContext();
                    let phAccessHelper =
photoAccessHelper.getPhotoAccessHelper(context);
                    // 需要确保 fileUri 对应的资源存在
                    let fileUri =
'file://com.example.temptest/data/storage/el2/base/haps/entry/files/test.jpg';
                    let assetChangeRequest:
photoAccessHelper.MediaAssetChangeRequest= photoAccessHelper.MediaAssetChangeRequest.
createImageAssetRequest(context, fileUri);
                    await phAccessHelper.applyChanges(assetChangeRequest);
                    console.info('createAsset successfully, uri: '
                            + assetChangeRequest.getAsset().uri);
                } catch (err) {
                    console.error('create asset failed with error: ${err.code}, ${err.message}');
```

```
          }
        } else {
          console.error('SaveButtonOnClickResult create asset failed');}})
```

运行模拟器，输出结果如图 10.23 所示。

把Raw资源保存到应用沙箱目录下

↓ 保存图片

图 10.23　输出结果 1

把测试图片保存到应用沙箱目录下后，点击"保存图片"按钮，输出结果如图 10.24 所示。

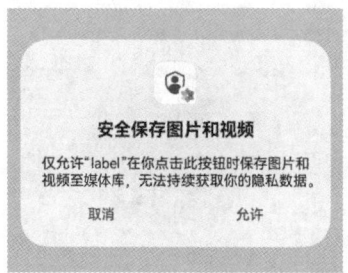

图 10.24　输出结果 2

2. 使用 PhotoPicker 组件访问图片/视频

当应用需要读取图片/视频时，开发者可以在应用页面中嵌入 PhotoPicker 组件，在用户选择所需的图片/视频后，直接返回该图片/视频，无须授予应用读取图片/视频的权限，即可完成图片/视频的访问。

简单示例：使用 PhotoPicker 组件访问图片/视频。

（1）导入模块，代码如下。

```
import {
PhotoPickerComponent,PickerController,
PickerOptions,DataType,BaseItemInfo,
ItemInfo,PhotoBrowserInfo,
ItemType,ClickType,MaxCountType,
PhotoBrowserRange,PhotoBrowserUIElement,
ReminderMode,ItemsDeletedCallback,
ExceedMaxSelectedCallback,CurrentAlbumDeletedCallback
} from '@ohos.file.PhotoPickerComponent';
import photoAccessHelper from '@ohos.file.photoAccessHelper';
```

（2）创建 PickerOptions（组件配置选项实例）和 PickerController（组件配置控制实例），代码如下。

```
  // 组件初始化时设置参数信息
pickerOptions: PickerOptions = new PickerOptions();
  // 组件初始化完成后，控制组件部分行为
@State pickerController: PickerController = new PickerController();
  // 已选择的图片
@State selectUris: Array<string> = new Array<string>();
```

```
//目前选择的图片
@State currentUri: string = '';
//是否显示大图
@State isBrowserShow: boolean = false;
```

（3）应用页面出现时，初始化 PickerOptions，代码如下。

```
// 设置 PickerOptions 宫格页数据类型，指定媒体库宫格的参数
// 图片和照片都显示
this.pickerOptions.MIMEType = photoAccessHelper.PhotoViewMIMETypes.IMAGE_VIDEO_TYPE
// 最大选择数量
this.pickerOptions.maxSelectNumber = 5;
// 超出最大选择数量
this.pickerOptions.maxSelectedReminderMode = ReminderMode.TOAST;
// 是否展示搜索框，默认值为 false
this.pickerOptions.isSearchSupported = true;
// 是否支持拍照，默认值为 false
this.pickerOptions.isPhotoTakingSupported = true;
```

（4）实现相关回调函数。通过实现回调事件，使用户在操作时，将相关信息报给应用进行处理，代码如下。

```
// 资源被选中回调，返回资源的信息，以及选中方式
private onItemClicked(itemInfo: ItemInfo, clickType: ClickType): boolean {
  if (!itemInfo) {
    return false;
  }
  let type: ItemType | undefined = itemInfo.itemType;
  let uri: string | undefined = itemInfo.uri;
  if (type === ItemType.CAMERA) {
    // 打开相机的处理逻辑，开发者可根据具体需要在这里实现相关业务
    // 若返回 true，则拉起系统相机；若应用需要自行处理，则返回 false
    return true;
  } else {
    if (clickType === ClickType.SELECTED) {
      // 当图片/视频被选中时处理逻辑，开发者可根据具体需要在这里实现相关业务
      if (uri) {
        this.selectUris.push(uri);
        this.pickerOptions.preselectedUris = [...this.selectUris];
      }
      // 若返回 true，则选择图片/视频，否则不选择
      return true;
    } else {
      if (uri) {
        this.selectUris = this.selectUris.filter((item: string) => {
          return item != uri;
        });
        this.pickerOptions.preselectedUris = [...this.selectUris];}}
    return true;}}
// 进入大图的回调
private onEnterPhotoBrowser(photoBrowserInfo: PhotoBrowserInfo): boolean {
  this.isBrowserShow = true;
```

```
    return true;}
// 退出大图的回调
private onExitPhotoBrowser(photoBrowserInfo: PhotoBrowserInfo): boolean {
  this.isBrowserShow = false;
  return true;}
// 接收该回调后，即可通过 PickerController 向 Picker 组件发送数据，在此之前不生效
private onPickerControllerReady(): void {
  let elements: number[] = [PhotoBrowserUIElement.BACK_BUTTON];
// 设置大图不显示返回按钮
  this.pickerController.setPhotoBrowserUIElementVisibility(elements, false); }
// 大图左右滑动的回调
private onPhotoBrowserChanged(browserItemInfo: BaseItemInfo): boolean {
  this.currentUri = browserItemInfo.uri ?? '';
  return true;}
// 已勾选图片被删除时的回调
private onSelectedItemsDeleted(baseItemInfos: Array<BaseItemInfo>): void {}
// 超过最大选择数量再次点击时的回调
private onExceedMaxSelected(exceedMaxCountType: MaxCountType): void {}
// 当前相册被删除时的回调
private onCurrentAlbumDeleted(): void {}
```

（5）创建 PhotoPickerComponent 组件，代码如下。

```
PhotoPickerComponent({
  pickerOptions: this.pickerOptions,
  onItemClicked: (itemInfo: ItemInfo, clickType: ClickType): boolean =>
   this.onItemClicked(itemInfo, clickType),
  onEnterPhotoBrowser: (photoBrowserInfo: PhotoBrowserInfo): boolean =>
   this.onEnterPhotoBrowser(photoBrowserInfo),
  onExitPhotoBrowser: (photoBrowserInfo: PhotoBrowserInfo): boolean =>
   this.onExitPhotoBrowser(photoBrowserInfo),
  onPickerControllerReady: (): void => this.onPickerControllerReady(),
  onPhotoBrowserChanged: (browserItemInfo: BaseItemInfo): boolean =>
   this.onPhotoBrowserChanged(browserItemInfo),
  onSelectedItemsDeleted: (BaseItemInfo: Array<BaseItemInfo>) =>
   this.onSelectedItemsDeleted(BaseItemInfo),
  onExceedMaxSelected: (exceedMaxCountType: MaxCountType) =>
   this.onExceedMaxSelected(exceedMaxCountType),
  onCurrentAlbumDeleted: () => this.onCurrentAlbumDeleted(),
  pickerController: this.pickerController,})
```

（6）通过 PickerController 向 Picker 组件发送数据，以控制 PhotoPickerComponent 组件。

Example 10_7：使用 PhotoPicker 组件访问图片/视频。

（1）新建一个 PhotoPickerComponentDemo.ets 文件，导入模块。

（2）在页面中设置 PhotoPicker 组件初始化时的 PickerOptions 和 PickerController 参数信息，代码如下。

```
@Entry
@Component
struct PhotoPickerComponentDemo {
// 组件初始化时设置参数信息
  pickerOptions: PickerOptions = new PickerOptions();
// 组件初始化完成后，控制组件部分行为
```

```
@State pickerController: PickerController = new PickerController();
// 已选择的图片
@State selectUris: Array<string> = new Array<string>();
//目前选择的图片
@State currentUri: string = '';
//是否显示大图
@State isBrowserShow: boolean = false;
aboutToAppear() {
    // 设置PickerOptions宫格页数据类型，指定媒体库宫格的参数
    this.pickerOptions.MIMEType =
     // 图片和照片都显示
     photoAccessHelper.PhotoViewMIMETypes.IMAGE_VIDEO_TYPE
    // 最大选择数量
    this.pickerOptions.maxSelectNumber = 5;
    // 超出最大选择数量
    this.pickerOptions.maxSelectedReminderMode = ReminderMode.TOAST;
    // 是否展示搜索框，默认值为false
    this.pickerOptions.isSearchSupported = true;
    // 是否支持拍照，默认值为false
    this.pickerOptions.isPhotoTakingSupported = true;}
```

（3）实现相关回调函数，代码如下。

```
// 资源被选中回调，返回资源的信息，以及选中方式
private onItemClicked(itemInfo: ItemInfo, clickType: ClickType): boolean {
  if (!itemInfo) {
    return false;}
  let type: ItemType | undefined = itemInfo.itemType;
  let uri: string | undefined = itemInfo.uri;
  if (type === ItemType.CAMERA) {
    // 打开相机的处理逻辑，开发者可根据具体需要在这里实现相关业务
    // 若返回true，则拉起系统相机；若应用需要自行处理则返回false
    return true;
  } else {
    if (clickType === ClickType.SELECTED) {
      // 当图片/视频被选中时处理逻辑，开发者可根据具体需要在这里实现相关业务
      if (uri) {
        this.selectUris.push(uri);
        this.pickerOptions.preselectedUris = [...this.selectUris];
      }
     // 若返回true，则选择图片/视频；否则不选择
      return true;
    } else {
      if (uri) {
       this.selectUris = this.selectUris.filter((item: string) => {
         return item != uri;
       });
       this.pickerOptions.preselectedUris = [...this.selectUris];
      }}
    return true; }}
// 进入大图的回调
private onEnterPhotoBrowser(photoBrowserInfo: PhotoBrowserInfo): boolean {
  this.isBrowserShow = true;
  return true;}
```

```
// 退出大图的回调
private onExitPhotoBrowser(photoBrowserInfo: PhotoBrowserInfo): boolean {
  this.isBrowserShow = false;
  return true;}
// 接收该回调后，即可通过 PickerController 向 Picker 组件发送数据，在此之前不生效
private onPickerControllerReady(): void {}
// 大图左右滑动的回调
private onPhotoBrowserChanged(browserItemInfo: BaseItemInfo): boolean {
  this.currentUri = browserItemInfo.uri ?? '';
  return true;}
```

（4）创建 PhotoPickerComponent 组件，代码如下。

```
build() {
  Flex({
    direction: FlexDirection.Column,
    alignItems: ItemAlign.Start
  }) {
    PhotoPickerComponent({
      pickerOptions: this.pickerOptions,
      onItemClicked: (itemInfo: ItemInfo, clickType: ClickType): boolean =>
this.onItemClicked(itemInfo, clickType),
      onEnterPhotoBrowser: (photoBrowserInfo: PhotoBrowserInfo): boolean =>
this.onEnterPhotoBrowser(photoBrowserInfo),
      onExitPhotoBrowser: (photoBrowserInfo: PhotoBrowserInfo): boolean =>
this.onExitPhotoBrowser(photoBrowserInfo),
      onPickerControllerReady: (): void => this.onPickerControllerReady(),
      onPhotoBrowserChanged: (browserItemInfo: BaseItemInfo): boolean =>
this.onPhotoBrowserChanged(browserItemInfo),
      onSelectedItemsDeleted: (BaseItemInfo: Array<BaseItemInfo>) =>
this.onSelectedItemsDeleted(BaseItemInfo),
      onExceedMaxSelected: (exceedMaxCountType: MaxCountType) =>
this.onExceedMaxSelected(exceedMaxCountType),
      onCurrentAlbumDeleted: () => this.onCurrentAlbumDeleted(),
      pickerController: this.pickerController,})
    if (this.isBrowserShow) {
      //已选择的图片缩略图
      Row() {
        ForEach(this.selectUris, (uri: string) => {
          if (uri === this.currentUri) {
            Image(uri).height(50).width(50)
              .onClick(() => {
              })
              .borderWidth(1)
              .borderColor('red')
          } else {
            Image(uri).height(50).width(50).onClick(() => {
              this.pickerController.setData(DataType.SET_SELECTED_URIS, this.selectUris);
              this.pickerController.setPhotoBrowserItem(uri, PhotoBrowserRange.ALL);
            })
          }
        }, (uri: string) => JSON.stringify(uri))
      }
```

```
            .alignSelf(ItemAlign.Center)
            .margin(this.selectUris.length ? 10 : 0)
        } else {
        // 进入大图，预览已选择的图片
        Button('预览')
        .width('33%')
        .alignSelf(ItemAlign.Start)
        .height('5%')
        .margin(10)
        .onClick(() => {
          if (this.selectUris.length > 0) {
            this.pickerController.setPhotoBrowserItem(this.selectUris[0], PhotoBrowserRange.
SELECTED_ONLY);}}}}}}
```

运行模拟器，输出结果如图 10.25 所示。

图 10.25　输出结果 3

10.7　动画设计

10.7.1　动画概述

UI 中包含开发者与设备进行交互时所看到的各种组件。属性作为接口，用于控制组件的行为。例如，开发者可以通过位置属性调整组件在屏幕上的位置。

属性值的变化通常会引起 UI 的变化。动画可以在 UI 发生改变时，添加流畅的过渡效果。如果不加入动画，那么属性将在一瞬间完成变化，在产生突兀感的同时，会导致用户失去视觉焦点。

动画设计的目的主要如下。

- 使 UI 过渡自然流畅。
- 增强用户从 UI 中获取的反馈感和互动感。
- 在内容加载等场景中，增加用户的耐心，缓解因等待而给用户带来的不适感。
- 引导用户了解和操作设备。

在需要为 UI 变化添加过渡效果的场景中都可以使用动画，如开机、应用启动与退出、下拉进入控制中心等。使用动画可以向用户提供关于其操作的反馈，有助于用户始终关注 UI。

ArkUI 中提供了多种动画（见图 10.26），用于驱动属性值按照设定的动画参数，从起始值逐渐变化到终点值。尽管变化过程中参数值并非绝对连续的，而具有一定的离散性，但由于人眼观看会产生视觉暂留效果，因此用户最终看到的就是一个"连续"的动画。UI 的一次改变被称为一个动画帧，对应一次屏幕刷新。决定动画流畅度的一个重要指标就是帧率（Frame Per Second，FPS），即每秒的动画帧数，帧率越高，动画越流畅。ArkUI 中包含动画时长、动画曲线等动画参数。动画曲线作为主要因素，决定了属性值变化的规律。以线性动画曲线为例，在指定动画时长内，属性值将从起点值匀速变化到终点值。属性值过快或过慢的变化，都可能使用户产生不好的视觉感受，影响用户体验。因此，动画参数特别是动画曲线，需要结合场景和曲线特点进行设计和调整。

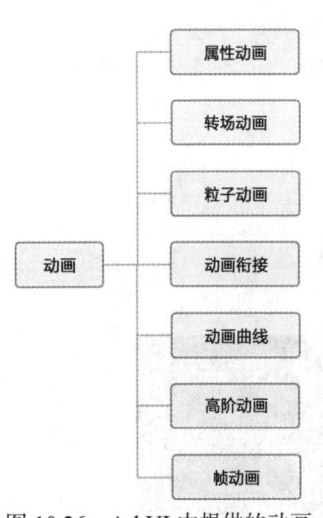

图 10.26　ArkUI 中提供的动画

属性值通过动画参数决定动画运动的规律，从原来的状态连续过渡到新的状态，进而在 UI 上产生连续的视觉效果。下面将介绍各种动画的使用方法和注意事项，以使开发者快速了解动画。

（1）属性动画：基础动画，按照动画参数逐帧驱动属性值的变化，产生一帧一帧的动画。除其中的自定义属性动画外，动画过程的驱动由系统完成，应用侧不感知动画过程。

（2）转场动画：为组件在出现和消失时添加过渡效果。为了保证动画一致，部分接口动画曲线已内置，不支持开发者自定义。

- 不推荐在应用内使用 UIAbility 组合所有 UI。UIAbility 是一个任务，会在多任务界面中独立显示一个卡片，不同 UIAbility 之间的跳转是任务之间的跳转。以在应用内查看大图的典型场景为例，不建议在应用内调用媒体库的 UIAbility 去打开图片查看大图，这样会使任务跳转，媒体库的 UIAbility 也会加入多任务界面。正确的方式是在应用内构建大图组件，通过模态转场来调起大图组件，一个任务内的所有 UI 都在一个 UIAbility 内闭环。
- 在导航转场的过程中，应使用 Navigation 实现转场动画。过去的 Page 节点+Router 模块方式在导航转场的过程中，因不同 Page 节点之间相互独立，其联动动画受限。这不仅容易导致页面之间割裂，而且不支持"一次开发，多端部署"的理念。

（3）粒子动画：随机生成大量运动的粒子，进而合成动画。

（4）动画衔接：动画与动画之间、手势与动画之间的自然过渡。

（5）动画曲线：包括传统曲线、弹簧曲线。

（6）高阶动画：包括模糊、阴影和色彩。

（7）帧动画：在系统侧提供插值结果，由开发者为各帧修改属性值产生动画。相比于属性动画，帧动画具有可暂停的优点，但其性能不如属性动画。

10.7.2　属性动画

1. 属性动画概述

属性包含尺寸属性、布局属性、位置属性等多种类型，用于控制组件的行为。针对 UI 中的组件，部分属性值的变化会引起 UI 的变化。添加动画，可以让属性值按照设定的动画参数从起始值逐渐变化到终点值，从而产生连续的动画。根据变化时是否能够添加动画，可以将属性分为可动画属性和不可动画属性。判断一种属性是否适合作为可动画属性主要有以下两个标准。

- 属性值的变化能够引起 UI 的变化。例如，enabled 属性用于控制组件是否可以响应点击、触摸等事件，但 enable 属性值的变化不会引起 UI 的变化，因此 enabled 不适合作为可动画属性。
- 属性值在发生变化时适合添加动画用于过渡。例如，focusable 属性用于决定当前组件是否可以获得焦点，当 focusable 属性的值发生变化时，应立即切换到终点值以响应用户行为，不应该添加动画，因此 focusable 属性不适合作为可动画属性。

2. 实现属性动画

改变可动画属性使 UI 中产生连续的视觉效果即属性动画。属性动画是基础易懂的动画。ArkUI 提供了两种属性动画接口，即 animateTo 和 animation，具体如表 10.12 所示。

表 10.12　属性动画接口

属性动画接口	描述
animateTo	闭包内改变属性值引起 UI 的变化。作用于出现/消失转场
animation	组件通过属性值的变化引起 UI 的变化

Example 10_8：使用 animateTo 接口产生属性动画。

（1）新建一个 AnimateToDemo.ets 文件，声明相关状态变量，代码如下。

```
import { curves } from '@kit.ArkUI';
@Entry
@Component
struct AnimateToDemo {
@State animate: boolean = false;
// 声明相关状态变量
@State rotateValue: number = 0; // 组件一的旋转角度
@State translateX: number = 0; // 组件二的偏移量
@State opacityValue: number = 1; // 组件二的透明度
}
```

（2）将状态变量设置到相关可动画属性上。修改组件一的旋转角度，并修改组件二的透明度和偏移量，代码如下。

```
build() {
Row() {
```

```
// 组件一
Column() {
}
.rotate({ angle: this.rotateValue })
.backgroundColor('#317AF7')
.justifyContent(FlexAlign.Center)
.width(100)
.height(100)
.borderRadius(30)
.onClick(() => {
this.getUIContext()?.animateTo({ curve: curves.springMotion() }, () => {
this.animate = !this.animate;
// 这里可以写任何能改变 UI 的逻辑，如数组添加、显隐控制，系统会检测改变后的 UI 与之前的 UI 的差异，对有差异的部
//分添加动画
// 组件一的旋转角度发生变化，会给组件一添加旋转动画
this.rotateValue = this.animate ? 90 : 0;
// 组件二的透明度发生变化，会给组件二添加透明动画
this.opacityValue = this.animate ? 0.6 : 1;
// 组件二的偏移量发生变化，会给组件二添加偏移动画
this.translateX = this.animate ? 50 : 0;
})
})
// 组件二
Column() {
}
.justifyContent(FlexAlign.Center)
.width(100)
.height(100)
.backgroundColor('#D94838')
.borderRadius(30)
.opacity(this.opacityValue)
.translate({ x: this.translateX })
}
.width('100%')
.height('100%')
.justifyContent(FlexAlign.Center)}
```

运行模拟器，输出结果如图 10.27 所示。

图 10.27　输出结果 1

Example 10_9：使用 animation 接口产生属性动画。

相比于 animateTo 接口需要把要执行动画的属性的修改放到闭包中，animation 接口无须使用闭包，把 animation 接口放到要执行动画的可动画属性后即可。animation 接口只要检测到其绑定的可动画属性发生变化，就会自动添加属性动画；animateTo 接口则只有在闭包内改变可动画属性的值才会生成动画。

（1）新建一个 AnimationDemo.ets 文件，声明相关状态变量，代码如下。

```
@Entry
@Component
struct AnimationDemo {
@State animate: boolean = false;
// 声明相关状态变量
@State rotateValue: number = 0; // 组件一的旋转角度
@State translateX: number = 0; // 组件二的偏移量
@State opacityValue: number = 1; // 组件二的透明度
}
```

（2）将状态变量设置到相关可动画属性上，代码如下。

```
// 组件一
Column() {
}
.opacity(this.opacityValue)
.rotate({ angle: this.rotateValue })

// 组件二
Column() {
}
.opacity(this.opacityValue)
.translate({ x: this.translateX })
```

（3）在闭包内通过状态变量改变 UI，代码如下。

```
build() {
  Row() {
    // 组件一
    Column() {
    }
    .opacity(this.opacityValue)
    .rotate({ angle: this.rotateValue })
    //开启属性动画
    .animation({ curve: curves.springMotion() })
    .backgroundColor('#317AF7')
    .justifyContent(FlexAlign.Center)
    .width(100)
    .height(100)
    .borderRadius(30)
    .onClick(() => {
      this.animate = !this.animate;
      // 这里可以写任何能改变 UI 的逻辑，如数组添加、显隐控制，系统会检测改变后的 UI 与之前的 UI 的差异，对有差
//异的部分添加动画
      // 组件一的旋转角度发生变化，会给组件一添加旋转动画
      this.rotateValue = this.animate ? 90 : 0;
      // 组件二的偏移量发生变化，会给组件二添加偏移动画
      this.translateX = this.animate ? 50 : 0;
      // Column 容器的透明度发生变化，导致其子组件的透明度也发生变化，会给 Column 容器和其子组件都添加透明动画
      this.opacityValue = this.animate ? 0.6 : 1;
    })

    // 组件二
```

```
  Column() {
  }
  .justifyContent(FlexAlign.Center)
  .width(100)
  .height(100)
  .backgroundColor('#D94838')
  .borderRadius(30)
  .opacity(this.opacityValue)
  .translate({ x: this.translateX })
  .animation({ curve: curves.springMotion() })
}
.width('100%')
.height('100%')
.justifyContent(FlexAlign.Center)}
```

运行模拟器，输出结果如图 10.28 所示。

图 10.28　输出结果 2

3. 自定义属性动画

自定义属性动画是可动画属性的值发生变化时，引起 UI 中产生的连续视觉效果。当可动画属性的值发生连续变化时，将可动画属性设置到组件上，可以实现自定义属性动画。ArkUI 提供了@AnimatableExtend 装饰器，用于自定义属性动画。

Example 10_10：使用@AnimatableExtend 装饰器自定义属性动画。

（1）使用@AnimatableExtend 装饰器自定义属性动画，代码如下。

```
@AnimatableExtend(Text)
function animatableWidth(width: number) {
.width(width) // 调用系统属性，逐帧回调，使每帧都会修改可动画属性的值，实现逐帧布局
}
```

（2）将可动画属性设置到组件上，代码如下。

```
@Entry
@Component
struct AnimatablePropertyDemo{
  @State textWidth: number = 80;

  build() {
    Column() {
      Text("AnimatableProperty")
        .animatableWidth(this.textWidth)//将可动画属性设置到组件上
        // 为可动画属性绑定动画
        .animation({ duration: 2000, curve: Curve.Ease })
      Button("Play")
        .onClick(() => {
          // 改变可动画属性的值
          this.textWidth = this.textWidth == 80 ? 160 : 80;
```

```
    })
  }.width("100%")
  .padding(10)}}
```

运行模拟器，输出结果如图 10.29 所示。

图 10.29　输出结果 3

10.7.3　转场动画

1. 转场动画概述

转场动画是指对将要出现或消失的组件添加动画。要对始终出现的组件添加动画应使用属性动画。添加转场动画主要为了让开发者从繁重的消失组件节点的管理中解放出来。如果用属性动画进行组件转场，那么开发者需要在动画结束时触发的回调中删除组件节点。同时，由于动画结束前已经删除的组件节点可能会重新出现，因此还需要在动画结束时触发的回调中增加对节点状态的判断。

2. 出现/消失转场

transition 接口是基础的组件转场接口，用于实现一个组件出现或消失时的动画。可以组合TransitionEffect 使用，定义出各种效果。出现/消失转场接口如表 10.13 所示。

表 10.13　出现/消失转场接口

出现/消失转场接口	描述
IDENTITY	禁用转场效果
OPACITY	添加默认的透明度转场效果
SLIDE	添加滑动转场效果
translate	通过设置组件平移添加平移转场效果
rotate	通过设置组件旋转添加旋转转场效果
opacity	通过设置透明度添加转场效果
move	使用 TransitionEdge 添加从窗口哪个边缘移动出来的转场效果
asymmetric	添加非对称的出现/消失转场效果
combine	使用 TransitionEffect 组合其他转场效果
animation	定义转场效果的动画参数

简单示例：出现/消失转场。

（1）创建 TransitionEffect，代码如下。

```
// 出现的是所有出现转场效果的叠加，消失的是所有消失转场效果的叠加
// 定义一个对象，用于说明各跟随的动画参数
private effect: object =
  TransitionEffect.OPACITY   // 创建默认的透明度转场效果，这里没有调用 animation 接口，动画参数会跟随
//animateTo 接口
  /* 通过 combine 方法，组合缩放转场效果，并指定 springMotion(0.6, 1.2)*/
  .combine(TransitionEffect.scale({ x: 0, y: 0 })).animation({ curve: curves.springMotion
```

```
(0.6, 1.2) }))
      /* 通过 combine 方法，组合旋转转场效果，动画参数会跟随上面的 TransitionEffect，也就是
springMotion(0.6, 1.2)*/
      .combine(TransitionEffect.rotate({ angle: 90 }))
      /* 通过 combine 方法，组合平移转场效果，动画参数会跟随上面带 animation 接口的 TransitionEffect，也就
是 springMotion(0.6, 1.2)*/
      .combine(TransitionEffect.translate({ x: 150, y: 150 })
      /* 通过 combine 方法，组合 move 转场效果，并指定 springMotion()*/
      .combine(TransitionEffect.move(TransitionEdge.END)).animation({curve:
curves.springMotion()}))
      /* 通过 combine 方法,，组合非对称的出现/消失转场效果，由于这里没有设置 animation 接口，因此动画参数会跟
随上面的带 animation 接口的 TransitionEffect，也就是 springMotion(0.6,1.2)*/
      .combine(TransitionEffect.asymmetric(TransitionEffect.scale({ x: 0, y: 0 }),
TransitionEffect.rotate({ angle: 90 })));
```

（2）将转场效果通过 transition 接口设置到组件上，代码如下。

```
Text('test')
  .transition(this.effect)
```

（3）新增或删除组件触发转场，代码如下。

```
@State isPresent: boolean = true;
… // 省略其他代码
if (this.isPresent) {
  Text('test')
    .transition(this.effect)
}
… // 省略其他代码
// 控制组件的新增或删除
// 方式一：将变量放到闭包内，未通过 animation 接口定义动画参数的 TransitionEffect 将跟随 animateTo 接口的
//动画参数
this.getUIContext()?.animateTo({ curve: curves.springMotion() }, () => {
  this.isPresent = false;
})

// 方式二：直接新增或删除组件，动画参数由 TransitionEffect 的 animation 接口配置
this.isPresent = false;
```

Example 10_11：出现/消失转场。

（1）新建一个 AnimationDemo.ets 文件，声明相关状态变量并创建 TransitionEffect，代码
如下。

```
this.isPresent = false;
@Entry
@Component
struct TransitionEffectDemo {
  @State isPresent: boolean = false;
  // 创建 TransitionEffect
  private effect: TransitionEffect =
    // 创建默认的透明度转场效果，并指定 springMotion(0.6, 0.8)
    TransitionEffect.OPACITY.animation({
      curve: curves.springMotion(0.6, 0.8)
    })
```

```
        .combine(TransitionEffect.scale({
          x: 0,
          y: 0
        })))// 添加旋转转场效果，动画参数会跟随上面带 animation 接口的 TransitionEffect, 也就是
//springMotion(0.6, 0.8)
        // 添加平移转场效果
        .combine(TransitionEffect.rotate({ angle: 90 }))
        .combine(TransitionEffect.translate({ y: 150 })
          .animation({ curve: curves.springMotion() }))
    // 添加 move 转场效果
        .combine(TransitionEffect.move(TransitionEdge.END))
  }
```

（2）将转场效果通过 transition 接口设置到组件上，代码如下。

```
build() {
    Stack() {
      if (this.isPresent) {
        Column() {
          Text('ArkUI')
            .fontWeight(FontWeight.Bold)
            .fontSize(20)
            .fontColor(Color.White)
        }
        .justifyContent(FlexAlign.Center)
        .width(150)
        .height(150)
        .borderRadius(10)
        .backgroundColor(0xf56c6c)
        // 将转场效果通过 transition 接口设置到组件上
        .transition(this.effect)
      // 边框
      Column()
        .width(155)
        .height(155)
        .border({
          width: 5,
          radius: 10,
          color: Color.Black})    }
    .width('100%')
    .height('60%')}}
```

（3）新增或删除组件触发转场，控制组件的新增或删除，代码如下。

```
    // 新增或删除组件触发转场，控制组件的新增或删除
    Button('Click')
      .margin({ top: 320 })
      .onClick(() => {
        this.isPresent = !this.isPresent;})
```

运行模拟器，输出结果如图 10.30 所示。

图 10.30 输出结果 1

3. 模态转场

模态转场是当新的 UI 覆盖到旧的 UI 上时，旧的界面不消失的一种转场方式。模态转场接口如表 10.14 所示。

表 10.14 模态转场接口

模态转场接口	描述
bindContentCover	弹出全模态组件
bindSheet	弹出半模态组件
bindMenu	点击组件后弹出菜单
bindContextMenu	长按或右击组件后弹出菜单
bindPopup	弹出 Popup 弹窗
if	新增或删除组件

简单示例：使用 bindContentCover 接口构建全模态转场效果。bindContentCover 接口可为组件绑定全模态展示界面，在组件出现或消失时可以通过设置转场参数 ModalTransition 添加过渡效果。

（1）定义全模态转场效果。

（2）构建全模态展示界面，代码如下。

```
// 通过@Builder 装饰器构建全模态展示界面
@Builder MyBuilder() {
  Column() {
    Text('my model view')
  }
  // 通过转场动画实现出现/消失转场，transition 接口需要被添加到由@Builder 装饰器装饰的第 1 个组件中
  .transition(TransitionEffect.translate({y:1000}).animation({curve: curves.springMotion
(0.6, 0.8) }))
}
```

（3）通过 bindContentCover 接口调用全模态展示界面，通过转场动画或共享元素动画实现对应的动画，代码如下。

```
@State isPresent: boolean = false;

Button('Click to present model view')
  // 通过选定的 bindContentCover 接口绑定全模态展示界面。ModalTransition 是内置的转场参数，这里选择 NONE
//代表系统不添加默认动画，通过 onDisappear 控制状态变量变换
  .bindContentCover(this.isPresent, this.MyBuilder(), {
```

```
        modalTransition: ModalTransition.NONE,
        onDisappear: () => {
          if (this.isPresent) {
            this.isPresent = !this.isPresent;
          }          }          })
  .onClick(() => {
    // 改变状态变量, 显示全模态展示界面
    this.isPresent = !this.isPresent;})
```

Example 10_12: 使用 bindContentCover 接口构建全模态转场效果。

（1）新建一个 BindContentCoverDemo.ets 文件，定义全模态转场效果和相关测试数据，代码如下。

```
import { curves } from '@kit.ArkUI';
interface PersonList {
  name: string,
  cardnum: string}
@Entry
@Component
struct BindContentCoverDemo {
  private personList: Array<PersonList> = [
    { name: '王**', cardnum: '1234***********789' },
    { name: '宋*', cardnum: '2345***********789' },
    { name: '许**', cardnum: '3456***********789' },
    { name: '唐*', cardnum: '4567***********789' }  ];
  // 定义全模态转场效果
  @State isPresent: boolean = false;}
```

（2）通过@Builder 装饰器装饰全模态展示界面，代码如下。

```
@Builder
  MyBuilder() {
    Column() {
      Row() {
        Text('选择乘车人')
          .fontSize(20)
          .fontColor(Color.White)
          .width('100%')
          .textAlign(TextAlign.Center)
          .padding({ top: 30, bottom: 15 })        }
      .backgroundColor(0x007dfe)
      Row() {
        Text('+ 添加乘车人')
          .fontSize(16)
          .fontColor(0x333333)
          .margin({ top: 10 })
          .padding({ top: 20, bottom: 20 })
          .width('92%')
          .borderRadius(10)
          .textAlign(TextAlign.Center)
          .backgroundColor(Color.White)}
      Column() {
```

```
          ForEach(this.personList, (item: PersonList, index: number) => {
            Row() {
              Column() {
                if (index % 2 == 0) {
                  Column()
                    .width(20)
                    .height(20)
                    .border({ width: 1, color: 0x007dfe })
                    .backgroundColor(0x007dfe)
                } else {
                  Column()
                    .width(20)
                    .height(20)
                    .border({ width: 1, color: 0x007dfe })}            }
              .width('20%')
              Column() {
                Text(item.name)
                  .fontColor(0x333333)
                  .fontSize(18)
                Text(item.cardnum)
                  .fontColor(0x666666)
                  .fontSize(14)            }
              .width('60%')
              .alignItems(HorizontalAlign.Start)
              Column() {
                Text('编辑')
                  .fontColor(0x007dfe)
                  .fontSize(16)            }
              .width('20%')            }
            .padding({ top: 10, bottom: 10 })
            .border({ width: { bottom: 1 }, color: 0xf1f1f1 })
            .width('92%')
            .backgroundColor(Color.White)})        }
        .padding({ top: 20, bottom: 20 })
      Text('确认')
        .width('90%')
        .height(40)
        .textAlign(TextAlign.Center)
        .borderRadius(10)
        .fontColor(Color.White)
        .backgroundColor(0x007dfe)
        .onClick(() => {
          this.isPresent = !this.isPresent;})    }
    .size({ width: '100%', height: '100%' })
    .backgroundColor(0xf5f5f5)
    // 通过转场动画实现出现/消失转场
    .transition(TransitionEffect.translate({ y: 1000 }).animation({ curve:
curves.springMotion(0.6, 0.8) }))}
```

（3）通过 bindContentCover 接口调用全模态展示界面，通过转场动画或共享元素动画实现
对应的动画，代码如下。

```
build() {
  Column() {
    Row() {
      Text('确认订单')
        .fontSize(20)
        .fontColor(Color.White)
        .width('100%')
        .textAlign(TextAlign.Center)
        .padding({ top: 30, bottom: 60 })          }
    .backgroundColor(0x007dfe)
    Column() {
      Row() {
        Column() {
          Text('00:25')
          Text('始发站')                }
        .width('30%')
        Column() {
          Text('G1234')
          Text('8时1分')                }
        .width('30%')
        Column() {
          Text('08:26')
          Text('终点站')                }
        .width('30%')  }          }
      .width('92%')
      .padding(15)
      .margin({ top: -30 })
      .backgroundColor(Color.White)
      .shadow({ radius: 30, color: '#aaaaaa' })
      .borderRadius(10)
      Column() {
        Text('+ 选择乘车人')
          .fontSize(18)
          .fontColor(Color.Orange)
          .fontWeight(FontWeight.Bold)
          .padding({ top: 10, bottom: 10 })
          .width('60%')
          .textAlign(TextAlign.Center)
          .borderRadius(15)// 通过选定的 bindContentCover 接口绑定全模态展示界面。ModalTransition 是内
//置的转场参数，这里选择 DEFAULT 代表设置上下切换动画，通过 onDisappear 控制状态变量变换
          .bindContentCover(this.isPresent, this.MyBuilder(), {
            modalTransition: ModalTransition.DEFAULT,
            onDisappear: () => {
              if (this.isPresent) {
                this.isPresent = !this.isPresent;}}
          })
          .onClick(() => {
            //通过 bindContentCover 接口调用全模态展示界面，通过转场动画或共享元素动画实现对应的动画
            // 改变状态变量，显示全模态展示界面
            this.isPresent = !this.isPresent;})          }
      .padding({ top: 60 })}}
```

运行模拟器，输出结果如图 10.31 所示。

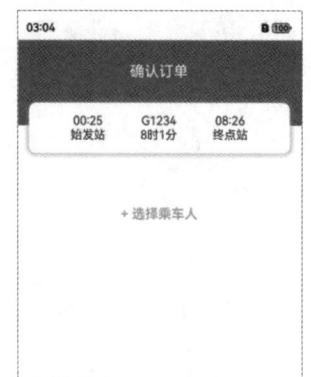

图 10.31　输出结果 2

Example 10_13：使用 bindSheet 接口构建半模态转场效果。

bindSheet 接口可为组件绑定半模态展示界面，在组件出现时可以通过设置自定义或默认的内置高度确定半模态展示界面的大小。构建半模态转场效果的步骤与使用 bindContentCover 接口构建全模态转场效果的步骤基本相同。

（1）新建一个 BindSheetDemo.ets 文件，定义半模态转场效果和相关测试数据，代码如下。

```
      .padding({ top: 60 })}}
@Entry
@Component
struct BindSheetDemo {
  @State isShowSheet: boolean = false;
  private menuList: string[] = ['不要辣', '少放辣', '多放辣', '不要香菜', '不要香葱', '不要一次性餐
具', '需要一次性餐具'];}
```

（2）通过@Builder 装饰器装饰半模态展示界面，代码如下。

```
// 通过@Builder 装饰器装饰半模态展示界面
@Builder
mySheet() {
  Column() {
    Flex({ direction: FlexDirection.Row, wrap: FlexWrap.Wrap }) {
      ForEach(this.menuList, (item: string) => {
        Text(item)
          .fontSize(16)
          .fontColor(0x333333)
          .backgroundColor(0xf1f1f1)
          .borderRadius(8)
          .margin(10)
          .padding(10)        })      }
    .padding({ top: 18 })    }
  .width('100%')
  .height('100%')
  .backgroundColor(Color.White)}
```

（3）通过选定的 bindSheet(isShow: Optional<boolean>, builder: CustomBuilder, options?: SheetOptions)接口绑定半模态展示界面。其中，参数 isShow 用于控制半模态展示界面的显示

与否，需传入状态变量；参数 builder 是由@Builder 装饰器装饰的半模态组件；可选属性 options 有两个参数，一个用于设置半模态展示界面的高度，在不设置时默认值是 Large，另一个用于设置是否显示半模态展示界面的控制条，默认值是 true，表示显示控制条，通过 onDisappear 控制状态变量变换，代码如下。

```
build() {
  Column() {
    Text('口味与餐具')
      .fontSize(28)
      .padding({ top: 30, bottom: 30 })
    Column() {
      Row() {
        Row()
          .width(10)
          .height(10)
          .backgroundColor('#a8a8a8')
          .margin({ right: 12 })
          .borderRadius(20)
        Column() {
          Text('选择点餐口味和餐具')
            .fontSize(16)
            .fontWeight(FontWeight.Medium)          }
        .alignItems(HorizontalAlign.Start)
        Blank()
        Row()
          .width(12)
          .height(12)
          .margin({ right: 15 })
          .border({
            width: { top: 2, right: 2 },
            color: 0xcccccc
          })
          .rotate({ angle: 45 })          }
      .borderRadius(15)
      .shadow({ radius: 100, color: '#ededed' })
      .width('90%')
      .alignItems(VerticalAlign.Center)
      .padding({ left: 15, top: 15, bottom: 15 })
      .backgroundColor(Color.White)
      .bindSheet(this.isShowSheet, this.mySheet(), {
        height: 300,
        dragBar: false,
        onDisappear: () => {
          this.isShowSheet = !this.isShowSheet;}          })
      .onClick(() => {
        this.isShowSheet = !this.isShowSheet; })          }
    .width('100%')          }
  .width('100%')
  .height('100%')
  .backgroundColor(0xf1f1f1)}
```

运行模拟器，输出结果如图 10.32 所示。

图 10.32　输出结果 3

10.7.4　粒子动画

粒子动画是通过在限定区域内随机生成大量粒子的运动组合成的动画，通过 Particle 组件来实现。粒子动画的基本构成元素为单个粒子，这些粒子可以表现为圆点或图片等形式。开发者能够通过对粒子在颜色、透明度、大小、速度、加速度等多个维度上进行动态变换，营造特定的氛围，如模拟下雪时飘舞的雪花实际上是由一个一个雪花粒子的动画构成的。

简单示例：粒子动画的实现。

```
@Entry
@Component
struct ParticleExample {
  build() {
    Stack() {
      Text()
        .width(300).height(300).backgroundColor('rgb(240, 250, 255)')
      Particle({ particles: [
        {
          emitter: {
            particle: {
              type: ParticleType.POINT,
              config: {
                radius: 5
              },
              count: 100,
            },          },
          color:{
            range:['rgb(39, 135, 217)','rgb(0, 74, 175)'],
          },          ]
      }).width(250).height(250)
    }.width("100%").height("100%").align(Alignment.Center)}}
```

运行模拟器，输出结果如图 10.33 所示。

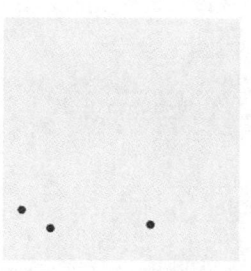

图 10.33　输出结果

10.7.5　动画衔接

UI 除运行动画之外，还承载着与用户进行实时交互的功能。当用户行为根据意图变化发生改变时，UI 应做到"即时响应"。例如，如果用户在应用启动过程中，上滑退出，那么启动动画应该立即过渡到退出动画，而不应该等启动动画完成后再过渡到退出动画，从而减少用户等待时间。对于桌面翻页类从跟手到离手触发动画的场景，离手后动画的初始速度应继承手势速度。针对以上场景，系统已提供动画与动画、手势与动画之间的衔接功能，以保证在各类场景下动画平稳、光滑地过渡的同时，尽可能降低开发难度。

假设对于某一可动画属性，存在正在运行的动画。当 UI 侧行为改变该属性的终点值时，开发者仅需在 animateTo 接口动画的闭包中改变属性值或 animation 接口作用的属性值，即可产生动画。系统会自动衔接之前的动画和当前的动画，开发者仅需关注当前单次动画的实现即可。

简单示例：通过点击，方块的缩放属性发生变化。当连续快速点击时，缩放属性的终点值连续发生变化，当前动画也平滑过渡到朝着新的缩放属性的终点值运动。

```
import { curves } from '@kit.ArkUI';
class SetSlt {
  isAnimation: boolean = true
  set(): void {
    this.isAnimation = !this.isAnimation;}}
@Entry
@Component
struct AnimationToAnimationDemo {
  // 声明相关状态变量
  @State SetAnimation: SetSlt = new SetSlt();
  build() {
    Column() {
      Text('ArkUI')
        .fontWeight(FontWeight.Bold)
        .fontSize(12)
        .fontColor(Color.White)
        .textAlign(TextAlign.Center)
        .borderRadius(10)
        .backgroundColor(0xf56c6c)
        .width(100)
        .height(100)
        .scale({
```

```
      // 将状态变量设置到相关可动画属性上
      x: this.SetAnimation.isAnimation ? 2 : 1,
      y: this.SetAnimation.isAnimation ? 2 : 1
    })
    .animation({ curve: curves.springMotion(0.4, 0.8) }) // 通过隐式动画接口开启隐式动画，当可
//动画属性的终点值发生改变时，系统自动添加衔接动画
    Button('Click')
      .margin({ top: 200 })
      .onClick(() => {
        // 通过点击改变状态，进而影响可动画属性
        this.SetAnimation.set()
      })   }
.width('100%')
.height('100%')
.justifyContent(FlexAlign.Center)}}
```

运行模拟器，输出结果如图 10.34 所示。

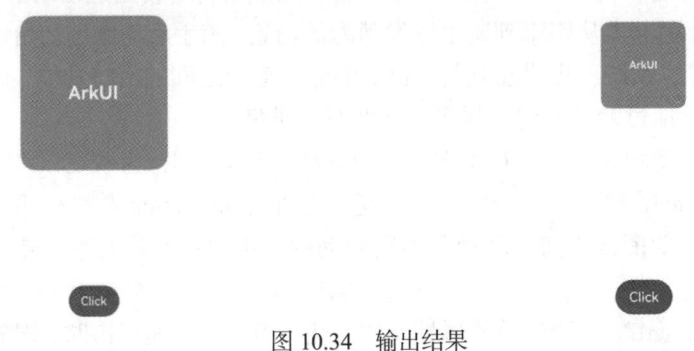

图 10.34　输出结果

10.7.6　动画曲线

动画曲线决定着属性发生变化时产生动画的运动轨迹。某一时刻下动画曲线的斜率代表动画的速度，对应属性变化的快慢。一条优秀的动画曲线具备连续光滑、符合用户意图、符合物理世界客观规律的特点。开发者可以结合用户的使用场景和意图，选取合适的动画曲线。

根据动画曲线是否符合物理世界客观规律，可将其分为物理曲线（ArkUI 当前提供了多种弹簧曲线）和传统曲线两种类型。相比于传统曲线，物理曲线产生的运动轨迹更加符合用户认知，有助于创造自然生动的动画，建议开发者优先使用物理曲线。

1.　传统曲线

传统曲线是基于数学公式创造的形状符合开发者预期的动画曲线。以三阶贝塞尔曲线为代表，通过调整曲线控制点，可以改变曲线形状，从而实现缓入、缓出等效果。由于传统曲线不具备物理含义，因此其形状不会因用户行为的改变而发生改变，缺少物理动画的自然感和生动感。建议优先采用物理曲线创建动画，将传统曲线作为辅助，用于极少数必要场景中。ArkUI提供了贝塞尔曲线、阶梯曲线等传统曲线。

简单示例：传统曲线的实现。

```
class MyCurve {
  public title: string;
  public curve: Curve;
  public color: Color | string;
  constructor(title: string, curve: Curve, color: Color | string = '') {
    this.title = title;
    this.curve = curve;
    this.color = color;}}
const myCurves: MyCurve[] = [
  new MyCurve(' Linear', Curve.Linear, '#317AF7'),
  new MyCurve(' Ease', Curve.Ease, '#D94838'),
  new MyCurve(' EaseIn', Curve.EaseIn, '#DB6B42'),
  new MyCurve(' EaseOut', Curve.EaseOut, '#5BA854'),
  new MyCurve(' EaseInOut', Curve.EaseInOut, '#317AF7'),
  new MyCurve(' FastOutSlowIn', Curve.FastOutSlowIn, '#D94838')]
@Entry
@Component
export struct CurveDemo {
  @State dRotate: number = 0;
  build() {
    Column() {
      // 曲线图例
      Grid() {
        ForEach(myCurves, (item: MyCurve) => {
          GridItem() {
            Column() {
              Row()
                .width(30)
                .height(30)
                .borderRadius(15)
                .backgroundColor(item.color)
              Text(item.title)
                .fontSize(15)
                .fontColor(0x909399)                }
            .width('100%')}})        }
      .columnsTemplate('1fr 1fr 1fr')
      .rowsTemplate('1fr 1fr 1fr 1fr 1fr')
      .padding(10)
      .width('100%')
      .height(300)
      .margin({ top: 50 })
      Stack() {
        // 摆动管道
        Row()
          .width(290)
          .height(290)
          .border({
            width: 15,
            color: 0xE6E8EB,
            radius: 145})
        ForEach(myCurves, (item: MyCurve) => {
          // 小球
```

```
        Column() {
          Row()
            .width(30)
            .height(30)
            .borderRadius(15)
            .backgroundColor(item.color)           }
        .width(20)
        .height(300)
        .rotate({ angle: this.dRotate })
        .animation({
          duration: 2000,
          iterations: -1,
          curve: item.curve,
          delay: 100})})       }
      .width('100%')
      .height(200)
      .onClick(() => {
        this.dRotate ? null : this.dRotate = 360;})      }
    .width('100%')}}
```

运行模拟器，输出结果如图 10.35 所示。

2. 弹簧曲线

阻尼弹簧曲线简称弹簧曲线，其对应的阻尼弹簧系统中偏离平衡位置的物体一方面受到弹簧形变产生的反向作用力，被迫发生振动；另一方面阻尼的存在为物体振动提供阻力。除阻尼为 0 的特殊情况外，物体在振动过程中振幅不断减小，最终趋于 0，其对应的动画曲线自然连续。

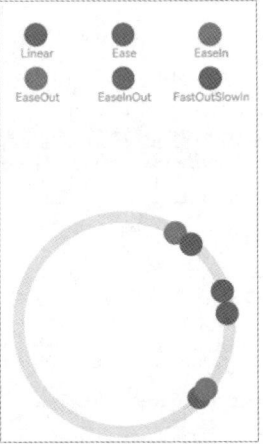

图 10.35　输出结果 1

采用弹簧曲线的动画在到达终点时速度为 0，不会产生动画"戛然而止"的观感。

ArkUI 提供了以下 4 种弹簧曲线接口。

- springMotion 接口：创建弹性动画，动画时长由曲线参数、属性值和初速度自动计算，开发者指定的动画时长不生效。

springMotion 接口不用于设置速度，速度通过继承获得，无须开发者指定。对于某个属性，如果当前存在正在运行的 springMotion 接口或 responsiveSpringMotion 接口类型的动画，那么新创建的弹簧动画将继承正在运行的动画的属性值和初速度作为其初始状态。此外，springMotion 接口提供默认参数，便于开发者直接使用。

```
function springMotion(response?: number, dampingFraction?: number,
  overlapDuration?: number): ICurve;
```

- responsiveSpringMotion 接口：springMotion 接口的一种特例，与 springMotion 接口相比，仅默认参数不同。responsiveSpringMotion 一般用于跟手时创建动画的场景，离手时可用 springMotion 接口创建动画，此时动画将自动继承跟手时创建动画的速度，完成动画衔接。

当新动画的参数 overlapDuration 的值不为 0，且当前属性的上一个动画还未结束时，参数 response 的值和参数 dampingFraction 的值将基于参数 overlapDuration 的值，从旧动画的参数值过渡到新动画的参数值。

```
function responsiveSpringMotion(response?: number, dampingFraction?: number, overlapDuration?:
number): ICurve;
```

- interpolatingSpring 接口：适合于需要指定初速度的动画，动画时长同样由接口参数自动计算，开发者指定的时长不生效。

interpolatingSpring 接口提供速度入参，且由于其对应一条 0～1 变化的阻尼弹簧曲线，因此实际参数值根据曲线进行插值计算获得，速度也应该为归一化速度，其值等于可动画属性改变的绝对速度除以可动画属性改变量。interpolatingSpring 接口不适合用于动画起点属性值和终点属性值相同的场景，此时可动画属性不改变，不存在归一化速度。

```
function interpolatingSpring(velocity: number, mass: number, stiffness: number, damping:
number): ICurve;
```

- springCurve 接口：适合用于需要直接指定动画时长的场景。springCurve 接口的功能与 interpolatingSpring 接口几乎一致，但是对于采用 springCurve 接口的动画，曲线动画引擎将物理过程的自然时间轴映射到指定时长轴上，相当于在时间轴上拉伸或压缩曲线，破坏曲线原本的物理规律。因此，不建议开发者使用 springCurve 接口。

```
function springCurve(velocity: number, mass: number, stiffness: number, damping: number): ICurve;
```

简单示例：弹簧曲线的实现。

```
import { curves } from '@kit.ArkUI';
class Spring {
  public title: string;
  public subTitle: string;
  public iCurve: ICurve;
  constructor(title: string, subTitle: string, iCurve: ICurve) {
    this.title = title;
    this.iCurve = iCurve;
    this.subTitle = subTitle;}}
// 弹簧组件
@Component
struct Motion {
  @Prop dRotate: number = 0
  private title: string = ""
  private subTitle: string = ""
  private iCurve: ICurve | undefined = undefined
  build() {
    Column() {
      Circle()
        .translate({ y: this.dRotate })
        .animation({ curve: this.iCurve, iterations: -1 })
        .foregroundColor('#317AF7')
        .width(30)
        .height(30)
      Column() {
        Text(this.title)
          .fontColor(Color.Black)
          .fontSize(10).height(30)
        Text(this.subTitle)
          .fontColor(0xcccccc)
```

```
            .fontSize(10).width(50)          }
        .borderWidth({ top: 1 })
        .borderColor(0xf5f5f5)
        .width(80)
        .alignItems(HorizontalAlign.Center)
        .height(100)      }
      .height(110)
      .margin({ bottom: 5 })
      .alignItems(HorizontalAlign.Center)}}
  @Entry
  @Component
  export struct SpringCurve {
    @State dRotate: number = 0;
    private springs: Spring[] = [
    new Spring('springMotion', '周期1, 阻尼0.25', curves.springMotion(1, 0.25)),
    new Spring('responsive' + '\n'+'SpringMotion', '弹性跟手曲线',
  curves.responsiveSpringMotion(1, 0.25)),
    new Spring('interpolating' + '\n' + 'Spring', '初始速度10, 质量1, 刚度228, 阻尼30',
  curves.interpolatingSpring(10, 1, 228, 30)),
      new Spring('springCurve', '初始速度10, 质量1, 刚度228, 阻尼30', curves.springCurve(10,
  1, 228, 30))  ];
      build() {
        Row() {
          ForEach(this.springs, (item: Spring) => {
            Motion({
              title: item.title,
              subTitle: item.subTitle,
              iCurve: item.iCurve,
              dRotate: this.dRotate})})      }
        .justifyContent(FlexAlign.Center)
        .alignItems(VerticalAlign.Bottom)
        .width('100%')
        .height(437)
        .margin({ top: 20 })
        .onClick(() => {
          this.dRotate = -50;})}}
```

运行模拟器，输出结果如图 10.36 所示。

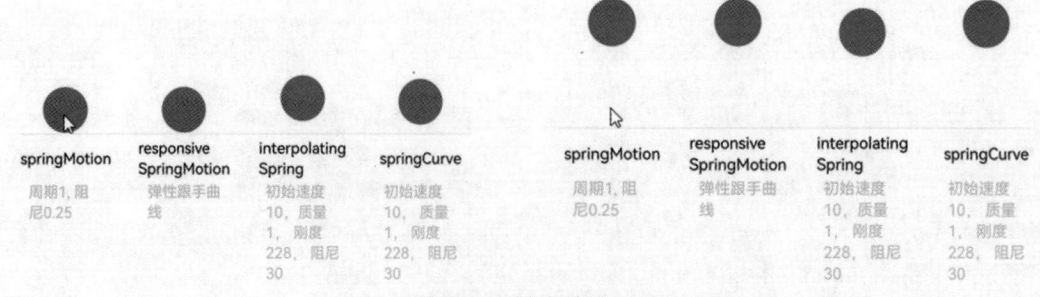

图 10.36　输出结果 2

10.7.7 高阶动画

通过设置高阶动画可以丰富 UI 的细节，提升 UI 的真实感和品质感。例如，通过设置模糊和阴影可以让物体看起来更加立体，使动画更加生动。ArkUI 提供了丰富的效果接口，开发者可以快速打造出精致、个性化的效果。本节主要对常用的模糊、阴影和颜色渐变等效果接口进行介绍。

1. 模糊

模糊可以用来体现界面空间的纵深感，区分前后元素的层级关系。模糊接口如表 10.15 所示。使用模糊接口，每帧均进行实时渲染，模糊接口的性能负载较高。当模糊内容和模糊半径都不需要改变时，建议使用静态模糊接口。

表 10.15　模糊接口

模糊接口	描述
backdropBlur	为当前组件添加背景模糊效果，入参为模糊半径
blur	为当前组件添加内容模糊效果，入参为模糊半径
backgroundBlurStyle	为当前组件添加背景模糊效果，入参为模糊样式
foregroundBlurStyle	为当前组件添加前景的模糊效果，入参为模糊样式
bindPopup	为当前组件添加内容模糊效果，入参为模糊样式
motionBlur	为当前组件添加由缩放大小或位移变化引起的运动过程中的动态模糊效果，入参为模糊半径和坐标

简单示例：对当前组件背景进行模糊。

```
@Entry
@Component
struct BlurEffectsExample {
  build() {
    Column({ space: 10 }) {
      Text('backdropBlur')
        .width('90%').height('90%').fontSize(20)
        .fontColor(Color.White)
        .textAlign(TextAlign.Center)
        .backdropBlur(10)// 对当前组件背景进行模糊
        .backgroundImage($r('app.media.share'))
        .backgroundImageSize({ width: 400, height: 300 })    }
    .width('100%')
    .height('50%')
    .margin({ top: 20 })}}
```

运行模拟器，输出结果如图 10.37 所示。

2. 阴影

阴影接口为 shadow 接口，用于为当前组件添加阴影，支持两种类型的参数，开发者可以自定义阴影。当参数 radius 的值为 0 或参数 color 的值为 0 时，无阴影。

简单示例：为当前组件添加阴影。

```
@Entry
```

图 10.37　输出结果 1

```
@Component
struct ShadowOptionDemo {
  build() {
    Row() {
      Column() {
        Column() {
          Text('shadowOption').fontSize(12)          }
        .width(100).aspectRatio(1).margin(10)
        .justifyContent(FlexAlign.Center)
        .backgroundColor(Color.White).borderRadius(20)
      .shadow({ radius: 10, color: Color.Gray }) //为当前组件添加阴影
        Column() {
          Text('shadowOption').fontSize(12)          }
        .width(100).aspectRatio(1).margin(10)
        .justifyContent(FlexAlign.Center)
        .backgroundColor('#a8a888').borderRadius(20)
        .shadow({radius: 10,color: Color.Gray, offsetX:20,offsetY:20})
      }.width('100%').height('100%').justifyContent(FlexAlign.Center)     }
    .height('100%') }}
```

图 10.38　输出结果 2

运行模拟器，输出结果如图 10.38 所示。

3. 颜色渐变

颜色渐变接口如表 10.16 所示。颜色渐变接口用于为当前组件添加颜色渐变效果，以在两个或多个指定的颜色之间平稳过渡。

表 10.16　颜色渐变接口

颜色渐变接口	描述
linearGradient	为当前组件添加线性渐变效果
sweepGradient	为当前组件添加角度渐变效果
radialGradient	为当前组件添加径向渐变效果

简单示例：为当前组件添加线性渐变效果。

```
@Entry
@Component
struct LinearGradientDemo {
  build() {
    Grid() {
      GridItem() {
        Column() {
          Text('angle: 180')
            .fontSize(15)          }
        .width(100)
        .height(100)
        .justifyContent(FlexAlign.Center)
        .borderRadius(10)
        .linearGradient({
          // 从 0 点方向开始顺时针旋转为正向角度，线性渐变起始角度的默认值为 180°
          colors: [
```

```
          [0xf56c6c, 0.0], // 设置颜色断点 1 的颜色和比重, 对应组件在 180°方向上的起始位置
          [0xffffff, 1.0],// 设置颜色断点 2 的颜色和比重, 对应组件在 180°方向上的终点位置
        ]})}
      GridItem() {
        Column() {
          Text('angle: 45')
            .fontSize(15)            }
        .width(100).height(100)
        .justifyContent(FlexAlign.Center)
        .borderRadius(10)
        .linearGradient({
          angle: 45, // 设置颜色渐变的起始角度为顺时针方向 45°
          colors: [
            [0xf56c6c, 0.0],
            [0xffffff, 1.0],
          ]})}
      GridItem() {
        Column() {
          Text('repeat: true')
            .fontSize(15)          }
        .width(100)
        .height(100)
        .justifyContent(FlexAlign.Center)
        .borderRadius(10)
        .linearGradient({
          repeating:true,
          colors: [
            [0xf56c6c, 0.0],
            [0xE6A23C, .3],]})}
      GridItem() {
        Column() {
          Text('repeat: false')
            .fontSize(15)          }
        .width(100)
        .height(100)
        .justifyContent(FlexAlign.Center)
        .borderRadius(10)
        .linearGradient({
          colors: [
            [0xf56c6c, 0.0],
            [0xE6A23C, .3],
          ]})}     }
    .columnsGap(10)
    .rowsGap(10)
    .columnsTemplate('1fr 1fr')
    .rowsTemplate('1fr 1fr 1fr')
    .width('100%').height('100%')}}
```

运行模拟器, 输出结果如图 10.39 所示。

 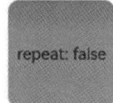

图 10.39　输出结果 3

10.7.8　帧动画

帧动画具备逐帧回调的特性，便于开发者对各帧处理需调整的属性。通过应用 onFrame 逐帧回调的方式，帧动画使开发者能够对应用的各帧设置属性，从而实现组件属性变化的自然过渡。

帧动画与属性动画的比较如表 10.17 所示。帧动画能让开发者实时感知动画进程，即时调整 UI 侧的属性，具备事件即时响应和可暂停的优势，但在性能上略逊于属性动画。当属性动画能满足需求时，建议优先采用属性动画。

表 10.17　帧动画与属性动画的比较

名称	实现方式	事件响应方式	可暂停	性能
帧动画	开发者可以为各帧修改 UI 侧的属性，实时更新 UI 侧的属性	实时响应	是	差
属性动画	UI 侧只计算动画最终状态	按最终状态响应	否	好

简单示例：使用帧动画实现小球抛物运动。

（1）引入相关依赖，代码如下。

```
import { AnimatorOptions, AnimatorResult } from '@kit.ArkUI';
```

（2）定义要创建动画的组件，代码如下。

```
Button()
  .width(60)
  .height(60)
  .translate({ x: this.translateX, y: this.translateY })
```

（3）在 onPageShow 函数中创建 AnimatorResult，代码如下。

```
onPageShow(): void {
  //创建 AnimatorResult
  this.animatorOptions = this.getUIContext().createAnimator(options);
  this.animatorOptions.onFrame = (progress: number) => {
  this.translateX = progress;
  if (progress > this.topWidth && this.translateY < this.bottomHeight) {
    this.translateY = Math.pow(progress - this.topWidth, 2) * this.g;}}
  //动画取消时执行方法
  this.animatorOptions.onCancel = () => {
  this.animatorStatus = '取消';}
```

```
//动画完成时执行方法
this.animatorOptions.onFinish = () => {
  this.animatorStatus = '完成';}
//动画重复播放时执行方法
this.animatorOptions.onRepeat = () => {
  console.log("重复播放");}}
```

（4）定义动画播放、重置、暂停的按钮，代码如下。

```
Button('播放').onClick(() => {
  this.animatorOptions?.play();
  this.animatorStatus = '播放中'
}).width(80).height(35)
Button("重置").onClick(() => {
  this.translateX = 0;
  this.translateY = 0;
}).width(80).height(35)
Button("暂停").onClick(() => {
  this.animatorOptions?.pause();
  this.animatorStatus = '暂停'
}).width(80).height(35)
```

（5）在隐藏或销毁的生命周期中释放动画对象，避免内存泄漏，代码如下。

```
onPageHide(): void {
  this.animatorOptions = undefined;}
```

Example 10_14：使用帧动画实现小球抛物运动。

（1）新建一个 AnimatorDemo.ets 文件，定义相关状态变量，代码如下。

```
import { AnimatorOptions, AnimatorResult } from '@kit.ArkUI';
@Entry
@Component
struct Index {
  @State animatorOptions: AnimatorResult | undefined = undefined;
  @State animatorStatus: string = '创建';
  begin: number = 0;
  end: number = 300
  topWidth: number = 150;
  bottomHeight: number = 100;
  g: number = 0.18
  animatorOption: AnimatorOptions = {
    duration: 4000,
    delay: 0,
    easing: 'linear',
    iterations: 1,
    fill: "forwards",
    direction: 'normal',
    begin: this.begin,
    end: this.end };
  @State translateX: number = 0;
  @State translateY: number = 0;}
```

（2）在 onPageShow 函数中创建 AnimatorResult，代码如下。

```
onPageShow(): void {
  this.animatorOptions=this.getUIContext().createAnimator(this.animatorOption)
  this.animatorOptions.onFrame = (progress: number) => {
```

```
      this.translateX = progress;
      if (progress > this.topWidth && this.translateY < this.bottomHeight) {
        this.translateY = Math.pow(progress - this.topWidth, 2) * this.g;}}
    this.animatorOptions.onCancel = () => {this.animatorStatus = '取消';}
    this.animatorOptions.onFinish = () => {this.animatorStatus = '完成';}
    this.animatorOptions.onRepeat = () => { console.log("重复播放"); }}
  onPageHide(): void {
    this.animatorOptions = undefined;}
```

（3）在 build 函数中定义动画播放、重置、暂停的按钮，代码如下。

```
build() {
  Column() {
    Column({ space: 30 }) {
      Button('播放').onClick(() => {
        this.animatorOptions?.play();
        this.animatorStatus = '播放中';          })
      .width(80)
      .height(35)
      Button("重置").onClick(() => {
        this.translateX = 0;
        this.translateY = 0;
      }).width(80).height(35)
      Button("暂停").onClick(() => {
        this.animatorOptions?.pause();
        this.animatorStatus = '暂停';          })
      .width(80)
      .height(35)          }
.width("100%").height('25%')
    Stack() {
      Button()
        .width(60).height(60)
        .translate({ x: this.translateX, y: this.translateY })          }
    .width("100%").height('45%')
    .align(Alignment.Start)
    Text("当前动画状态为:" + this.animatorStatus)
  }.width("100%").height('100%')  }
```

运行模拟器，输出结果如图 10.40 所示。

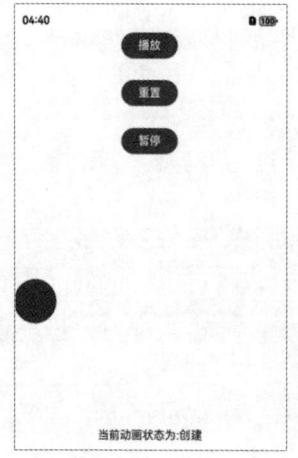
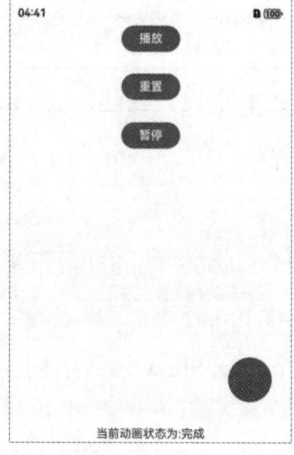

图 10.40　输出结果

10.8　实战：多媒体开发与动画设计

Example 10_15：实现画中画效果。应用在视频播放、视频会议、视频通话等场景下，可以使用画中画功能将视频内容以小窗（画中画）模式呈现。切换为小窗（画中画）模式后，用户可以进行其他界面操作，以优化使用体验。

画中画功能的常用接口如表 10.18 所示。

表 10.18　画中画功能的常用接口

接口	描述
isPiPEnabled(): boolean	判断当前系统是否开启画中画
create(config: PiPConfiguration): Promise<PiPController>	创建画中画控制器
create(config:PiPConfiguration,contentNode: typeNode.XComponent):Promise<PiPController>	使用 typeNode 创建画中画控制器
startPiP(): Promise<void>	启动画中画
stopPiP(): Promise<void>	停止画中画
setAutoStartEnabled(enable: boolean): void	设置是否需要在返回桌面时自动启动画中画
updateContentSize(width: number, height: number): void	当切换媒体资源时，画中画控制器中更新媒体资源尺寸
on(type: 'stateChange',callback:(state: PiPState,reason: string) => void): void	开启画中画生命周期状态的监听
off(type: 'stateChange'): void	关闭画中画生命周期状态的监听
on(type:'controlPanelActionEvent',callback:ControlPanelAction EventCallback): void	开启画中画控制面板控件动作事件的监听。推荐使用 on('controlEvent')开启画中画控制面板控件动作事件的监听
off(type: 'controlPanelActionEvent'): void	关闭画中画控制面板控件动作事件的监听。推荐使用 off('controlEvent')关闭画中画控制面板控件动作事件的监听
updatePiPControlStatus(controlType: PiPControlType,status: PiPControlStatus): void	更新画中画控制面板控件的状态
setPiPControlEnabled(controlType:PiPControlType, enabled: boolean): void	设置控制面板控件的使能（开启/关闭）状态
on(type:'controlEvent',callback:CallBack<ControlEventParam>): void	开启画中画控制面板控件动作事件的监听
off(type:'controlEvent',callback?:CallBack<ControlEventParam>): void	关闭画中画控制面板控件动作事件的监听

（1）新建一个类，创建开启 PipWindow 画中画的方法，代码如下。

```
class PipVideo{
  private pipController?:PiPWindow.PiPController = undefined
  async start(xComponentController:XComponentController){
    let config:PiPWindow.PiPConfiguration = {
      //获取上下文
      context:getContext(this),
      //获取视频控制器
      componentController:xComponentController,
      //获取不同类型的模板
      templateType:PiPWindow.PiPTemplateType.VIDEO_PLAY,
      //获取原组件的大小
```

```
    contentWidth:1920,
    contentHeight:1080,
    controlGroups:[PiPWindow.VideoPlayControlGroup.FAST_FORWARD_BACKWARD],
    }
  //获取 PiPWindow
  this.pipController = await PiPWindow.create(config)
  this.pipController.startPiP().then(()=>{
    this.initPipVideo()
    console.log("开启画中画成功")
  }).catch((err:BusinessError)=>{
    console.log(err.message)
  })}}
```

（2）创建 Pip 初始化配置方法，代码如下。

```
initPipVideo(){
  if(!this.pipController){
    return;
  }
  //退出到桌面上自动启动画中画
  this.pipController.setAutoStartEnabled(true)
  this.pipController.on("stateChange",(state:PiPWindow.PiPState,reason:string)=>{
    this.onStateChange(state,reason)
  })
  this.pipController.on("controlPanelActionEvent",(event:PiPWindow.PiPActionEventType,status?
:number)=>{
    this.onActionEvent(event,status)
  })
  this.pipController.on("controlEvent",(control)=>{
    switch (control.controlType){
      case PiPWindow.PiPControlType.VIDEO_PLAY_PAUSE:}}})
```

（3）创建监听各种状态的方法，代码如下。

```
onActionEvent(event:PiPWindow.PiPActionEventType,status?:number){
    switch (event){
      //播放状态发生了改变
      case "playbackStateChanged":
       //开始或停止播放视频
       if(status ===0){
         console.log("停止播放视频")
         AvplayerUtil.player.pause()
       }else if(status == 1){
         console.log("开始播放视频")
         AvplayerUtil.player.play()        }
      case "nextVideo":
       break;
      case "previousVideo":
       break;
      case "fastForward":       //快进
       break
      case "fastBackward":       //快退
       break}}
  onStateChange(state:PiPWindow.PiPState,reason:string){
```

```
    switch (state){
      case PiPWindow.PiPState.ABOUT_TO_START:
        console.log("将要启动时 ABOUT_TO_START")
        break;
      case PiPWindow.PiPState.STARTED:
        console.log("已经启动 STARTED")
        break;
      case PiPWindow.PiPState.ABOUT_TO_STOP:
        console.log("将要停止时 ABOUT_TO_STOP")
        AvplayerUtil.player.pause()
        break;
      case PiPWindow.PiPState.STOPPED:
        console.log("已经停止 STOPPED")
        AvplayerUtil.player.pause()
        break;
      case PiPWindow.PiPState.ABOUT_TO_RESTORE:
        console.log("从小窗口恢复到原始播放窗口 ABOUT_TO_RESTORE")
        break;
      case PiPWindow.PiPState.ERROR:
        console.log("画中画报错")
        break; }}
```

（4）创建关闭画中画的方法，代码如下。

```
stop(){
  if(this.pipController){
    this.pipController.stopPiP().then(()=>{
    AvplayerUtil.player.pause()
    this.pipController?.off("stateChange")
    this.pipController?.off("controlPanelActionEvent")
    }).catch((err:BusinessError)=>{
      console.log(err.message)}}}
```

（5）创建修改画中画大小的方法，代码如下。

```
updateContentSize(width:number,height:number){
  if(this.pipController){
    this.pipController.updateContentSize(width,height)}}
```

（6）创建自定义播放器，代码如下。

```
@Entry
@Component
class AVPlayerVideo{
…//此处省略创建自定义播放器的代码，具体参考 10.3.3 节的 Example 10_3
}
struct PipDemo {
  xComponentController:XComponentController = new XComponentController()
  pipVideo:PipVideo=new PipVideo()
  build() {
    Column(){
XComponent({type:XComponentType.SURFACE,controller:this.xComponentController})
      .onLoad(()=>{
      let surfaceId:string =this.xComponentController.getXComponentSurfaceId()
      let avPlayerVideo =new AVPlayerVideo(surfaceId)
        //初始化 AVPlayer
```

```
        avPlayerVideo.initAVPlayer()
      })
      .width("100%")
      .height(600)
   }
   .width("100%")
   .height("100%")
   .justifyContent(FlexAlign.Center)}}
```

（7）创建操作画中画逻辑的方法，代码如下。

```
Row(){
  Button("开启")
    .onClick( ()=>{
      this.pipVideo.start(this.xComponentController)//开启画中画
    })
  Button("关闭")
    .onClick(()=>{
      this.pipVideo.stop()  //关闭画中画
    })
  Button("调整大小")
    .onClick(()=>{
      this.pipVideo.updateContentSize(120,120)  //修改画中画的大小
    })}
.width("100%")
```

运行模拟器，输出结果如图 10.41 所示。

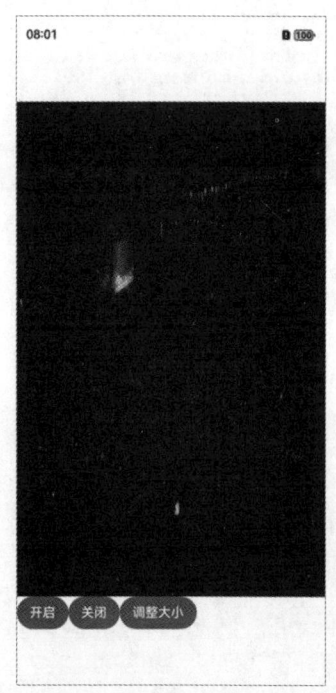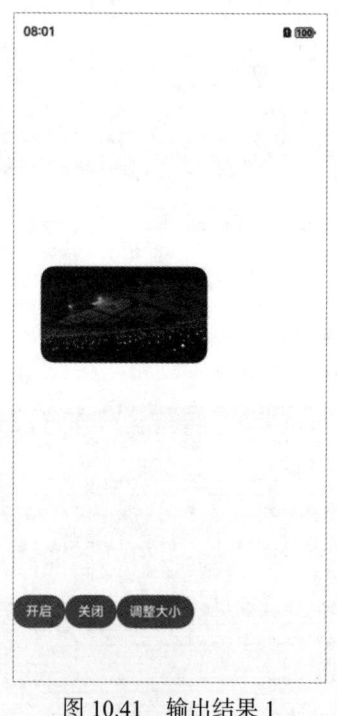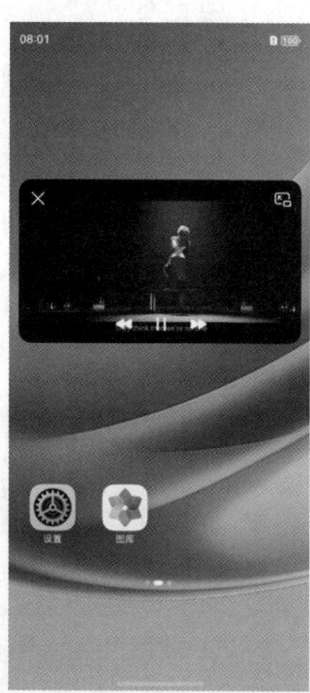

图 10.41　输出结果 1

Example 10_16：实现按钮的水波纹效果。

（1）新建一个 WaterRipplesDemo.ets 文件，定义一个状态变量 buttoning，要求当点击时触发 UI 刷新，代码如下。

```
@Entry
@Component
export struct WaterRipplesDemo {
  @State buttoning: boolean = false;
  build() {
    Column() {
      Text("点击水波纹")
        .fontSize(18)
        .margin({ top: 30})
      ButtonWaterRipples({ buttoning: this.buttoning })
      Text(this.buttoning ? "点击中": "未点击")
        .margin({ bottom: 30})
    }
    .backgroundColor('#F1F3F5')
    .justifyContent(FlexAlign.SpaceBetween)
    .width("100%")
    .height("100%")}}
```

（2）新建一个 ButtonWaterRipples.ets 文件，使用@Link 装饰器装饰状态变量 buttoning 建立父子组件双向绑定，定义相关变量和常量，使用@Styles 装饰器快速定义并复用自定义样式（@Styles 装饰器用于将多个样式设置提炼成一个方法，直接在组件声明的位置调用），代码如下。

```
@Component
struct ButtonWaterRipples {
  @Link buttoning: boolean;
  @State immediatelyOpacity: number = 0.5;// 设置点击时的透明度
  @State immediatelyScale: Scale = { x: 1, y: 1 };//设置点击时的尺寸
  @State delayOpacity: number = 0.5;// 设置延迟透明度
  @State delayScale: Scale = { x: 1, y: 1 };// 设置延迟尺寸
  private readonly BUTTON_SIZE: number = 120;  //设置按钮大小
  private readonly BUTTON_CLICK_SCALE: number = 0.8;// 设置点击时的水波纹的缩放
  private readonly ANIMATION_DURATION: number = 1300; //设置动画持续时间
  //定义一个公共属性
  @Styles
  ripplesStyle() {
    .width(this.BUTTON_SIZE * this.BUTTON_CLICK_SCALE)// 设置水波纹的大小
    .height(this.BUTTON_SIZE * this.BUTTON_CLICK_SCALE)// 设置水波纹的大小
    .borderRadius(this.BUTTON_SIZE * this.BUTTON_CLICK_SCALE /2)//设置水波纹的圆角
    .backgroundColor(Color.Red)}}
```

（3）要想存在两个连续的波浪，需要使用两个层叠的 Stack 容器分别以一定延迟实现相同的动画。通过点击按钮来判断状态变量 buttoning 的改变，若值为 true 则添加动画。波浪动画实际上的效果为透明度从 0.8 变为 0、半径扩大到 6 倍的动画，其持续时间无限。若状态变量 buttoning 的值为 false，则使用持续时间为 0 的动画打断持续时间无限的动画。

使用 animateTo 接口实现动画，点击按钮，触发水波纹动画，再次点击按钮，停止水波纹动画，代码如下。

```
build() {
  Stack() {
    Stack()
```

```
    .ripplesStyle()
    .opacity(this.immediatelyOpacity)        // 设置水波纹的透明度
    .scale(this.immediatelyScale)
  Stack()
    .ripplesStyle()
    .opacity(this.delayOpacity)
    .scale(this.delayScale)
  Button() {
    Image($r("app.media.music"))
      .width("50vp")
      .fillColor(Color.White)        }
  .clickEffect({ level: ClickEffectLevel.HEAVY, scale:
this.BUTTON_CLICK_SCALE })
  .backgroundColor('#ff102fc8')
  .type(ButtonType.Circle)
  .width(this.BUTTON_SIZE)
  .height(this.BUTTON_SIZE)
  .zIndex(1)
  .onClick(() => {
    this.buttoning = !this.buttoning;
    if (this.buttoning) {
      animateTo({
        duration: this.ANIMATION_DURATION,
        iterations: -1,
        curve: Curve.EaseInOut
      }, () => {
        this.immediatelyOpacity = 0;
        this.immediatelyScale = {
          x: 6,
          y: 6
        };
      })
      animateTo({
        duration: this.ANIMATION_DURATION,
        iterations: -1,
        curve: Curve.EaseInOut,
        delay: 200
      }, () => {
        this.delayOpacity = 0
        this.delayScale = {
          x: 6,
          y: 6
        };
      })
    } else {
      // 使用持续时间为 0 的动画打断持续时间无限的动画
      animateTo({ duration: 0 }, () => {
        this.immediatelyOpacity = 0.8;
        this.delayOpacity = 0.8;
        this.immediatelyScale = {
          x: 1,
          y: 1
```

```
  };
  this.delayScale = {
    x: 1,
    y: 1
  };})}}}}}
```

运行模拟器，输出结果如图 10.42 所示。

图 10.42　输出结果 2

习　题

1．选择题

（1）HarmonyOS 的多媒体子系统提供的服务能开发的应用有（　　　）。

    A．音频应用　　　　　　B．媒体库应用　　　　C．视频应用　　　　　　D．以上都是

（2）在使用 AVPlayer 播放音频时，以下状态中表示已准备好，可以获取持续时间的是
（　　　）。

    A．idle　　　　　　　　B．initialized　　　　　C．prepared　　　　　　D．playing

（3）XComponent 组件主要用于（　　　）。

    A．文本渲染

    B．音频渲染

    C．图片渲染

    D．EGL/OpenGLES 的渲染和媒体数据的写入

（4）当应用需要读取用户图片时，以下组件中可以直接返回图片而不需要授予应用读取图
片权限的是（　　　）。

A. PhotoPicker　　　　B. SaveButton　　　　C. ImageSource　　　　D. PixelMap

（5）在使用相机的预览功能时，以下组件中为预览流提供 Surface 的是（　　）。

　　A. XComponent　　　　B. Video　　　　　　C. Image　　　　　　　D. Button

（6）在 HarmonyOS 的动画设计中，以下动画中最基础的是（　　）。

　　A. 转场动画　　　　　　B. 属性动画　　　　　C. 组件动画　　　　　　D. 帧动画

2. 判断题

（1）在使用 AVPlayer 播放音频时，可以使用 on('stateChange')方法监听播放状态的变化。
　　　　　　　　　　　　　　　　　　　　　　　　　　　　　　　　　　（　　）

（2）在使用 AVRecorder 录制视频时，AVRecorder 只负责视频数据的处理，只有与视频数据采集模块配合才能完成视频的录制。　　　　　　　　　　　　　　　（　　）

（3）开发者通过调用相机服务提供的接口可以开发相机应用，通过访问和操作相机硬件可以实现基础操作，如预览、拍照和录像，但不能通过接口组合完成更多操作，如配制闪光灯、曝光时间、对焦和调焦等参数。　　　　　　　　　　　　　　　　　　　　（　　）

（4）在使用 ImageSource 完成图片解码时，当前支持的存档图片格式包括 JPEG、PNG、GIF、WebP、BMP、SVG、ICO、DNG、HEIF 等。　　　　　　　　　　　　（　　）

（5）当用户需要保存图片、视频等资源到媒体库中时，应用可以通过安全控件或授权弹窗的方式，将用户指定的媒体资源保存到媒体库中，无须在应用中申请相册管理模块权限 ohos.permission.WRITE_IMAGEVIDEC。　　　　　　　　　　　　　　　　（　　）

（6）模糊可以用来体现界面空间的纵深感，区分前后元素的层级关系。　（　　）

第 11 章

教学系统设计

学习目标

- 了解 HarmonyOS 项目开发流程。
- 掌握 HarmonyOS 的 UI 组件的使用。
- 掌握 HarmonyOS 的事件处理的运用。
- 掌握服务端和 HarmonyOS 客户端的通信。

前面介绍了 HarmonyOS 的基本组件、事件处理、数据通信等知识，本章将基于这些知识介绍如何开发一个教学系统。

11.1 需求分析

教学系统包含两部分：服务端和 HarmonyOS 客户端。其中，服务端采用 Java+SpringBoot 技术；在 HarmonyOS 客户端上能够浏览师资介绍、师生互动、教学资讯、教学安排和实验安排等信息并进行相关操作。

1. 系统基本需求

- 实现用户登录，用户能够查看并修改个人信息，登录时需要区分教师和学生角色。
- 首页能够展示师资介绍列表和师生互动列表，当选择师资介绍列表中的某个教师选项时能够查看教师的详细信息。
- 学生可以在个人中心界面发起互动，教师可以在师生互动列表中为学生答疑。
- 用户可以浏览教学资讯信息，选择某个教师资讯选项能够查看详细的资讯内容。
- 用户可以浏览教学安排列表和实验安排列表，查看详细的教学内容和实验内容，并可以下载相关附件。

2. 系统开发参数

- 系统使用技术：Java、SpringBoot、MyBatis-Plus、MySQL、HarmonyOS，以及网络通信技术等。

- 硬件环境：InterCore i5-13600KF、3.50GHz CPU 计算机、32GB 内存、HarmonyOS 模拟器。
- 软件环境：Windows 10、IntelliJ IDEA、Tomcat 9、JDK 17、DevEco Studio、MySQL 8.0、Navicat for MySQL。

11.2 系统设计

11.2.1 数据库的设计与实现

1. 创建数据库

启动 MySQL 服务，打开 Navicat for MySQL 并连接数据库服务端，创建数据库，将数据库命名为 teachsystem，将字符集设置为 CHARSET=UTF-8，以防后续存取中文时出现乱码情况。

2. 创建表

表 11.1 所示为 user 表，用来存放学生信息。

表 11.1 user 表

名称	类型	长度	是否允许为空	备注
uid	int	11	否	主键；自动递增
username	varchar	20	否	学生姓名
userpassword	varchar	20	否	学生密码
usersex	varchar	20	否	性别
userno	varchar	20	否	电话号码
userdescript	varchar	30	否	政治面貌
class_id	int	11	否	班级 ID
upic	varchar	40	否	专业
youxiuok	bit	1	否	是否优秀
classname	varchar	20	否	班级名称

表 11.2 所示为 teacher 表，用来存放教师信息。

表 11.2 teacher 表

名称	类型	长度	是否允许为空	备注
tid	int	11	否	主键；自动递增
username	varchar	20	否	教师姓名
userpassword	varchar	20	否	教师密码
tno	varchar	16	否	电话号码
tdate	date	null	否	生日
tpic	varchar	200	否	照片
tdescript	varchar	200	否	个人简介

表 11.3 所示为 classes 表，用来存放班级信息。

表 11.3　classes 表

名称	类型	长度	是否允许为空	备注
cid	int	11	否	主键；自动递增
cname	varchar	20	否	班级名称
cdescript	varchar	500	否	班级描述

表 11.4 所示为 com 表，用来存放互动交流信息。

表 11.4　com 表

名称	类型	长度	是否允许为空	备注
comid	int	11	否	主键；自动递增
username	varchar	20	否	学生姓名
classname	varchar	20	否	班级名称
comask	varchar	500	否	询问内容
asktime	date	null	否	询问时间
comrepl	varchar	500	否	回复内容

表 11.5 所示为 course 表，用来存放课程安排信息。

表 11.5　course 表

名称	类型	长度	是否允许为空	备注
cid	int	11	否	主键；自动递增
ctitle	varchar	20	否	课程标题
ccontent	varchar	5000	否	课程内容
cfile	varchar	50	否	课程附件

表 11.6 所示为 experiment 表，用来存放实验安排信息。

表 11.6　experiment 表

名称	类型	长度	是否允许为空	备注
eid	int	11	否	主键；自动递增
etitle	varchar	20	否	实验标题
econtent	varchar	5000	否	实验内容
efile	varchar	50	否	实验附件

表 11.7 所示为 news 表，用来存放教学资讯信息。

表 11.7　news 表

名称	类型	长度	是否允许为空	备注
nid	int	11	否	主键；自动递增
newstitle	varchar	20	否	资讯标题
newscontent	longtext	null	否	资讯内容
newsimage	varchar	255	否	资讯封面
newsimple	varchar	500	否	资讯简介

数据库的设计是非常重要的，数据库的设计关乎系统的性能和可拓展性，附带的代码中有

teachsystem.sql 文件，在 Navicat for MySQL 中导入并执行该文件可以自动生成数据库及表。

11.2.2 服务端的设计与实现

服务端使用 SpringBoot 和 MySQL 实现，为 HarmonyOS 客户端 App 提供相关的 API 功能。服务端项目结构如图 11.1 所示。

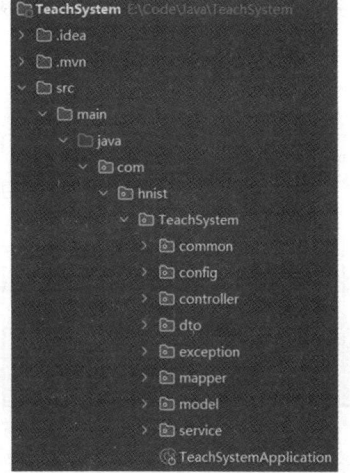

图 11.1 服务端项目结构

com.hnist.TeachSystem.common 包中存放通用操作的类。

com.hnist.TeachSystem.config 包中存放与配置相关的类。

com.hnist.TeachSystem.controller 包中存放接收请求的 Servlet。

com.hnist.TeachSystem.dto 包中存放接收请求的实体类。

com.hnist.TeachSystem.exception 包中存放异常类。

com.hnist.TeachSystem.mapper 包中存放数据库操作接口。

com.hnist.TeachSystem.model 包中存放实体类，对应数据库中的表。

com.hnist.TeachSystem.service 包中存放处理业务逻辑的类。

由于本书的重点不是讨论服务端的建设，因此这里不再对其进行详细介绍。

11.2.3 HarmonyOS 客户端的设计与实现

用户在 HarmonyOS 设备上安装网络教学平台 App，启动后能够对师资介绍和师生互动信息进行浏览；可以通过选择相应的选项浏览教师资讯信息；还可以浏览教学安排和实验安排信息，以及发起师生互动。

1. 界面设计

根据需求设计登录界面、个人中心界面、首页（师资介绍列表和师生互动列表）、资讯界面、教学界面（教学安排列表和实验安排列表），代码略。

2. 功能设计

在 HarmonyOS 客户端开发过程中，HarmonyOS 客户端通过 HTTP 接口和 Axios 等技术向服务端发送请求，只要启动服务端，后台和 HarmonyOS 客户端就能进行通信，从而减少不必要的工作。HarmonyOS 客户端项目结构如图 11.2 所示。

为了快速测试，所有操作都在模拟器中实现。由于涉及服务端与 HarmonyOS 客户端的通信问题，因此模拟器只能通过公网 IP 地址访问服务端。在 Windows 中按快捷键 Win+R，弹出"运行"对话框，在该对话框的文本框中输入 "cmd"，按回车键，在弹出的窗口中输入 "ipconfig"，按回车键，即可查询自己的公网 IP 地址，服务端和 HarmonyOS 客

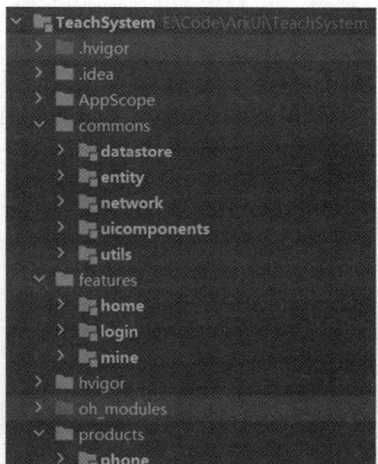

图 11.2 客户端项目结构

户端需配置相同的公网 IP 地址。

commons.datastore 模块中存放封装的与 AppStore 相关的类。

commons.entity 模块中存放实体类和相应的数据请求接口。

commons.network 模块中存放访问服务端的工具类。

commons.uicomponents 模块中存放通用的 UI 组件。

commons.utils 模块中存放通用的工具类。

features.home 模块中存放首页、教学界面、资讯界面等。

features.login 模块中存放登录界面等。

features.mine 模块中存放个人中心界面等。

products.phone 模块中存放与 HarmonyOS 客户端入口相关的界面。

基于服务端与 HarmonyOS 客户端之间的数据交互是基于网络通信的，为了避免代码冗余，提高程序的可移植性，需要封装一个通用的 HTTP 请求工具类 HttpUtil，详细代码见 9.3.2 节的 Example 9_4。在类中设置好服务端 IP 地址，代码如下。

```
apiUrl: string = 'http://服务端IP地址:端口/api/'
```

在 module.json5 文件中配置相应的权限，代码如下。

```
"requestPermissions": [{
"name": "ohos.permission.INTERNET"
],
```

基于很多界面已经在前面章节中展示，接下来只展示前面章节中未涉及的界面。

3. HarmonyOS 客户端师生互动列表的实现

在首页中会显示所有师生互动列表，如图 11.3 所示。

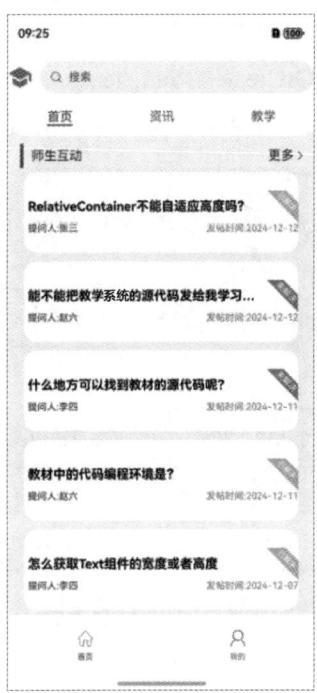

图 11.3　师生互动列表

当打开首页时，HarmonyOS 客户端会向服务端发起请求获取师生互动列表数据。服务端的 ComController.java 文件收到请求后将数据库查询获得的结果集转换为 JSON 格式字符串作为响应信息，该字符串中包含了师生互动信息，HarmonyOS 客户端收到响应信息后，对其进行解析，将其转换为数组，以便将数据以 ListItem 组件的形式显示出来。

ComController.java 文件的关键代码如下。

```
return ResultUtils.success(comService.getPartComList());
```

HarmonyOS 客户端的关键代码如下。

```
@State ComDatas : Com[] =[];
aboutToAppear(): void {
  this.getPartComList();}
async getPartComList() {
  let ComDatas: ResponseVO<Com[]> = await getPartComList()
  if (ComDatas.code == 0) {
    this.ComDatas = ComDatas.data}}
```

将 Com[]适配到 ListItem 组件中，ComItem 组件是封装的自定义组件，前面章节中已介绍封装方法，这里就不详细展示了，关键代码如下。

```
ListItem() {
  ComItem({
  username: item.username,classname: item.classname, comask: item.comask,
  asktime: item.asktime, comrepl: item.comrepl,repltime: item.repltime})}
```

4. HarmonyOS 客户端发起和完成互动的实现

学生在个人中心界面发起互动进入发起互动界面（AddComComp.ets 文件），教师在师生互动列表中选择一个互动选项进入详细互动界面（ComDetailComp.ets 文件）并且回复互动。在登录时可以使用 AppStorage.setOrCreate("role","teacher/student")存储当前登录的是学生还是教师，以实现学生发起互动，教师回复互动。师生互动流程如图 11.4 所示。

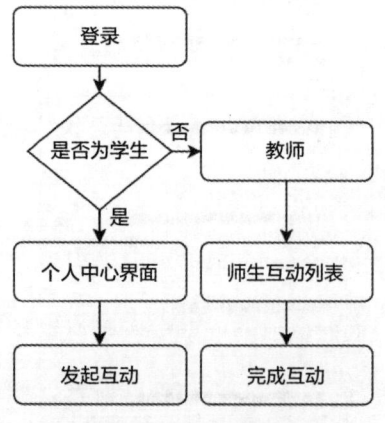

图 11.4　师生互动流程

发起互动界面和详细互动界面如图 11.5 所示。

图 11.5 发起互动界面和详细互动界面

HarmonyOS 客户端发起和完成互动的关键代码如下。

```
//添加互动
async addCom() {
    let userInfo =AppStorage.get("userInfo") as UserInfo
    console.log(userInfo.classname);
    let result: ResponseVO<boolean> = await addCom(this.addComRequest)
    if (result.code == 0 && result.data == true) {
        promptAction.showToast({message:"提交成功"})
        router.pop();}}
//回复互动时的请求实体类
export class ReplComRequest {
    comid:number=0;
    username:string ='';
    comrepl:string ='',}
//回复互动
 async replCom(replComRequest:ReplComRequest) {
    let res:ResponseVO<number> = await replCom(replComRequest)}
//判断是教师还是学生
Button("发送")
    .onClick(() => {
        console.log(preferencesUtil.get("role")?.toString())
        if(AppStorage.get("role") =="Teacher"){…//若是教师，则回复互动}
          else{
          //非教师
        promptAction.showToast({message:"等待教师回答",duration:2000})}}})
```

5. HarmonyOS 客户端个人信息修改的实现

登录后，可以在个人中心界面中点击账号进入个人详情界面。修改相关个人信息并保存，HarmonyOS 客户端会向服务端发起更新个人信息请求。服务端的 UserController.java 文件收到请求后将数据库中对应的用户信息更新。

个人信息修改流程如图 11.6 所示。个人信息修改界面如图 11.7 所示。

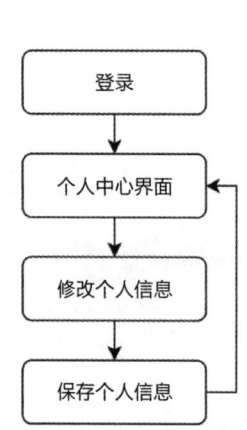

图 11.6　个人信息修改流程　　　　　　　图 11.7　个人信息修改界面

UserController.java 文件的关键代码如下。

```
Integer result = userService.updateUserInfo(user);
return ResultUtils.success(result);
```

HarmonyOS 客户端的关键代码如下。

```
async onClickUpdate(userInfo:UserInfo){
   let res = await userUpdate(userInfo)
   if(res.code == 0 && res.data!=0){
     promptAction.showToast({message:"保存成功"})
     router.pop()
   }else{promptAction.showToast({message:"保存失败"})}}
```

6. 富文本展示的实现

在教学系统中，教学资讯和教学安排等信息都是后端传过来的富文本，由于目前官方的 WebView 组件提供的功能不足以满足需求，因此这里使用第三方库的 WebView 组件，安装命令如下。

```
ohpm install @wuyan/html_parse //可以去第三方库中搜索该包了解更多用法
```

HarmonyOS 客户端的关键代码如下。

```
import {HmParseHTML} from "@wuyan/html_parse"//安装后导入模块
HmParseHTML({
   htmlStr:this.param.content,//设置富文本，来自后端
     baseFontSize:'16'}) //设置文本大小
```

富文本展示界面如图 11.8 所示。

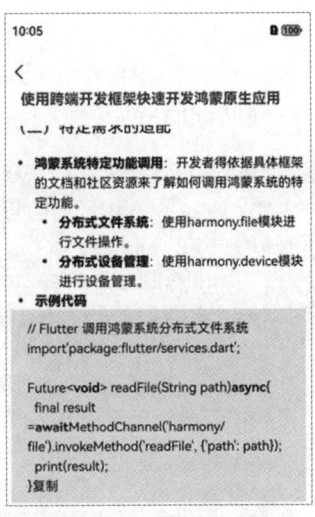

图 11.8 富文本展示界面

11.3 项目部署与测试

1. 服务端部署

下载本书配套的完整项目源代码压缩包,解压缩后能够看到"服务端"和"客户端"两个文件夹。"服务端"文件夹中包括服务端完整源代码和数据库文件 teachsystem.sql。

(1)用 MySQL8.0 创建名为"teachsystem"的数据库,导入 teachsystem.sql 文件会自动生成相应的表结构和数据。

(2)用 IntelliJ IDEA 打开服务端完整源代码,选择菜单栏中的"文件"→"项目结构"命令,弹出如图 11.9 所示的"项目结构"对话框,在"模块 SDK"下拉列表中选择项目 SDK 版本为 17 后,点击"确定"按钮。

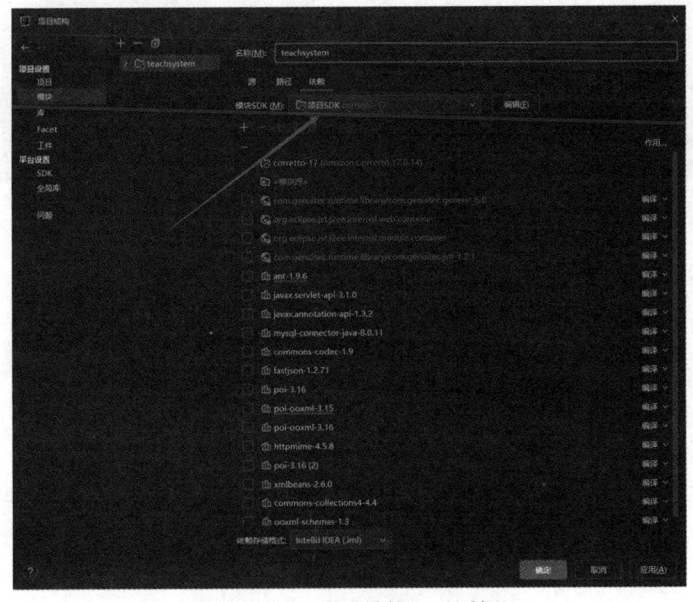

图 11.9 "项目结构"对话框

（3）选择菜单栏中的 "运行/调试配置"命令，弹出如图 11.10 所示的 "运行/调试配置"对话框。先在 "应用程序服务器"下拉列表中选择 Tomcat 版本为 9.0 以上；然后设置 IP 地址和端口，IP 地址必须为公网 IP 地址；最后点击 "运行"按钮。

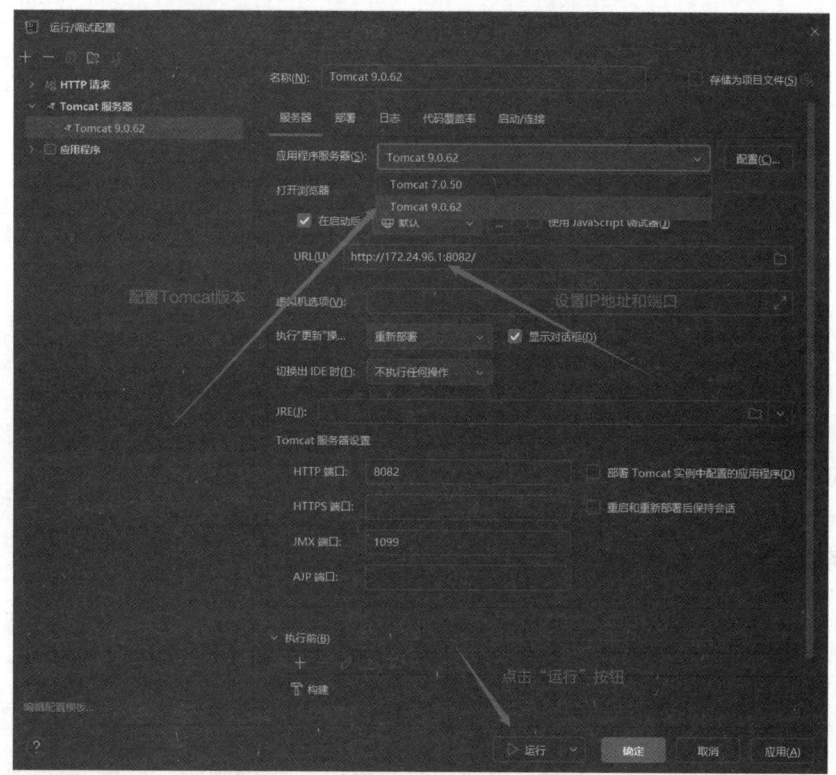

图 11.10　"运行/调试配置"对话框

（4）至此，服务端部署成功。日志输出结果如图 11.11 所示。

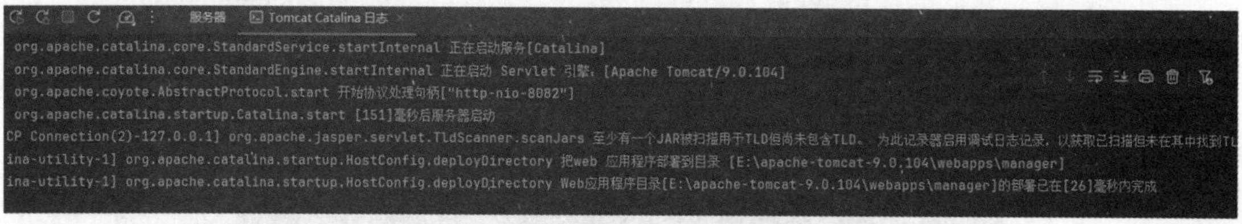

图 11.11　服务端部署成功的日志输出结果

2. HarmonyOS 客户端部署

（1）用 DevEco Studio 打开 "客户端"文件夹中包含的 HarmonyOS 客户端完整源代码。

（2）在 teachsystem\commons\utils\src\main\ets\commons\CommonConstants.ets 文件和 teachsystem\commons\network\src\main\ets\http\HttpUtil.ets 文件中配置和服务端相同的 HarmonyOS 客户端 IP 地址，如图 11.12 所示。

（3）安装和运行模拟器，在 1.6.1 节介绍了安装和运行模拟器的步骤，此处不再赘述。

（4）点击 DevEco Studio 右上角的绿色三角形图标，运行项目即可。HarmonyOS 客户端部署成功界面如图 11.13 所示。

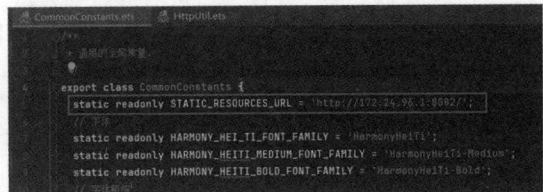

图 11.12　配置 HarmonyOS 客户端 IP 地址

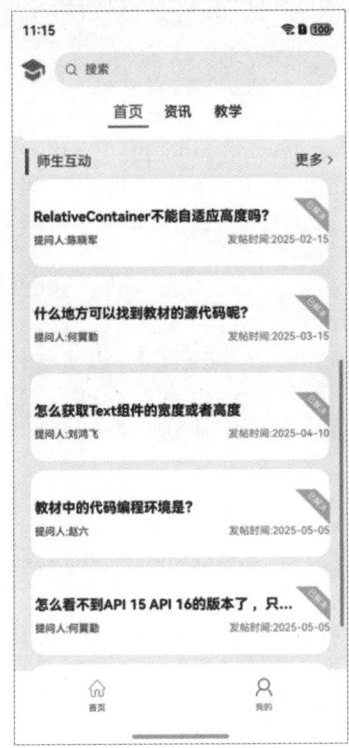

图 11.13　HarmonyOS 客户端部署成功界面

3. 项目测试

测试的主要目的是，检查界面是否与设计效果吻合、运行效果是否良好、功能是否完善、性能是否稳定。测试的主要内容包括功能测试、效果测试、兼容性测试和安全性测试。

HarmonyOS 客户端功能测试如表 11.8 所示。

表 11.8　HarmonyOS 客户端功能测试

功能	测试操作及记录	测试结果	备注
登录	启动 HarmonyOS 项目，进入登录界面，输入账号为"张三"、密码为"123456"，此时正常跳转到个人中心界面中。输入其他数据时，会显示"登录失败，请检查账号密码是否正确"	正常	可添加验证码登录，防止暴力破解
首页列表	在导航栏中选择"首页"选项，进入首页，修改服务端数据	正常	无
资讯列表	在导航栏中选择"资讯"选项，进入资讯界面。选择"详细资讯"选项，进入详细资讯界面，服务端传递过来的是富文本，HarmonyOS 客户端通过 WebView 组件展示，显示内容正常	正常	无

功能	测试操作及记录	测试结果	备注
教学列表	选择导航栏中的"教学"选项，进入教学界面，其中包括教学安排列表和实验安排列表。对于每个课程，都可以选择"进入学习"选项，通过 WebView 组件展示富文本，同时可以点击"附件下载"按钮，获取相关附件。实验安排采用相同的操作	正常	无

测试结论：从程序功能、运行兼容性两方面进行测试，测试结果反映出 HarmonyOS 项目运行良好、兼容性好。